W0466307

Gregory Boyle

Ins HERZ tätowiert

Gregory Boyle

Ins HERZ tätowiert

Gelebte Nächstenliebe – ein Priester unter Jugendgangs in L.A.

KOHA

Aus dem Englischen
von Nayoma de Haën

Titel der Originalausgabe:
Tattoos on the Heart
Copyright © Gregory Boyle
Free Press, 2010

Deutsche Ausgabe: © KOHA-Verlag GmbH Burgrain
1. Auflage 2015
Alle Rechte vorbehalten
Cover: Sabine Dunst/Guter Punkt, München;

Lektorat: Nora Petra Lachmann
Satz/Typografie: Birgit-Inga Weber
Gesamtherstellung: Karin Schnellbach
Druck: CPI books GmbH, Leck
ISBN 978-3-86728-293-2

FÜR ALLE
HOMEBOYS
UND
HOMEGIRLS

Inhalt

»HEUTE ...
MIT MIR
IM PARADIES ...«

Lukas 23,43

Vorwort

Dieses Buch wollte ich schon lange schreiben, doch es hat mehr als ein Jahrzehnt gedauert, ehe ich den Wunsch in die Tat umsetzte. Nicht dass es mir an Ermutigung gefehlt hätte, doch irgendwie fand ich nie die nötige Disziplin (oder genügend freie Zeit) dafür. In meinem Kopf habe ich eine Menge Geschichten und Gleichnisse gespeichert, für die ich schon lange eine dauerhafte Bleibe, ein Zuhause suche. Bislang habe ich sie vor allem bei den Messen zum Besten gegeben, die ich in fünfundzwanzig Jugendstrafeinrichtungen (Jugendhaftanstalten, Erziehungscamps und anderen behördlichen Einrichtungen) anbiete. Ich erläutere das Evangelium mit drei kleinen Geschichten und erzähle normalerweise noch eine vor der Heiligen Kommunion.

In einem der Camps kam ein Homeboy nach der Messe auf mich zu. [*Homeboys, Homegirls* oder allgemein *Homies* sind Slang-Bezeichnungen für Freunde, Kumpel aus der Gangszene, aus dem Ghetto oder dergleichen.] Er ergriff meine Hände und sah mir in die Augen: »Das war meine letzte Messe hier. Montag geh ich nach Hause. Ihre Geschichten werd ich vermissen. Sind gute Geschichten, aber ich hoffe …, ich muss sie nie wieder hören.«

Neben meiner Seelsorge in den Gefängnissen halte ich jedes Jahr um die zweihundert Vorträge – vor Sozialarbeitern, Polizisten, Studenten, Gemeindemitgliedern und Pädagogen. Auch dort kommen die Geschichten zur Anwendung. Sie sind wie Ziegelsteine, um die ich im Buch ein wenig thematischen Mörtel geschmiert habe, der sie verbindet. Das hoffe ich wenigstens. Mit etwas Glück können wir auf sie steigen, um hinter die Dinge zu schauen, die unseren Horizont begrenzen.

Durch eine Krebserkrankung wurde mir vor Kurzem unmissverständlich klar, dass der Tod wohl auch bei mir keine Ausnahme machen wird. Angesichts der Erkenntnis, dass hier keiner lebend rauskommt, bat ich um eine viermonatige Auszeit, die mein Superior John McCarry, S.J., mir auch gerne gewährte. Er schickte mich nach Italien, was zur Folge hatte, dass mein Manuskript ein paar »Ragu de Agnello«-Flecken abbekam.

Nun zu dem, was dieses Buch *nicht* ist: Es sind keine Memoiren meiner zwanzigjährigen Arbeit mit jungen Leuten aus Gangs. Die Geschichten sind nicht chronologisch geordnet. Ich beginne mit einem kurzen Überblick über die Dolores-Mission-Gemeinde und die Anfänge von Homeboy Industries, weil meine Erzählungen sonst nicht zu verstehen wären. Ein großartiger Bericht über die ersten Tage in der Dolores Mission ist Celeste Fremons Buch »G-Dog and the Homeboys«. Ihr feinfühliges Porträt der jungen Männer und Frauen, die Anfang der 1990er in dieser Gemeinde mit dem Gangphänomen rangen, ist zusammen mit ihren Ergänzungen aus jüngerer Zeit eine eindrucksvolle Langzeitstudie der Gangsoziologie. (Ich kriege immer wieder Post von jungen Gangmitgliedern aus dem ganzen Land, die von Celestes Buch tief bewegt sind. Viele schreiben, es sei bislang das einzige Buch, das sie je gelesen hätten.)

Dies ist auch kein Leitfaden zum Umgang mit Gangs. Ich biete keine leicht verständliche Anleitung, wie Kommunen diese Probleme bewältigen oder vermeiden können.

Zweifellos aber umkreisen die Geschichten Themen, die mir wichtig sind. Ich bin seit siebenunddreißig Jahren Jesuit und seit fünfundzwanzig Jahren Priester. Ohne eine Verbindung zu Gott, Jesus und Mitgefühl, zu Nächstenliebe, Erlösung, Gnade und der Aufgabe, uns aneinander zu erfreuen, könnte ich meine Erlebnisse gar nicht schildern. Die einzige Herausforderung, vor der Zuhörer oder Leser möglicherweise stehen, ist die Veränderung einer mehr oder minder bewussten Annahme, manche Menschen seien weniger wertvoll als andere.

William Blake schreibt: *»Für kurze Zeit sind wir auf Erden, auf dass wir lernen, der Liebe Strahlen anzunehmen.«* Letzten Endes ist das uns allen gemeinsam, ob wir in einer Gang sind oder nicht: Wir wollen einfach lernen, der Liebe Strahlen anzunehmen.

Noch eine weitere Bemerkung zum Vorgehen: Die Namen der jungen Männer und Frauen habe ich fast immer geändert, ausgenommen in jenen Anekdoten, in denen der Name eine wichtige Rolle spielt. Ich habe auch keine Gang namentlich erwähnt. Diese Banden haben schon so viel Kummer, Schmerz und Tod über unsere Gemeinden gebracht, dass ich ihnen auf keinen Fall irgendeine Art von Ruhm verschaffen möchte. Alles, was in diesem Buch steht, ist wirklich so geschehen, sofern mich meine Erinnerung nicht trügt. Ich bitte um Entschuldigung, *antemano,* falls ich Details, Personen oder Aspekte ausgelassen habe, die jenen, die diese Geschichten kennen, wichtig gewesen wären.

Ich bin in der »Ganghauptstadt der Welt« aufgewachsen, in Los Angeles, nur ein paar Blocks von der Gegend entfernt, wo ich inzwischen seit fast einem Vierteljahrhundert Pfarrer bin. Ich hatte wundervolle Eltern, fünf Schwestern und zwei Brüder. Wir führten ein angenehmes Leben, besuchten katholische Privatschulen, und sobald ich alt genug dafür war, hatte ich immer einen Job. Nicht Disneyland war »der glücklichste Ort auf Erden«, sondern mein Elternhaus in der Norton Avenue. Als Jugendlicher hätte ich wohl kaum erkannt, dass jemand in einer Gang ist, selbst wenn er oder sie sich direkt vor meine Nase gesetzt hätte. Ich hätte nicht mal eine Gang gefunden, wenn ich auf die Suche gegangen wäre. Niemals hätte ich in meiner Jugend Mitglied einer Gang werden können. Wodurch ich jedoch in keiner Weise moralisch höher stehe als die Männer und Frauen, von denen dieses Buch handelt. Im Gegenteil. Mir wird immer klarer, dass der Tag wohl niemals kommen wird, an dem ich edler, mutiger oder Gott näher sein werde als die Leute, die diese Seiten bevölkern.

In Afrika heißt es, »ein Mensch wird nur Mensch durch die anderen«. Durch die Homies habe ich zweifellos zu mir selbst zurückgefunden. Unter ihrer geduldigen Führung habe ich gelernt, Christus so zu verehren, wie ER in ihnen lebt. Ich kann nur Gerard Manley Hopkins zustimmen: *»Denn ich grüße IHN an Tagen, an denen ich IHM begegne, und segne es, wenn ich begreife.«*

Als ich einmal über einen besonders anstrengenden Homie namens Sharkey schier verzweifle, beschließe ich, etwas Neues zu versuchen und zu warten, bis er etwas richtig macht. Ich war vielleicht zu hart und zu fordernd, schließlich gibt auch er sein Bestes. Also sage ich ihm, wie viel heldenhafter und tapferer es sei, sein Leben umzukrempeln, statt die hohlen Mutproben seiner Vergangenheit zu bestehen. Ich sage ihm, für mich sei er der Größte, und ich meine es wirklich so. Sharkey scheint das ziemlich aus der Fassung zu bringen. Er starrt mich eine Weile schweigend an und sagt dann: »Verdammt, G, das … tätowier ich mir ins Herz.«

Indem ich all diesen Geschichten hier ein Zuhause gebe, hoffe ich, dass die Erlebnisse dieser jungen Menschen quasi in unser kollektives Herz tätowiert werden. Dieses Buch schickt sich nicht an, das Gangproblem zu lösen, doch es strebt danach, die Grenzen dessen zu erweitern, was zu uns gehört. Nicht nur, indem Gangmitglieder menschliche Züge gewinnen, sondern auch, indem wir in den Brüchen und Kämpfen dieser Menschen unsere eigenen Wunden wieder erkennen.

Gastfreundschaft ist ein Ausdruck unseres zutiefst menschlichen Bestrebens, auch jenen Raum zu geben, die ausgeschlossen sind. Sie offenbart sich, wenn wir das in uns nähren dürfen, was den Gedanken Gottes näher steht. Vielleicht können wir uns dann gegenseitig helfen, der Liebe Strahlen anzunehmen und weiterzutragen, Mensch zu werden, ganz unmittelbar, und zu uns selbst zurückfinden.

TATTOOS ON THE HEART

Einleitung

Dolores Mission und Homeboy Industries

Im Sommer 1984 und 1985 war ich jeweils Aushilfspfarrer der Dolores Mission Church, der ärmsten Gemeinde der Erzdiözese von Los Angeles. 1986 wurde ich dort Gemeindepfarrer. Eigentlich war geplant, dass ich an der Santa-Clara-Universität die Studentenseelsorge übernehme, doch in Bolivien veränderte sich alles. Ich kann nicht erklären, auf welche Weise mich die Armen in Bolivien in den Jahren 1984 bis 1985 bekehrten. Doch sie krempelten mein Innerstes nach außen, und ich hatte keinen anderen Wunsch mehr, als bei den Armen zu sein. Es war eine zutiefst selbstsüchtige Entscheidung. Ich spürte, dass ich durch sie einen ganz besonderen Zugang zum Evangelium bekam. Da war es nur natürlich, dass es mich zu ihnen zog.

Als ich meinem Superior erklärte, ich wolle bei den Armen arbeiten, schickte er mich statt nach Santa Clara in die Dolores-Mission-Gemeinde. Ich war der jüngste Pfarrer in der Geschichte der Diözese. Die Kirche stand seit etwa vierzig Jahren mitten zwischen zwei Großprojekten des sozialen Wohnungsbaus aus den Vierzigern, Pico Gardens und Aliso Village. Zusammen bildeten sie das größte soziale Wohnungsbaugebiet westlich des Mississippi. Als ich dort anfing, gab es sieben Latinogangs und eine afroamerikanische (die Bevölkerung der Siedlungen war damals noch zu 25 Prozent afroamerikanisch, heute ist sie zu 99,9 Prozent lateinamerikanischer Herkunft). Zu jener Zeit war Pico-Aliso der Bezirk mit der höchsten

Gangaktivität in der Stadt. Was die Gangs anging, war Los Angeles die Hauptstadt der USA, und unsere kleine, auf der Landkarte nur briefmarkengroße Gegend war gewissermaßen die Ganghauptstadt von L.A. 1988 beerdigte ich das erste Mal einen jungen Menschen, der durch die Gangs ums Leben kam. Eine traurige Aufgabe, zu der ich seither noch 167 Mal gerufen wurde.

Der erste Jugendliche, den ich beerdigte, war achtzehn und hatte einen eineiigen Zwilling. Selbst ihre Familie konnte die beiden kaum auseinanderhalten. Bei der Beerdigung starrte Vincent in den Sarg seines Bruders Danny. Sie trugen beide genau die gleiche Kleidung. Es war, als hätte jemand einen Spiegel umgekippt, als würde Vincent sein eigenes Spiegelbild anschauen. Weil es meine erste derartige Beerdigung war, hat sich mir dieses Bild von dem jungen Mann, der sein Spiegelbild anstarrt, nachhaltig eingebrannt als eine Metapher für die selbstzerstörerische Gewalt der Gangs.

Damals waren viele Kids aus den Gangs bereits von der Schule geflogen und trieben sich auch während der Schulzeiten ständig auf der Straße rum. Gewalt und Drogenhandel waren allgegenwärtig. Die Gemeinde musste etwas dagegen unternehmen, und als erste Maßnahme eröffneten wir 1988 unsere alternative Schule, Dolores Mission Alternative (DMA). So fanden die Mitglieder verschiedener Gangs den Weg in den dritten Stock der Dolores-Mission-Grundschule, dem ehemaligen Konvent. Jeden Tag kam es zu Kämpfen, und es war schwierig, Personal lange zu halten. Eine Schulleiterin blieb nur zwei Tage, und viele Lehrer schafften sogar nur einen.

Doch mit der Schule änderte sich die Stimmung in der Gemeinde. Plötzlich hing sozusagen ein zaghaftes Willkommensschild an der Tür. Anstelle des hermetisch abgeriegelten Modells, bei dem die »Guten« reindürfen und die »Bösen« draußen bleiben müssen, machte sich die Idee einer offenen, alle einbeziehenden Kirche breit. In den kirchlichen Basisgemeinden *(Comunidades Eclesiales de Base – CEBs)* trafen sich Gemeindemitglieder, größtenteils Frauen, die über die Rolle des Evangeliums in ihrem Alltag sprachen – was sie dazu brachte, sich den Gangs in ihrer Gegend zu widmen. Sie veranstalteten *carne asadas* und andere offene Zusammenkünfte, um deutlich zu machen, dass sie Gangmitglieder nicht als Feinde ansahen. Eine CEB lud sogar heimatlose Homies zum Thanksgiving-Dinner ein. Sie wollten den Gangmitgliedern zeigen: »Ihr seid unsere Söhne und Töchter, egal, ob wir euch in die Welt gesetzt haben oder nicht.«

Ich erinnere mich an einen Sonntagmorgen, an dem ich nur einen Block von der Kirche entfernt an einer Polizeiabsperrung stehe. Auf dem Boden liegt ein Toter. Kopf und Oberkörper sind von einer Plane bedeckt, sodass nur die übergroßen, abgeschnittenen Dickies-Shorts, bis zu den Knien hochgezogene weiße Socken und blaue Nike Cortez sichtbar sind – das übliche Gangoutfit jener Zeit. Er stammt nicht aus der Siedlung, niemand weiß, warum er sich auf fremdes Territorium begeben hat. Pam McDuffy, eine sehr aktive Mutter unserer Gemeinde, tritt leise an mich heran und legt mir den Arm um die Taille. Sie weint. »Ich weiß nicht, wer das ist, aber auch der Junge war das Kind einer Mutter.«

Schon bald begannen die Jungen und Mädchen aus den Gangs, in unseren Räumlichkeiten »abzuhängen«. Die Garage wurde zu einer Art Muckibude, und im Kirchturm hockten dauernd an die zehn Jugendliche zusammen, rauchten und vertrieben sich die Zeit. *Solange sie hier sind, stellen sie nichts anderes an,* dachte ich. Etliche Gemeindemitglieder waren jedoch nicht gerade begeistert von dem Arrangement. Das Grummeln nahm so zu, dass ich schließlich eine Gemeindeversammlung einberufen musste. Der Gemeindesaal war rappelvoll. Mir war vollkommen klar, es würde entweder auf ein Vertrauensvotum für mich hinauslaufen, oder sie würden mir den Laufpass geben.

Ich ergriff nicht das Wort. Das war auch nicht nötig, es reichte, dass die Wortführerinnen der Gemeinde, Teresa Navarro und Paula Hernandez, sich erhoben und von Jesus sprachen.

»In dieser Gemeinde helfen wir den Leuten aus den Gangs, denn das würde Jesus auch tun.«

Alle applaudierten, und die Sache war beschlossen.

Die Frauen organisierten große Märsche, sogenannte *caminatas.* Wenn die Atmosphäre zum Zerreißen gespannt war, marschierten sie durch die Siedlungen, oft mitten im Kugelhagel. Das *Comité Pro Paz* (Komitee für den Frieden), wie sich die Frauen nannten, ging gezielt zu Brennpunkten. Der Gesang und das leise Beten der Frauen beruhigte die kampfbereiten Gangs.

Bei einem dieser Märsche wurde Homeboy Industries geboren. 1988 marschierten Hunderte von Frauen, bewaffnet mit »Jobs for a Future«-Flugblättern, zu den Fabriken rund um die Siedlungen. Mit dieser Demonstration der Stärke übergaben sie den Vormännern der Fabriken die Flugblätter. Inzwischen war uns klar geworden, dass die Gangmitglieder vor allem Arbeit brauchten. Sie sprachen über nichts anderes, als einen *jale* – einen Job – zu kriegen. Wir warteten auf Arbeitsangebote der Fabriken, die nie kamen. Doch von da an gab es eine Organisation: »Jobs for a Future« – ursprünglich gedacht, um Arbeitsplätze für die Gangmitglieder aus Pico-Aliso zu finden.

Das von der Gemeinde organisierte Programm brachte schon bald Projekte hervor, die viele Gangmitglieder beschäftigten: Eine Kindertagesstätte wurde gebaut, und es entstanden Teams, um das Viertel sauber zu halten, Graffiti zu entfernen und die öffentlichen Grünanlagen zu pflegen. Die Jugendlichen arbeiteten in allen möglichen Unternehmen und Initiativen, und »Jobs for a Future« bezahlte sie dafür. Ich stellte mehr ungedeckte Schecks aus als ein Kongressabgeordneter. Wir lebten ständig am Rande der Zahlungsunfähigkeit. Das Geld war nie da, wenn wir es brauchten, und doch kam es immer gerade rechtzeitig.

Während dieser Zeit versuchte ich unter anderem, Feuerpausen, Waffenstillstände und Friedensverträge zu vermitteln. Ich verbrachte viel Zeit damit, als radelnder Diplomat zwischen den Neighborhoods (wie bei den Gangs üblich, verwende ich die Begriffe »Gang«, »Barrio« und »Neighborhood« synonym) hin und her zu pendeln, um sie dazu zu bringen, Vereinbarungen zu unterzeichnen. Manches davon waren Pyrrhussiege, wie die Vereinbarung, nicht in Häuser zu schießen.

Bald begriff ich, dass alle Seiten zunächst sehr positiv auf den Friedensprozess ansprachen.

»Yeah, G (so nennen mich die meisten Homies, als Kürzel für Greg), machen wir einen Friedensvertrag.«

Doch sobald sie einander begegneten, konnten sie es nicht lassen, sich hochgerüstet in Pose zu werfen. Irgendwann hörte ich auf, solche Treffen zu vereinbaren, sondern arbeitete wie zwischen den USA und der Sowjetunion alle Details separat aus und ließ einfach die Anführer unterscheiben.

So war das damals. Heute sehe ich es anders. Ich bedaure zwar nicht, diese Waffenstillstände und Vereinbarungen initiiert zu haben, aber ich würde es nie wieder tun. Denn ohne es zu wollen, legitimierte ich die Gangs damit und stärkte ihre Stellung noch. Schließlich wurde mir klar, dass diese Arbeit nur dazu beitrug, die Gangs aufrechtzuerhalten.

Die Unruhen 1992 nach dem Freispruch der vier Polizisten, die Rodney King misshandelt hatten, waren schlimmer als alles, was ich bis dahin in Los Angeles erlebt hatte. Während der Watts-Aufstände 1965 war ich in die sechste Klasse gegangen und hatte mich geschützt gefühlt – die Tumulte waren »dort drüben«.

1992 war es vollkommen anders. Schwarze Rauchschwaden hingen über der ganzen Stadt. Ich saß vor einem Apartment in Pico Gardens neben einem breitschultrigen Hünen, einem sogenannten *»Shotcaller«,* der in der Gang Schießbefehle ausgab. Als alle anderen Homies außer Hörweite waren, wandte er sich an mich: »Jetzt geht die Welt unter, G, nich'?« Seine Stimme zitterte.

»Nein, natürlich nicht«, sagte ich im Brustton der Überzeugung. Aber ich war selbst keineswegs sicher.

Ein paar Tage, nachdem die Lage außer Kontrolle geraten war, zogen die National Guards auch durch unsere Siedlungen. Aber wir brauchten sie nicht. Hier, in der ärmsten Gemeinde von Los Angeles, wo jeder das Schlimmste erwartet hätte, blieb es relativ ruhig. Vermutlich, weil wir so vielen Gangmitgliedern strategische Posten vermittelt hatten, dass sie endlich einen Sinn darin sahen, in unserem Viertel den Frieden zu wahren.

Weil ich diese Ansicht auch in einem Interview in der »Los Angeles Times« verkündet hatte, rief mich eines Tages Ray Stark an. Ray war ein enorm erfolgreicher Hollywood-Agent (Humphrey Bogart, Kirk Douglas) und Film-Produzent (»Funny Girl«). Kurz vor unserem ersten Treffen war seine geliebte Frau Fran gestorben. Nun wollte Ray etwas gegen diese furchtbare Sache mit den Gangs unternehmen. Er brachte ein paar Ideen vor, die ich respektvoll ablehnen musste.

Nachdem wir so eine ganze Reihe Möglichkeiten durchgegangen waren, (z.B. Gangmitglieder mit Videokameras auszustatten, um einen Dokumentarfilm herzustellen), meinte Ray entmutigt: »Ich gebe auf. Was meinen Sie denn, was ich mit meinem Geld machen könnte?«

Ich sagte, gegenüber der Kirche stehe eine alte Bäckerei zum Verkauf. Er könne sie kaufen und wir könnten darin Mitglieder unterschiedlicher Gangs zusammenbringen. Wir würden das Projekt »The Homeboy Bakery« nennen.

Ray war sofort begeistert. So entstand der unternehmerische Zweig von »Jobs for a Future«. Einige Monate später bestellten wir im Grand Central Market eine Tortilla-Maschine. Von da an hatte Homeboy Industries, wie wir uns ab dem Sommer 1992 nannten, mehrere Geschäftsbereiche.

Wir fingen auf dem Kirchengelände an, doch schon von 1994 bis 2000 arbeiteten wir in einer Ladenwohnung in der East First Street. Die Miete zahlte das White Memorial Hospital, das meine Arbeit mit den Gangs seit Langem unterstützte. Nach und nach tauchten hier Mitglieder all der über vierzig Gangs der Hollenbeck Police Division auf. (Insgesamt wird die Anzahl der Gangmitglieder dort auf etwa zehntausend geschätzt.) Sie wollten raus aus den Gangs, aus ihrem bisherigen Leben. Vielleicht hatten viele Gangmitglieder schon lange nach so etwas gesucht, ohne zu wissen, wohin sie sich wenden sollten. Wir mussten schon bald mehr Mitarbeiter einstellen, um Arbeitsmöglichkeiten in Privatunternehmen aufzutun.

Ein Kerl namens Ramiro brachte uns auf die Idee, Tätowierungen zu entfernen. Ramiro kam gerade aus dem Knast, und das nicht zum ersten Mal. Auf seiner Stirn stand mit großen Buchstaben »FUCK THE WORLD«. Er erzählte mir, seine Arbeitssuche verlaufe nicht besonders erfolgreich. Nun, ich konnte mir lebhaft vorstellen, wie Mütter hektisch ihre Kinder packen und den Laden verlassen, wenn so ein Kerl bei McDonalds fragt: »Mit Pommes?«

Also gab ich ihm einen Job in der Bäckerei und ließ Stück für Stück seine Stirn säubern. Mittlerweile haben wir viele Lasermaschinen, und unsere Ärzte führen pro Jahr über viertausend Behandlungen durch. Wir verdanken das Ramiro (der inzwischen als Security-Mann in einem Filmstudio arbeitet – frei von allen äußeren Hinweisen auf den zornigsten Augenblick seines Lebens).

Seither sind im Rahmen von Homeboy Industries die verschiedensten Unternehmen entstanden und auch wieder verschwunden. Wir haben Eröffnungen gefeiert und Schließungen bedauert, aber wenn etwas wert ist, getan zu werden, ist es auch Fehlschläge wert. Ein Beispiel war »Homeboy Sanitär und Installationen«, das überraschenderweise nicht so gut lief. Die Leute wollten keine Gangmitglieder in ihre Häuser lassen. Damit hatte ich nicht gerechnet.

Um die Jahrtausendwende brauchten wir mehr Platz, deshalb zogen wir an unseren dritten Standort, einen Block weiter auf der East First Street, in eine umgebaute Druckerei. Immer mehr Jugendliche fanden auch von außerhalb von Boyle Heights zu uns. Jeden Monat arbeiteten wir mit mehr als tausend Personen aus fünfundvierzig Postbezirken. Mitglieder von über achthundert Gangs kamen, um Jobs zu finden, ihre Tattoos loszuwerden und sich juristisch und psychologisch beraten zu lassen.

2007 platzten wir derart aus allen Nähten, dass wir in der Nähe von Chinatown im Zentrum von Los Angeles unser derzeitiges Hauptquartier bezogen, zusammen mit der Homeboy Bakery und dem Homegirl Café. Unser erfolgreichstes Unternehmen ist die Textildruckerei Homeboy Silkscreen, seit all den Jahren unter der Leitung von Ruben und Christina Rodriguez. Daneben gibt es noch die Homeboy-Bäckerei, den Homeboy/Homegirl-Vertrieb von Artikeln mit unserem Logo, »Homeboy Reinigung und Instandhaltung« und Homegirl Café, wo vorbestrafte Frauen und junge Frauen aus rivalisierenden Gangs fleißig und freundlich Bestellungen aufnehmen und servieren.

In Los Angeles County soll es 1100 Gangs mit etwa 86.000 Mitgliedern geben. Ein großer Teil dieser Jugendlichen weiß, sie können zu Homeboy kommen, wenn sie bereit sind, auszusteigen.

Homeboy Industries ist kein Ort für Leute, die Hilfe brauchen, sondern für Leute, die Hilfe wollen. Wir sind gewissermaßen ein Rehabilitationszentrum. Viele der Homies, die zu uns kommen, haben hinsichtlich ihrer Sozialkompetenzen noch Entwicklungsbedarf. Frisch aus dem Knast, versuchen sie zum ersten Mal, einer geregelten Arbeit nachzugehen. Bei Homeboy Industries lernen sie Dinge wie pünktlich zur Arbeit zu erscheinen, und das jeden Tag, oder Bestellungen von unangenehmen Kunden entgegenzunehmen.

Unsere Angebote stellen wir kostenfrei zur Verfügung. Wir sind eine Arbeitsstätte und eine therapeutische Gemeinschaft. Wir bieten Aus- und Fortbildungen an und wirtschaften als Unternehmen. Alles auf einmal. Sobald die Homies mit der Arbeitssituation vertraut sind, können sie weiterziehen und sich besser bezahlte Jobs suchen.

Die Homies müssen bei uns auch mit ihren Feinden zusammenarbeiten. Wir sind gewissermaßen die »Vereinten Nationen« der Gangs. Wenn Feinde zusammenarbeiten, entsteht eine wertvolle »Unterbrechung« der Situation auf der Straße. Andere Gangmitglieder fragen dann: »Wie kannst du denn mit dem zusammenarbeiten?« Darauf zu antworten ist unangenehm und erfordert Mut. Aber allein schon die Frage rüttelt am Status quo.

Homeboy Industries kann nur einer gewissen Anzahl von Gangmitgliedern Hilfe und Jobs anbieten. Obwohl hier im Laufe der Jahre Tausende Unterstützung gefunden haben, bleibt es ein winziger Tropfen auf einem ziemlich heißen Stein. In Los Angeles ist Homeboy Industries sowohl ein Symbol als auch ein Ort der Tat. Seit über zwanzig Jahren stellen wir der Stadt die Frage: »Wie wäre es, wenn wir in Gangmitglieder investieren würden, statt zu versuchen, das Problem durch Gefängnisse zu lösen?«

Nach zwei Jahrzehnten hat die Stadt Los Angeles das Wirken von Homeboy Industries anerkannt und hört auf das, was wir zu dem »Problem« und dem Umgang damit zu sagen haben, jedenfalls teilweise.

Ein Homie namens David, der in die Obdachlosigkeit und Heroinabhängigkeit abgerutscht war, machte sich eines Tages selbst fertig.

»Schau mal, David«, versuchte ich es ihm schrittweise darzulegen, »du musst erst krabbeln, bevor du laufen kannst, und du musst erst laufen, bevor du rennen kannst.«

Davids Augen füllten sich mit Tränen. »Ja schon, aber ich weiß, ich kann fliegen. Ich brauch nur den richtigen Wind.«

Homeboy Industries versucht, dieser Wind zu sein.

Wenn wir einen Augenblick lang dem Schlimmsten ins Auge sehen, zu dem unsere Art fähig ist, und schaudernd eine Ahnung davon in uns selbst bemerken, sprengt Demut die Schale des Verstands und erfüllt das Herz.

Denise Levertov

Sieben Jahre nach der Gründung von Homeboy Bakery brennt das Gebäude im Oktober 1999 bis auf die Grundmauern nieder. Der panische Anruf erreicht mich um drei Uhr früh. Als ich ankomme, setzen mehrere Feuerwehrwagen schon alles unter Wasser. Flammen schießen in die Luft. Aus den umliegenden Häusern kommen Frauen und schließen mich in die Arme. Unter Tränen versprechen sie mir, gleich morgen früh eine *venta de comida* in Gang zu setzen, um mit dem Spendensammeln zu beginnen.

Ein Mädchen umarmt mich weinend: »Keine Sorge, G, wir machen einen Autowaschtag [eine an Schulen und in Jugendgruppen beliebte Form des Spendensammelns].«

Ich muss gestehen, im ersten Augenblick dachte ich an Brandstiftung. Wenn ich das sage, vermuten die meisten, ich hätte die Gangs in Verdacht gehabt. Daran habe ich jedoch nie gedacht. Die Homeboy Bakery war für alle Gangmitglieder weit und breit ein Symbol der Hoffnung. Es gab überhaupt keinen Grund, weshalb sie den Ort zerstören sollten, an dem sie eine zweite Chance bekamen.

Aber wir hatten in jenen Tagen viele Feinde, Leute, die meinten, Gangmitgliedern zu helfen würde bedeuten, mit ihrem Verhalten einverstanden zu sein. Hasstiraden in E-Mails, Todes- und Bombendrohungen waren an der Tagesordnung, vor allem, nachdem einige Gastkommentare von mir in der »Los Angeles Times« veröffentlicht wurden (was kurz vor dem Feuer geschehen war).

In jenen Tagen schlug uns von Leuten, die gegen das Konzept von Homeboy Industries waren, so viel Feindseligkeit entgegen, dass wir überlegten, auf unseren Anrufbeantworter die Nachricht zu speichern: »Danke für Ihren Anruf bei Homeboy Industries. Ihre Bombendrohung ist uns wichtig.« [Statt wie in den USA üblich: »Danke für Ihren Anruf. Ihr Anliegen ist uns wichtig.«]

Eines Tages sitze ich in meinem Büro und höre, wie ein Homegirl einen Anruf entgegennimmt: »Na, dann bring die Bombe rüber, Arschloch. Kann's kaum erwarten.«

Ich frage sie, wer dran ist.

Sie legt verlegen die Hand auf den Hörer. »Nur ein Irrer, der uns in die Luft sprengen will.«

»Na ja, *kiddo*«, antworte ich, »vielleicht wäre es besser, ihm einen schönen Tag und Gottes Segen zu wünschen.«

In der Nacht, als die Bäckerei brannte, fanden die Experten eine Stunde nach meiner Ankunft eine »natürliche« Brandursache. Das Gebäude war nun einmal achtzig Jahre alt, und seine Elektrik entsprechend aus *aquel tiempo*. Ein Kurzschluss in der Wand des Büros der Bäckerei hatte angefangen zu schwelen, bis das ganze Ding in die Luft flog.

Zunächst wissen wir jedoch nicht, was den Brand ausgelöst hat. In dieser Ungewissheit kommt ein älterer, vermutlich irischstämmiger Brandmeister auf mich zu.

»Ist das Ihr Laden?«, fragt er, während hinter ihm die Flammen durch das Dach schlagen.

»Ja.«

»Hmm«, sagt er, »irgendeine Ahnung, warum jemand das gemacht haben könnte?«

»Nein.«

»Soso. Keine wütenden Exmitarbeiter, was?«

»Nein«, erwidere ich mit einem Lächeln, »die Wütenden arbeiten noch für mich.« Ich will die Spannung brechen, doch er verzieht keine Miene.

»Sie wissen doch sicher, was das hier für eine Gegend ist?«, vertraut er mir flüsternd an und schaut sich dabei nach allen Seiten um. »Sollen sich ja jede Menge Gangster rumtreiben …« Offenbar meint er, mir damit etwas Neues zu erzählen.

»Ist schon okay«, antworte ich und flüstere dann selbst verschwörerisch: »Bei uns arbeiten nur Gangster.«

Noch immer kein Lächeln.

Am nächsten Tag wissen alle »Bäcker« Bescheid bis auf einen Jungen namens Lencho, den wir nicht erreicht haben. Kurz bevor seine

Schicht beginnt, steigt er aus dem Bus. Auf seiner perfekt gebügelten weißen Uniform steht auf der einen Seite »Homeboy Bakery« und auf der anderen Seite sein Name. Leichtfüßig trabt er eine Weile über den Parkplatz, bis er plötzlich die nasse Verwüstung entdeckt, die die Feuerwehrleute hinterlassen haben. Aus einem großen Loch im Dach steigt immer noch Rauch auf. Er sieht, wie seine Kollegen die Trümmer durchwühlen. Er braucht keine Erklärung. Einen Moment steht er wie erstarrt, dann schlägt er die Hände vors Gesicht und weint hemmungslos.

Das hier war sein Grund, morgens aufzustehen. Und vor allem war es sein Grund, in der Nacht davor nicht mit der Gang durch die Gegend zu ziehen. Die Bindung an seine Kollegen, seine früheren Feinde, war stärker als alles, was er zuvor in seiner Familie oder in der Gang erlebt hatte.

Wir können in diesem Augenblick nichts anderes tun, als ihn in Liebe zu umarmen und ihm zu versichern, dass wir alles wieder aufbauen werden.

Zehn Monate später ist er wieder an diesem Ort und arbeitet in einer nagelneuen Bäckerei.

Die ursprüngliche Bäckerei war von der ersten Woche an eine Berühmtheit. Fast jeden Tag kamen Journalisten vorbei. Es erschienen Artikel mit Fotos von Feinden, die Seite an Seite arbeiteten. Aus aller Welt kamen Besucher. Busse mit japanischen Touristen hielten bei uns an. Selbst die Berater von Prinz Charles kamen einmal vorbei.

Damals war ein Mann namens Luis unser Vorarbeiter. Luis war Mitte zwanzig und früher einer der größten Drogendealer, die es bei uns je gegeben hat. Wir kannten einander seit über zehn Jahren, und in der Zeit hatte er jedes Arbeitsangebot freundlich, aber bestimmt abgelehnt. Luis war unglaublich schlau und gewitzt. Einer seiner Sprüche war: »Als Kinder haben wir immer ›Kick the Can‹ gespielt, Dosenkicken, genau wie die Bullen. Nur heißt es bei denen ›Kick the Mexi-Can‹ und ›Kick the Puertori-Can‹.«

Er wurde nie gefasst. Zu schlau. Wenn er neben mir stand und die Bullen vorbeifuhren, hörte ich ihn murmeln: »Beam me up, Scottie.« Doch als seine Tochter Tiffany geboren wurde, bat er um einen Job in der Bäckerei. Durch sein natürliches Führungstalent wurde er schon bald Vorarbeiter. Er arbeitete also nicht nur mit ehemaligen Rivalen, er beaufsichtigte sie sogar, was sehr viel schwieriger ist.

Zu Luis' Aufgaben gehörte es auch, die Besuchergruppen und Filmcrews zu begrüßen. Er hasste diesen Teil seines Jobs. Einmal erhielten wir die Anfrage einer Gruppe von Farmern aus Kalifornien. Sie wollten unsere Bäckerei besichtigen. Luis' Gejammer war zum Steinerweichen. »Muss ich echt?«

An dem Tag, als die Farmer kommen, stehen wir gemeinsam zum Empfang bereit. Ich wedele seine Quengeleien beiseite wie lästige Schnaken. Schließlich biegt der Bus auf den verwinkelten Parkplatz der Bäckerei ein, und ich zeige dem Fahrer, wo er ihn hinstellen kann. Es ist ein hochmoderner, eleganter Bus mit einem glänzenden Mikrofon für den Reiseführer.

Luis, der immer noch neben mir steht, übernimmt sofort die Rolle. »Willkommen in der Homeboy Bakery« sagt er in gelangweilt näselndem Tonfall. »Erleben Sie Gangmitglieder in ihrem natürlichen Lebensraum.«

Er hält die offene Faust wie ein Mikrofon vor den Mund. »Bitte strecken Sie die Hände auf keinen Fall aus dem Fenster. Versuchen Sie nicht, die Homies zu füttern. Sie sind noch wild.«

»Cállate, cabrón, halt die Klappe!«, zische ich ihm aus dem Mundwinkel zu, während ich den Farmern zulächele, die gerade aus dem Bus steigen.

Stunden später gehe ich noch mal in der Bäckerei vorbei, die ein paar Blocks von meinem Büro entfernt liegt. Ich sehe Luis und erinnere mich an den Morgen. »*Oye*«, rufe ich ihm zu, »wie war die Tour?«

»Mann, G«, sagt er kopfschüttelnd, »was habt ihr Weißen bloß?«

Ich bin neugierig, was wir wohl haben. »Keine Ahnung. Was haben wir denn?«

»Echt mal, in einer Tour sagen die: ›Wunderbar …!‹«

»Tatsächlich?«

»Wenn ich's sage. Die Bande *gabachos* latscht hier rein und schaut sich um, alles *firme* und sauber, die Maschinen laufen gut, und die sagen: ›Wunderbar, der Laden.‹ Dann sehen die, wie Homies, Feinde, klar, gemeinsam arbeiten, und sagen: ›Jungs, ihr seid wirklich wunderbar.‹ Und dann probieren sie unser Brot und sagen: ›Das Brot schmeckt einfach wunderbar.‹ Echt mal, G, was soll das? Warum sagen Weiße dauernd ›wunderbar‹?«

Keine Ahnung. Aber wann immer sich mir danach die Gelegenheit bot, sagte ich ihm, er sei wunderbar, nur um ihn ein bisschen aufzuziehen.

Etwa vier Monate später komme ich kurz vor Ladenschluss zur Bäckerei. Luis sieht mich von drinnen und läuft zu mir auf den Parkplatz. Unter der gewohnten Coolness ist er offensichtlich ziemlich aufgeregt. Er lässt mich kaum aus dem Auto steigen.

»Hey, G«, ruft er mir begeistert zu. »Du glaubst nich', was mir gestern Abend passiert ist.«

Er erzählt mir, wie er nach der Arbeit seine vier Jahre alte Tochter Tiffany vom Babysitter abgeholt hat. Mit dem Auto sind sie dann zu dem winzigen Apartment gefahren, dessen Miete Luis zum ersten Mal mit ehrlich verdientem, sauberem Geld bezahlt. Sobald er die Tür aufgeschlossen hatte, war Tiffany an ihm vorbei durch den Flur in das bescheidene Wohnzimmer gerannt. Sie pflanzte sich mitten im Raum auf, streckte die Arme aus und schaute sich im ganzen Raum um. Dann strahlte sie Luis an und sagte: »Das is' soo … wunderbar!«

Luis sah mich an. »Dachte erst, die macht mich jetzt auch noch weiß an.«

Doch er beugte sich herunter, um ihr in die Augen zu sehen, und fragte: »Was ist so wunderbar, *mija?*«

Tiffany legte die Hand aufs Herz und erklärte feierlich: »Mein Zuhause!«

Luis kann nicht weitersprechen. Unsere Blicke begegnen sich, und unsere Seelen laufen über, genau wie unsere Augen. Wir schauen einander einfach an, während uns die Tränen übers Gesicht laufen.

Nach einer ganzen Weile breche ich das Schweigen. Ich zeige auf ihn: »Das ... ist ... dein ... Werk. Du hast nie ein Zuhause gehabt – jetzt hast du eins. Das ist dein Werk. Du warst der größte Drogendealer, und du hast aufgehört und angefangen, Brot zu backen. Du hast das geschafft. Du hattest nie einen Vater – und jetzt bist du einer ..., und ... ich würde lieber etwas anderes sagen, aber ... du bist einfach wunderbar.«

Und wie viel lieber würde ich jetzt etwas anderes schreiben, aber zum ersten Mal habe ich diese Geschichte auf Luis' Beerdigung erzählt. An jenem Mittwochnachmittag, als er umgebracht wurde, hat er nichts Falsches getan. Er belud den Kofferraum seines Wagens, um mit ein paar Freunden zum Camping zu fahren. Zwei vermummte Gangmitglieder hatten sich auf »feindliches« Territorium begeben, auf der Suche nach »verpeilten Deppen«. Sie trafen auf Luis, dachten sich wohl, passt schon, und brachten ihn um.

Ich habe die »Wunderbar«-Geschichte auf Luis' Beerdigung vor allem deshalb erzählt, weil mir von seinen Freunden und den Homies in der Woche zwischen seinem Tod und seiner Beerdigung viele Fragen gestellt wurden, die alle auf eines hinausliefen: »Was bringt es, Gutes zu tun, wenn dann so was passiert?«

Es ist eine gute Frage, und sie ist eine Antwort wert. Ich erzählte den Menschen in der überfüllten Kirche, dass Luis ein Mensch war, der die Wahrheit über sich erkannte, und sie gefiel ihm.

Aus der Sicht von Juliana von Norwich, einer Mystikerin im England des vierzehnten Jahrhunderts, geht es im Lebenskampf darum, zu entdecken, dass wir »in Gottes Güte gewandet« sind.

Das wurde Luis' Lebenswerk. Er nahm seine Güte, das Gute in sich, an – er war wunderbar –, und nichts war mehr, wie es war. Was ist der Tod schon dagegen? Keine Kugel kann das zerstören.

In der Sprache des Mondes

Gib es zu.
Sage jedem, den du siehst: »Liebe mich.«
Natürlich nicht laut,
sonst könnte jemand die Polizei rufen.
Doch denke daran,
wie stark es uns zueinander drängt.
Warum nicht zu jenem werden,
der den vollen Mond in jedem Auge trägt;
der in der süßen Sprache des Mondes
stets sagt,
was zu hören
sich jedes andere Auge
so dringlich
wünscht?

Hafiz

[Übersetzung der freien amerikanischen Übersetzung von Daniel Ladinsky]

1

Gott …, glaube ich

Gott kann winzig werden, wenn wir nicht aufpassen. Ich bin sicher, wir alle haben ein Bild von Gott, an dem wir uns ausrichten wie an einem Prüfstein und zu dem wir zurückkehren, wenn wir uns verlaufen haben.

Mein Bild von Gott ist durch meinen Freund und spirituellen Leiter Bill Cain, S.J., geprägt worden. Vor Jahren nahm er eine Auszeit, um sich um seinen krebskranken Vater zu kümmern. Der gebrechliche, sterbenskranke Mann war in jeder Hinsicht auf seinen Sohn angewiesen. Doch sosehr die Krankheit auch seinem Körper zusetzte, geistig blieb er wach und lebendig. In einer Umkehrung der Rollen, wie sie viele erwachsene Kinder erleben, brachte Bill nun abends seinen Vater zu Bett und las ihm beim Einschlafen vor, genau so, wie es sein Vater früher mit ihm gemacht hatte. Bill las, und sein Vater lag da, schaute seinen Sohn an und lächelte. Der von der Tagesarbeit erschöpfte Bill bat seinen Vater schließlich, er möge doch die Augen schließen. »Schau, du sollst doch einschlafen, während ich lese!«

Gehorsam schloss Bills Vater die Augen, doch nicht sehr lange. Nach wenigen Minuten klappte ein Auge wieder auf, und er lächelte seinen Sohn an. Bill bemerkte es.

»Bitte, Papa.«

Wieder gehorchte der Vater, bis er es nicht mehr aushielt und mit dem anderen Auge seinen Sohn anstrahlte. So ging es jeden Abend.

Als sein Vater gestorben war, wurde Bill bewusst, wie sehr in diesem Abendritual ein Vater sichtbar wurde, der einfach die Augen nicht von seinem Sohn abwenden konnte. Wie muss es dann erst Gott ergehen! Anthony de Mello schreibt: *»Erkenne den EINEN, der dich erkennt, lächelnd.«*

Gott ist wohl zu sehr damit beschäftigt, IHRE Augen nicht von uns abzuwenden, als dass SIE Zeit hätte, missbilligend die Augenbrauen hochzuziehen. Was für Jesus gilt, gilt auch für uns. Die Stimme, die durch die Wolken bricht, spricht auch direkt zu uns: *»Du bist mein geliebtes Kind, an dem ich Wohlgefallen habe.«* Das ist in keiner Hinsicht »winzig«.

1990 besuchte das Team der Fernsehsendung »60 Minutes« die Dolores Mission Church. Einer der Produzenten hatte in der Sonntagsausgabe des »Los Angeles Times Magazine« einen Artikel über meine Arbeit gelesen und wollte eine Reportage bringen. Man versicherte mir, ich würde einen »guten Mike« kriegen. Denn in jenen Tagen galt es als geflügeltes Wort: »Wenn Mike Wallace und sein ›60 Minutes‹-Filmteam bei dir aufkreuzen, weißt du, es wird ein schlechter Tag.«

Wallace besuchte die ärmste Gemeinde von Los Angeles mit einer Kolonne von weißen Stretchlimousinen. Als er aus dem Wagen steigt, trägt er eine mit Taschen übersäte Splitterschutzweste, als sei er für eine Reise in den Dschungel gerüstet. In einem Moment, in dem die Mikrofone abgeschaltet sind, sagt er später zu mir: »Ich muss zugeben, ich hatte mit Monstern gerechnet. Aber ich habe etwas völlig anderes angetroffen.«

Noch später, als die Kameras laufen, sitzen wir in einem vollen Klassenzimmer in unserer Schule. Wallace deutet auf mich und sagt: »Sie würden die Jungs also nie ins Gefängnis bringen?«

Das erscheint mir in jenem Moment ein lächerliches Ansinnen, also sage ich etwas Lahmes wie: »Mein Gehorsamsgelübde gilt ja nicht der Polizei von Los Angeles.«

Aber dann wendet sich Wallace einem der Homies zu und nimmt ihn in die Mangel. Er fragt ihn wieder und wieder: »Er würde euch nicht ins Gefängnis bringen, oder doch?« Und hakt dann nach: »Und warum? Was glaubst du, was ist der Grund?«

Der Junge starrt Wallace nur an, zuckt mit den Schultern und sagt dann irgendwann verlegen: »Gott …, glaub ich.«

Dieses Kapitel handelt von Gott, glaube ich. Ehrlich gesagt handelt das ganze Buch davon. Ich könnte in meinem Leben nicht viel Sinn erkennen, wenn ich Gott weglassen würde. So ein Unternehmen wie Homeboy Industries wäre verrückt und wirtschaftlich unsinnig, ginge es nicht im Kern darum, im Sinne jenes Gottes zu handeln, an den man glauben sollte. Ohne den tiefen Glauben, dass dies im Sinne desjenigen ist, der uns auf diese Welt geschickt hat, wäre ich unfähig, zu erklären, warum man den Menschen in den Randbereichen der Gesellschaft beistehen sollte.

Rascal ist Mitte dreißig. Er ist meistens stur, widerspenstig und kampflustig und gehört nicht zu denen, die sich einen Rat geben lassen. Er hat gelernt, zu überleben. Mit seinem kleinen Laster sammelt er Altmetall, zahlt damit irgendwie seine Miete und ernährt seine Kinder. Zu seinen Gunsten muss man sagen, dass er sich von Gefängnissen und Gangs schon lange verabschiedet hat. Rascal haut mich manchmal um Geld an, und ich gebe es ihm, falls ich welches habe und falls er mir mit seiner Haltung nicht zu sehr auf die Nerven geht.

Er lässt sich einfach nichts sagen – doch eines Tages merke ich plötzlich, dass er zuhört. Ich erzähle irgendwas – ich weiß gar nicht mehr was, nur dass er zuhört. Als ich fertig bin, sagt er einfach: »Okay. Ich werd das mal hier ’ne Weile einlegen.« Und er deutet auf sein Herz.

Vielleicht sollten wir alle uns ganz in Gott einlegen. Schon in der Genesis steht: *»Im Anfang war Gott …«* Auch Ignatius von Loyola, der Gründer der Jesuiten, spricht davon, sich ganz in »Gott, der immer größer ist«, einzulegen. Er schreibt: *»Achte darauf, dir immer als Erstes Gott vor Augen zu halten.«* Jesus legte sich ganz in jenen rückhaltlos und maßlos liebenden Gott ein, der immer größer ist als unser winziges Vorstellungsvermögen.

Sich im Glauben fest zu verankern, sich Gott immer vor Augen zu halten, bedeutet, sich von Gott in seiner ganzen Fülle durchdringen und berauschen zu lassen. Kurz vor seinem Märtyrertod sprach ein algerischer Trappist von dieser Fülle, als er schrieb: *»Wenn DU mein Herz erfüllst, fließen mir die Augen über.«*

Acht Uhr abends, ich habe gerade das Büro abgeschlossen und will nach Hause. Da taucht buchstäblich aus dem Nichts Willy an der Fahrertür auf.

»Mann, Willy, lass das!«, sage ich erschrocken.

»*Spensa,* G«, antwortet er, »’tschuldigung. Is’ nur, weil … mein Bauch ist auf *échale,* nix mehr da. Kann ich zwanzig Mäuse haben?«

»*Dog,* meine Brieftasche ist auch auf *échale*«, sage ich. Ein »Dog« ist jemand, auf den man sich verlassen kann, der einem immer den Rücken deckt. »Aber steig ein. Vielleicht spuckt der Automat noch was aus.«

Willy springt in den Wagen. Er ist eine echt gute Seele – und ein Ausbund an Prahlerei und Wichtigtuerei. Er tut immer so, als wäre er ein Löwe, der gerade einen Mann am Stück verschlungen hat. Er ist Mitglied einer Gang, aber nur als Randfigur – er möchte lieber mit seinen Taten angeben als sie tatsächlich ausführen. Mit Mitte zwanzig ist er ein charmanter, typischer Homie, der einem hervorragend Geld abschwatzen kann, wenn man es zulässt.

An dem Abend bin ich müde und will nach Hause. Daher ist es einfacher, keinen Widerstand zu leisten. Der nächste Geldautomat ist im Supermarkt auf der Fourth Avenue. Ich sage Willy, er soll im Wagen bleiben. Ich will vermeiden, dass er irgendwelchen Rivalen begegnet.

»Bin gleich wieder da, Dog«, sage ich und steige aus.

Ich bin noch keine fünf Schritte weit gekommen, da höre ich ein leises »Hey« von hinten.

Es ist Willy, der vom Beifahrersitz aus mit großer Geste so tut, als würde er einen Zündschlüssel im Schloss umdrehen.

»Das Radio«, sagt er und hält dabei die Hand hinters Ohr.

Ich winke ab. »Nein.« Nun versuche ich mich als Pantomime. Ich lege die Handflächen aneinander und bewege lautlos die Lippen: »Bete!«

Willy seufzt und rollt mit den Augen. Aber er ist brav. Nimmt die Gebetshaltung ein und schaut zum Himmel mit der Miene eines Heiligen – *cara santucha.*

Ich gehe weiter, spüre aber nach zehn Metern das Bedürfnis, mich noch mal umzudrehen. Willy sitzt immer noch im Gebet versunken und scheint meinen Blick kaum wahrzunehmen.

Mit zwanzig Dollar in der Hand komme ich zurück und steige ein. Irgendwas ist passiert. Willy ist ungewöhnlich still, nachdenklich, und es herrscht spürbar Frieden im Wagen.

»Du hast gebetet, stimmt's?«, frage ich.

Er sieht mich nicht an, sondern sagt nur leise: »Ja, hab ich.«

Ich lasse den Wagen an. »Und was hat Gott zu dir gesagt?«, frage ich.

»Hm, zuerst hat er gesagt: ›Mund halten und zuhören!‹«

»Und was hast du getan?«

»Also echt, G, was soll ich da schon tun? Hab den Mund gehalten und zugehört.«

Ich fahre ihn zurück in sein Barrio. So habe ich Willy noch nie gesehen. Still und demütig – ohne jeden Drang, mich von irgendwas zu überzeugen.

»Also, mein Sohn, nun mal raus damit: Wie siehst du Gott?«, frage ich.

»Gott?«, antwortet er. »Gott ist mein Dog, das is' klar.«

»Und wie sieht Gott dich?«

Willy antwortet nicht gleich. Er legt den Kopf in den Nacken und starrt in den Wagenhimmel. Eine Träne rollt über seine Wange. Volles Herz, überfließende Augen. »Gott meint ..., ich bin ... *firme.*«

Für einen Homie ist das gleichbedeutend mit: »... könnte überhaupt nicht besser sein«.

Gott hält uns nicht nur für *firme,* Gott freut sich, wenn wir uns davon ganz durchdringen lassen.

Der Dichter Kabir fragt: *»Was ist Gott?«* Und beantwortet dann seine eigene Frage: *»Gott ist der Atem im Atem.«*

Willy fand seinen Weg in den Atem, und es war *firme.*

Ich begriff das erst spät im Leben – mit Hilfe der gnadenreichen Pädagogik der Menschen in Dolores Mission. Ich wurde in meiner Kindheit dazu erzogen, gewissen Annahmen zuzustimmen. Wie »Gott ist Liebe«. Wir gehen davon aus, dass Gott alle Menschen liebt, aber da ist dieser nagende Zweifel, ob wir wirklich in dieses »alle« einbezogen sind. Gottes Arme sind ausgestreckt, doch oft fühlen wir uns selbst knapp außerhalb ihrer Reichweite. Wir erwägen, Gott könnte uns lieben, und können uns doch nur schwer des Eindrucks erwehren, dass Gott uns nur widerwillig liebt. Nach dem Motto »Gott bleibt ja auch gar nichts anderes übrig, als auch mich zu lieben«. Aber wie lässt sich dann der Moment erklären, wenn Gott uns plötzlich ganz erfüllt – wenn wir in dem EINEN leben, uns bewegen und in IHM sind, wie der Apostel Paulus schreibt? Dann erkennen wir, dass es Gott immer eine Freude war, uns zu lieben. Was uns aber vollkommen neu ist.

Jedes Mal, wenn einer der Jesuiten der Dolores Mission Geburtstag hat, wiederholt sich dasselbe Ritual. »Du weißt ja«, spricht mich dann beispielsweise einer der Jesuiten an, »dein Geburtstag fällt dieses Jahr auf einen Mittwoch. Die Leute wollen deshalb schon am Samstag vorher für dich eine Überraschungsparty veranstalten.«

Die Proteste dagegen wiederholen sich genauso wie die Festivitäten. »Ach, herrje«, antworte ich. »Können wir das dieses Jahr nicht ausfallen lassen?«

»Du musst das verstehen«, sagt dann einer meiner Brüder. »Diese Party ist nicht für dich – sie ist für die Leute.«

Dann werde ich am Samstag unter dem Vorwand irgendeiner angeblichen Besprechung zum Gemeindesaal gelockt. Ich höre schon von draußen, wie die Leute rufen: »Schsch…, *el Padre ya viene.*« Wenn ich durch die Tür trete, geht das Licht an, die Leute jubeln und die Mariachis greifen in die Saiten.

Meine Aufgabe ist es, genauso überzeugend Überraschung zu mimen wie im letzten Jahr. Alle wissen, dass man Bescheid weiß. Es ist ihnen egal. Sie lieben einen nicht nur – es ist ihnen eine Freude, zu lieben.

Der Dichter Rumi schreibt: *»Finde die echte Welt, verschenke sie ohne Ende, werde reich, indem du allen Gold zuwirfst, die darum bitten. Lebe in dem leeren Herzen des Widerspruchs. Dort tanze ich mit dir – Wange an Wange.«*

Mit den Frauen von Dolores Mission *cumbias* zu tanzen, ist auch ein Ausdruck von Gottes ungestümem Verlangen, mit jedem von uns Wange an Wange zu tanzen.

Meister Eckhart schreibt, *Gott ist größer als Gott.* Wir hoffen, dass unsere Wahrnehmung von Gott so weit werden möge, wie unser Gott ist. Je mehr wir Gott als das immer Größere entdecken, desto mehr löst sich jede einschränkende Vorstellung auf.

In Camp Paige, einer Einrichtung in der Nähe von Glendora, lerne ich den fünfzehn Jahre alten Rigo kennen, der zur Erstkommunion will. Die katholischen Helfer haben ein weißes Hemd und einen schwarzen Schlips für ihn aufgetrieben. Wir haben noch eine Viertelstunde miteinander, bevor die anderen inhaftierten Jugendlichen zur Messe in die Turnhalle kommen. Ich stelle Rigo die üblichen Fragen zu seinem Leben und seinem familiären Hintergrund. Ich frage nach seinem Vater.

»Ach«, sagt er, »ein Junkie, hab nie viel mit ihm zu tun gehabt. Bis auf die Prügel. Is' mal wieder im Knast. War eh kaum da.«

Dann durchzuckt ihn etwas, ein Bild taucht auf.

»Ich glaub, das war in der Vierten«, erzählt er. »Ich komm heim. Mitten am Tag nach Haus geschickt. Hab wohl Quatsch gemacht. Weiß nich' mehr, was. Komm also nach Haus, is' mein *jefito* da, der Boss. War eigentlich nie da, aber da schon. Fragt er mich: ›Warum kommst du jetzt nach Haus?‹ Und ich, weil er mich immer schlägt: ›Versprichste, dass du mich nich' schlägst?‹ Darauf er: ›Ich bin dein Vater. Ich schlag dich doch nicht.‹ Also sage ich ihm, warum.«

Rigo hat Mühe, weiterzusprechen. Tränen steigen ihm in die Augen, und dann schluchzt er lauthals und wiegt sich vor und zurück. Ich lege den Arm um ihn. Doch es gibt keinen Trost für Rigo.

Als er wieder Luft bekommt, sagt er nur: »Er hat ein Rohr genommen …, ein Rohr.«

Als sich Rigo wieder gefasst hat, frage ich: »Und deine Mutter?«

Er zeigt auf eine kleine Frau, die am Eingang der Turnhalle steht. »Das ist sie.«

Er hält einen Moment inne. »Keine ist wie sie.«

Wieder sehe ich, wie etwas in ihm vorgeht.

»Bald zwei Jahre sitz ich schon hier drin, und sie kommt mich jeden Sonntag besuchen. Ham Sie 'ne Ahnung, wie viele Busse sie nimmt, nur um mich arme Sau zu seh'n?«

Unerwartet übermannt ihn erneut ein heftiger Weinkrampf. Wieder dauert es eine Weile, bis er weitersprechen kann. Unter Tränen japst er: »Sieben Busse. Sie fährt mit sieben Bussen. Kann man gar nich' glauben, oder?«

Können wir uns das weite Herz Gottes vorstellen – größer als Gott –, sieben Busse nehmend, nur um bei uns anzukommen? Manchmal geben wir uns mit weniger zufrieden als mit der Nähe zu Gott. Doch Gott sehnt sich nach nichts anderem, als mit uns verbunden zu sein. Wenn man auf Spanisch von einem engen Freund spricht, sagt man, man sei verbunden wie *de uña y mugre* – wie der Fingernagel und der Dreck darunter.

Unser Bild von Gott und dem, was Gott im Sinn hat, leidet mehr unter unserer kümmerlichen Vorstellung von Gott als unter Glaubenskonflikten oder theologischen Bedenken. Gottes liebevolles Sehnen ist unermesslich viel größer, als wir es uns vorstellen können. Gottes Verlangen, uns Frieden, Gewissheit und Wohlbefinden zu schenken, wartet nur auf unsere Bereitschaft, mit Gottes grenzenloser Großherzigkeit zusammenzuarbeiten.

»Erkenne den EINEN, der dich erkennt, lächelnd.« Wir haben eine so überaktive Missbilligungsdrüse. Und wir neigen dazu, Gott nach unserem Bilde zu erschaffen. Dann ist es für uns sehr schwer, zu erkennen, dass die Missbilligung nicht zu Gott gehört. Gott ist viel zu sehr damit beschäftigt, uns zu lieben, als dass ihm Zeit für Missbilligung und Enttäuschung bliebe.

Eines Tages, gegen drei Uhr nachmittags, kriege ich im Büro einen Anruf von einem fünfundzwanzig Jahre alten Homie namens Cesar. Ich kenne ihn schon fast sein ganzes Leben.

Ich erinnere mich, wie ich ihm das erste Mal begegnete. Es war nach dem Erdbeben 1987, als die Siedlungen zu Zeltstädten geworden waren. Auch nachdem die Gefahr vorüber war, lebten die Leute noch lange im Freien unter *carpas* aus Plastik. Cesar war eines der Kinder, die in meiner Nähe Sicherheit suchten. »Wird alles gut? Geht jetzt die Welt unter?« Ich ging in jenen zwei Wochen jeden Abend durch die Zeltstädte, und ich erinnere mich dabei immer an Cesar.

An diesem Tag ruft er mich an, weil er vor Kurzem nach vier Jahren Haft entlassen wurde. Ein mögliches Erdbeben war gerade sein geringstes Problem. Cesar hatte in seinem jungen Leben mehr Zeit im Knast verbracht als draußen. Er war in die Gang geraten, weil niemand auf ihn aufgepasst oder ihm Orientierung geboten hatte.

Cesar und ich tauschen ein paar freundliche Bemerkungen aus. »Is' echt gut, wieder draußen zu sein.«

»Würd dich gerne treffen.«

Dann sagt Cesar: »Ich will nich' lang um den heißen Furz reden.«

Den Ausdruck hatte ich noch nie gehört.

»Ich bin doch gerade raus aus der *pinta* und hab nix, wo ich bleiben kann. Knack bei 'nem Freund in El Monte – echt weit vom Barrio und den Homies. *Y sabes qué,* ich hab auch nix anzuziehen. Meine Lady is' weg und hat alles verbrannt, war wohl echt angepisst.«

Ich warte noch auf den heißen Furz.

»Ich hab nix anzuziehen«, sagt er. »Kannste mir helfen?«

»Klar, mein Sohn«, sage ich. »Jetzt ist es drei. Ich komm gleich nach der Arbeit und hol dich ab, so gegen sechs.«

Ich komme zur vereinbarten Zeit und sehe zu meiner Überraschung Cesar schon auf dem Gehweg stehen und auf mich warten – ich bin es gewohnt, nach den Homies zu suchen, wenn ich sie abholen soll. Man kann ohne Übertreibung sagen, dass Cesar furchterregend wirkt. Nicht nur, weil er sehr groß und nach all dem Kraftsport im Gefängnis ein wandelndes Muskelpaket ist. Sein ganzer Habitus wirkt gefährlich. Doch als er mich sieht, klatscht dieser Hüne von einem Exknacki vor Freude in die Hände und tanzt, auf und ab hüpfend, am Straßenrand entlang. Mit einem Satz ist er in meinem Auto und schmeißt sich mir in die Arme. »Wenn ich dich seh, G, bin ich voollll glücklich!«

Ein Kern in ihm ist immer noch das Kind, das sich vergewissern will, dass die Welt nicht in einem Erdbeben untergeht.

Wir fahren zu JCPenny, und ich sage ihm, er kann sich für zweihundert Dollar Klamotten kaufen. In null Komma nix hat er die Arme voll mit allem, was er braucht, und wir reihen uns in eine lange Schlange ein, um zu bezahlen. Die anderen Kunden starren Cesar an. Er sieht nicht nur gefährlich aus, er scheint auch den Lautstärkeregler verloren zu haben. Die Leute können gar nicht anders, als sich nach uns umzudrehen, obwohl sie sich große Mühe geben, so zu tun, als würden sie nicht zuhören.

»Hey«, sagt er mit dröhnender Stimme, »siehste das Paar dahinten?«

Ich bin nicht der Einzige, der den Kopf dreht. Die ganze Kassenschlange tut es mir nach. Cesar zeigt auf ein junges Paar mit einem kleinen Sohn.

»Ich geh zu dem Typen, schau ihn an und sag: ›Hey, dich kenn ich doch?!‹ Und seine *ruca* schnappt den kleinen *morrito,* drückt ihn an sich und schüttelt den Kopf und sagt: ›Nein, wir kennen Sie nicht!‹ Voolllle Panik. Und der *vato* schaut mich an, wie wenn er gleich einen verdammten *paro cardiaco* kriegt, voollll weiß im Gesicht und alles, und schüttelt den Kopf und sagt: ›Nein, wir kennen uns nicht!‹ Ich schau noch mal hin und sag: ›Oh, 'tschuldigung, hab Sie verwechselt.‹ Und da werden sie voollll entspannt.« Er atmet einmal tief durch. »Also verdammt, G, seh ich so gefährlich aus?«

Ich will erst vehement den Kopf schütteln, doch dann gebe ich zu: »Allerdings, Dog, und wie!«

Die anderen Kunden können nicht anders, als mitzulachen.

Ich setze Cesar bei der Wohnung seines Freundes ab. Er wirkt still und verletzlich, verängstigt wie das kleine Kind, unter dem sich die Erde bewegt hat.

»Ich will nicht zurück. *La neta,* wirklich wahr, ich schieb Panik.«

»Schau, mein Sohn«, sage ich zu ihm, »wer hat ein besseres Herz als du? Und in der Mitte von diesem guten, großen Herzen ist Gott. Halt dich da dran, Dog – denn du hast, was die Welt braucht. Was kann da schon schiefgehen?«

Wir verabschieden uns, und ich schau ihm nach, wie er von dannen zieht. Seine Sanftmut und sein entwaffnend gutes Herz sind wie Balsam für meine eigenen Zweifel und stärken meine Furchtlosigkeit.

Um drei Uhr morgens klingelt mein Telefon. Es ist Cesar. Er sagt, was alle Homies sagen, wenn sie mich mitten in der Nacht anrufen: »Hab ich dich geweckt?«

Ich denke dann immer: *Ach wo, ich hab die ganze Zeit nur drauf gewartet, dass du anrufst.*

Cesar ist nüchtern, und er will mich dringend sprechen. »Ich muss was fragen. Schon als Kind hab ich dich immer als Vater gesehen, von Anfang an. Und jetzt muss ich was wissen.« Cesar hält inne. Seine Stimme bricht unter der Bedeutungsschwere seines Anliegens. »War ich auch … dein Sohn?«

»Himmel, aber klar doch!«, antworte ich.

»Puh.« Cesar atmet erleichtert aus. »Dacht' ich mir.«

Jetzt lässt ein leises Schluchzen seine Stimme zittern. »Dann … bin ich … dein Sohn. Und du … bist mein Vater. Und nix kann uns trennen, stimmt's?«

»Stimmt.«

An jenem frühen Morgen erkannte Cesar nicht nur, dass er einen Vater hat. Er erkannte, dass er ein Sohn ist, der gewollt wird. Die Stimme brach durch die Wolken seiner grauenvollen und zerstörerischen Lebenserfahrungen, und er fühlte sich geliebt. Gott, der voller Wohlgefallen auf ihn schaut, möchte Cesar genau dort bei sich haben.

Im Matthäus-Evangelium sagt Jesus: *»Eng ist die Pforte und schmal der Weg, der zum Leben führt.«* Wir haben das oft irrigerweise so verstanden, als ginge es um Einschränkung, als wäre der Weg eng. Doch das Wort will uns klarmachen, dass Enge der Weg *ist.*

Die heilige Hedwig schreibt: *»Alles ist mir eng, ich fühle mich so weit.«* Es geht darum, uns in einem zentralen Punkt zu sammeln. Wir haben die Wahl – nicht uns auf die Enge zu fokussieren, sondern unseren Fokus zu verengen. Die Pforte ins Leben will uns nicht einengen. Sie will uns einladen in die Weite. Die Gewissheit, ein Kind zu sein, das gewollt wird, macht weit. In Gottes weitem Blick auf uns erkennen wir unsere eigene Fülle, in die wir uns ganz einlegen.

Im März 2004 kommt Scrappy in unser Büro, und obwohl ich nicht gerade stolz darauf bin, muss ich zugeben, mir sinkt das Herz. Durch die Glaswände meines Büros sehe ich, wie Scrappy mit Marcos, dem Mann am Empfang, redet. Marcos ist in Scrappys Gang. Es sieht so aus, als wolle Scrappy mich sprechen. Ich habe ihn seit zehn Jahren nicht gesehen, weil er so lange eingebuchtet war, aber soweit ich mich erinnere, ist er auch zuvor nie in unserem Büro aufgetaucht. Mir ist etwas unwohl zumute. Sagen wir mal, Scrappy und ich standen noch nie auf gutem Fuß miteinander.

Ich begegnete ihm zum ersten Mal, als ich gerade zum Priester geweiht worden war. Scrappys Bewährungshelfer hatte ihm aufgetragen, seinen Sozialdienst bei uns in Dolores Mission zu leisten. Er führte sich auf wie eine Diva. »Auf euch muss ich nich' hören ... Ihr habt mir gar nix zu sagen.«

Ein paar Jahre später stand ich in einer rappelvollen Kirche und hielt die Totenmesse für einen von Scrappys Homeboys. »Wenn ihr Cuko liebt und sein Andenken ehren wollt«, sagte ich, »dann sorgt für Frieden und liebt eure Feinde.«

Kaum hatte ich das gesagt, stand Scrappy auf und drängte sich aus seiner Bank in den Mittelgang. Alle Augen waren auf ihn gerichtet. Ich unterbrach meine Ansprache. Die ganze Unzufriedenheit, die mir in jenem Sommer entgegenschlug, stand auf einmal im Raum, während er auf mich zukam. Wir standen einander Auge in Auge gegenüber, er starrte mich eine Weile an, drehte sich dann um und verließ die Kirche durch die Nebentür.

Eine Weile später fuhr ich mit dem Fahrrad mal wieder nachts durch die Siedlungen auf »Patrouille«. In Scrappys Barrio war Tumult. Die Homies hatten einen Kreis um zwei von ihnen gebildet, die sich offenbar in der Wolle hatten. Ich bahnte mir einen Weg durch den Pulk zu Scrappy, der sich mit einem seiner eigenen Homies auf dem Boden wälzte. Später habe ich erfahren, dass es um irgendeine *jaina,* ein Mädchen, ging. Kaum hatte ich die Kämpfer voneinander weggezogen, fuchtelte Scrappy wild mit einer Pistole herum. Die Menge war besorgter als ich. Heftiges Schnaufen und Rufe: »Hey, Dog, weg mit der Knarre ... Das is' G! Respekt, Mann.«

Scrappy richtete die Waffe auf mich und fauchte mit höhnischem Lachen: »Scheiiiße, den knall ich auch ab.«

Ich glaube, Sie haben nun einen Eindruck, warum ich nicht gerade begeistert bin, als er viele Jahre später in mein Büro marschiert. Ich brauche eine Weile, aber dann finde ich mein Herz irgendwo im Keller wieder. Marcos sagt durch die Gegensprechanlage: »Scrappy ist hier.« Und fragt nach kurzem Zögern: »Willst du ihn sprechen?« Marcos weiß genug, um nicht ganz sicher zu sein.

»Na klar, schick ihn rein.«

Scrappy ist eher von mittlerer Statur, aber ohne ein Gramm Fett auf den Rippen. Sein Haar ist nach hinten gegelt, und sein Schnurrbart knapp gestutzt. Er umarmt mich nur, weil es komisch wäre, es nicht zu tun. Schließlich kennen wir uns schon so lange. Er setzt sich und vergeudet keine Zeit.

»Okay, mal ehrlich, von Mann zu Mann. Ich hab Sie immer respektiert.«

Ich denke, *was soll's, ich lass es mal drauf ankommen.* »Na ja, und was war damals, als du bei Cukos Beerdigung mitten in meiner Ansprache aufgestanden bist? Oder in der Nacht, als du die Knarre auf mich gerichtet hast?«

Scrappy wirkt verblüfft. Er runzelt die Stirn und verzieht das Gesicht wie ein verwirrter Beagle. »Äh, na ja …, mal abgesehen davon«, sagt er schließlich.

Und dann tun wir etwas, was wir in den knapp zwei Jahrzehnten, die wir uns kennen, noch nie getan haben: Wir lachen. Wir lachen aus vollem Hals – ein Kopf-fällt-fast-auf-die-Tischplatte-Lachen. Wir lachen so lange, bis es gut ist. Danach ist Scrappy mehr mit seinem eigentlichen Wesen verbunden, jenseits der Prahlerei, die er in seiner Gang raushängen lässt.

»Ich hab die letzten zwanzig Jahre damit verbracht, meinen Ruf zu verteidigen …, aber jetzt … bereue ich …, dass ich den hab.« Und dann kommt noch eine Premiere: Scrappy weint. Er weint richtig. Er ist völlig in sich zusammengefallen und wiegt sich in seinem Schmerz hin und her. Als das Weinen nachlässt und er wieder Luft kriegt, wischt er sich mit dem Ärmel über Augen und Nase und schaut mich schließlich an.

»Was soll ich denn tun? Ich kann Drogendealer. Ich kann Raubüberfälle. Ich kann Leute im Knast fertig machen. Aber ich weiß nicht, wie man einen Ölwechsel macht. Ich kann fahren, aber ich kann nicht einparken. Und ich hab keine Ahnung, wie man Wäsche wäscht, außer im Waschbecken einer Zelle.«

Ich gebe ihm einen Job. Am nächsten Tag fängt er in unserer Graffiticrew an.

Scrappy entdeckte, dass er auf »heiligem Boden« steht, wie es in der Bibel heißt. Er fand die schmale Pforte, die ins Leben führt. Gottes Stimme hatte ihm klar vermittelt, jetzt »aufzubrechen oder abzubrechen«. Scrappy hat sich im unendlich großen Herzen Gottes wiedergefunden. Es geht nicht darum, an jenem heiligen Ort, an den Gott Scrappy sein ganzes Leben lang geleitet hatte, anzukommen, sondern ihn zu entdecken. Scrappy klopfte nicht bei Gott an, auf dass SIE ihn bemerke. Es brauchte überhaupt kein Tor. Scrappy war bereits drin.

Gott scheint nicht so recht mitspielen zu wollen, wenn wir versuchen, IHN kleinzumachen. Sobald wir meinen, unser umfassendstes Gottesverständnis erreicht zu haben, bricht *»dieser große, wilde Gott«*, wie der Dichter Hafiz schreibt, durch die klaustrophobische Enge unserer Worte, und alles öffnet sich noch weiter.

In »Wer loslässt, wird gehalten« schreibt Richard Rohr, dass von unserer Menschlichkeit nichts entbehrlich ist. Gottes hemmungslose, unbeschreibliche Liebe will uns in jeder Hinsicht so annehmen, wie wir sind.

Unsere Menschlichkeit ist das vornehmste Ziel. Die Ordnung in uns ist dieser Liebe genauso wertvoll wie das Chaos. Wo immer wir stehen, mit all unseren Fehlern und Unzulänglichkeiten, ist heiliger

Boden. Es ist der Ort, wo Gott uns nahe sein will, so und nicht anders.

Scrappys Sternstunde der Wahrheit entstand nicht aus der Erkenntnis, welche Enttäuschung er all die Jahre gewesen war. Sie entstand, weil ihm bewusst wurde, dass Gott ihn die ganze Zeit gehalten und angelächelt hat, unfähig, irgendwo anders hinzuschauen. Man sollte ein Buch nicht nach dem Einband beurteilen und noch nicht mal nach dem ersten Kapitel, selbst wenn das Kapitel zwanzig Jahre lang ist. Wenn die Größe Gottes der Begrenzung unserer Menschlichkeit begegnet, ist das, was geschieht, nicht in Worte zu fassen. Wir können uns nur der Momente bewusst werden, die mit diesem großen Herzen Gottes im Einklang sind. Das ist das Beste, was wir tun können.

Kurz nach meiner Priesterweihe verbrachte ich ein Jahr in Cochabamba in Bolivien. Es war eine gnadenreiche Zeit, die mich für den Rest meines Lebens prägte. Ich sprach nur schlecht Spanisch, und ich sollte das Jahr damit verbringen, die Sprache zu lernen und als Priester zu wirken.

Ziemlich am Anfang dieser Zeit gehörte es zu meinen Aufgaben, eine Zeit lang eine Gemeinde namens Temporal zu betreuen, die seit Längerem ohne Priester gewesen war. Nach ein paar Wochen dort baten mich dörfliche Gesundheitshelfer, eine Messe in Tirani abzuhalten. Tirani war eine Quechua-Gemeinde, die hoch über Cochabamba lag. Die Eingeborenen dort lebten vom Blumenhandel. Man sah die Campesinos oft mit riesigen Blumenbündeln auf dem Rücken tief gebeugt wie Lastesel den langen Weg von Tirani zum Markt trotten.

Man erklärte mir, die Quechua-Indianer in Tirani hätten seit über zehn Jahren keinen Priester mehr gesehen, deshalb sollte ich die Messe in Spanisch abhalten und einer der Helfer würde auf Quechua übersetzen und die Predigt halten. (Dort sprechen alle Quechua, nur die Männer können ein wenig Spanisch.)

Ich werde also an einem Sonntagmittag gegen ein Uhr am Fuß des Berghangs abgeholt. Mit den anderen springe ich auf die Ladefläche eines kleinen Geländefahrzeugs, und wir erklimmen den Berg. Auf der Hälfte der Strecke schaue ich noch mal in meinen Rucksack, ob ich alles dabei habe. Es ist alles da – bis auf das Messbuch. Mir fehlen im wahrsten Sinne die Worte! Zu jener Zeit, am Anfang meiner Priesterschaft, konnte ich die Messe noch nicht einmal auf Englisch auswendig, geschweige denn auf Spanisch! Im vorigen Sommer hatte ich in Dolores Mission zwar gelernt, die Messe auf Spanisch zu halten, aber nur mit Hilfe des Messbuches.

Ich habe eine spanische Bibel dabei, die ich panisch durchblättere. Wo könnte etwas stehen, was wie die Segnung klingt?

»Nimm dies und iss.«

Ich überfliege alle Szenen des Neuen Testaments, bei denen Jesus zu Tisch sitzt und isst. Mein Körper weiht mich allmählich in die Wunder des Angstschweißes ein. Ich bin knallrot, und mir ist brennend heiß, und wir sind noch nicht mal da.

Wir kommen auf einem großen, abgeernteten Feld an. Mehrere Hundert Quechuas haben sich um einen Tisch versammelt, der uns als Altar dienen soll. Ich holpere und stolpere durch die Liturgie, mit Unterstützung der Gesundheitshelfer, die alles auf Quechua vorlesen. Nach der Predigt auf Quechua bin ich wieder dran. Ich fühle mich wie jemand, der gerade einen schweren Autounfall erlitten hat und sich an nichts erinnern kann.

Ich hangele mich an meinem Notizzettel mit zusammengeklaubten Bibelzitaten entlang, hebe Wein und Brot empor, wann immer mir nichts mehr zu sagen einfällt. Die Messe ist ein Desaster.

Als es vorüber ist, fühle ich mich erschöpft und bis auf die Knochen blamiert. Ich wandere herum, um mich irgendwie zu sammeln, als eine Helferin eine uralte Quechuafrau zu mir führt. »Sie ist seit zehn Jahren nicht zur Beichte gewesen.«

Sie lässt die Frau bei mir, und die Alte lädt im Quechua-Singsang mit Maschinengewehrtempo ein Jahrzehnt Sünden ab. Ich nicke wie ein *menso* und warte auf eine Pause als Zeichen, dass sie fertig ist. Die Frau muss eindrucksvolle Lungen haben, sie scheint noch nicht mal Luft zu holen. Schließlich hört sie auf, und ich murmele irgendeine Buße und ein paar Worte, die ich von der Absolution erinnere.

Als sie fortgeht, drehe ich mich um und stelle fest, dass ich allein bin. Das Feld, auf dem die Messe stattgefunden hat, ist vollkommen verlassen. Selbst der Wagen und die Gesundheitshelfer sind weg. Ich stehe allein auf diesem Berg, ohne Fahrgelegenheit und zutiefst beschämt, vollkommen überzeugt davon, dass noch nie ein schlechterer Priester an diesem Ort war, ja, überhaupt auf Erden gelebt hat.

Mit meinem Rucksack über der Schulter mache ich mich niedergeschlagen auf den langen Weg den Berg hinab, zurück in die Stadt. Doch noch bevor ich den Stoppelacker, welcher vor Kurzem noch unsere Kathedrale war, hinter mir lasse, taucht wie aus dem Nichts ein alter Quechua-Campesino auf und kommt auf mich zu. Vielleicht erscheint er mir auch nur alt, weil die Arbeit und die Härten des indianischen Lebens seinem Körper ihren Stempel aufgedrückt haben. Als er näher kommt, sehe ich die durchgescheuerten Wollhosen und das weiße Hemd mit großem Rüschenkragen. Ein Strick dient ihm als Gürtel, seine Jacke ist aus grobem, abgewetztem Stoff, und seinem Fedora sieht man das Alter an. Er trägt *huaraches,* und seine Zehen sind mit bolivianischer Erde bedeckt. Sein Gesicht ist von Falten übersät. Er ist mindestens dreißig Zentimeter kleiner als ich. Er stellt sich vor mich hin und sagt: »*Tatai.*« Das ist ein Quechua-Wort für *padrecito,* ein Wort voller *cariño,* voller Zuneigung und Zärtlichkeit. Mit durchdringendem, aber auch müdem Blick schaut er zu mir auf und sagt: »*Tatai, gracias por haber venido* (Danke fürs Kommen).«

Ich will etwas sagen, aber mir fällt nichts ein. Das macht auch nichts, denn der Campesino greift jetzt in seine Jackentaschen und holt zwei Handvoll bunte Rosenblätter hervor. Er reckt sich auf die Zehenspitzen und bedeutet mir, ich möge den Kopf neigen. Und dann lässt er die Rosenblätter auf meinen Kopf rieseln.

Ich bin sprachlos. Er greift wieder in die Taschen und holt zwei weitere Handvoll Blätter heraus. Immer wieder tut er das, als würde er über einen unendlichen Vorrat an roten, rosa und gelben Rosenblüten verfügen. Ich stehe einfach da und starre auf meine eigenen *huaraches,* die allmählich von Tränen und Rosenblättern bedeckt werden. Schließlich geht er, und ich stehe auf dem Acker, allein mit nichts als dem wundervollen Duft der Rosen.

Bei meinen späteren Besuchen in Tirani begegneten mir immer wieder dieselben Dorfbewohner, doch diesen alten Campesino sah ich nie wieder.

Gott, so glaube ich, ist viel umfassender als jedes Bild, das wir uns von Gott machen können, und viel größer als der Gott, den wir zu haben meinen. Der wahre Gott scheint mir vor allem aus einer Freude zu bestehen, der jegliche Enttäuschung und Ablehnung fremd ist. Diese Freude weiß nicht, wovon wir reden, wenn wir unsere Unzulänglichkeiten hervorheben. Diese Freude, Gottes Freude, das sind die Frauen, die am Geburtstag im Gemeindesaal nur darauf warten, mit dem Jubilar zu tanzen – Wange an Wange. »Zuerst immer das Erste«, wie Daniel Berrigan sagt. Gott, das mehr als Allumfassende, hat nur eines im Sinn: ewig Rosenblütenblätter auf unsere Köpfe rieseln zu lassen.

Sehet den EINEN, der den Blick nicht von euch wenden kann. Legt euch ganz ein in die Unermesslichkeit der Liebe Gottes!

2

Schande

Die meisten Messen, die ich in den Erziehungscamps feiere, finden am Samstagvormittag statt. Danach rase ich nach Dolores Mission, wo ich den ganzen Nachmittag Taufen, Hochzeiten und *quinceañeras* zelebriere.

An jenem Samstag habe ich dazwischen ein knappes Zeitfenster von einer halben Stunde, in der ich im Büro vorbeischaue, um einen Blick auf die Post zu werfen. Ich bin etwa eine Viertelstunde da, als diese Frau hereinkommt. Sofort schaue ich auf die Wanduhr und überlege, wie viel Zeit mir noch bis zur Taufe bleibt, und ich seufze schon innerlich, weil ich es nicht schaffen werde, die ganze Post durchzusehen.

Die Frau ist um die dreißig und heißt Carmen, wie ich später erfahre. Auf der First Street ist sie nicht zu übersehen, aber dies ist ihr erster Besuch bei Homeboy Industries. Diesen Augenblick hat sie sich dafür ausgesucht. Carmen ist heroinsüchtig. Sie lebt mehr oder weniger auf der Straße, ist in einer Gang, Gelegenheitsprostituierte und enorm streitlustig. Sie stürmt oft heftig schimpfend die Straße entlang und schreit die Männer an, die in der Mitla-Bar herumhängen. Ich habe ein paarmal mitbekommen, wie sie am Münztelefon an der Ecke völlig außer sich rumbrüllte: »Verdaaaammt, ich will doch nur bei dir pennen!«

Jetzt sind es noch sieben Minuten bis zur Taufe. Carmens Haar ist aschblond, wahrscheinlich nicht die Farbe, die Gott ihr ursprünglich gegeben hat. Sie ist eigentlich eine attraktive Frau, aber die Sucht und das Leben auf der Straße haben ihren Tribut gefordert. Sie lässt sich auf einen der Stühle in meinem Büro fallen und verzichtet auf einleitende Floskeln.

»Ich brauch Hilfe«, sagt sie. »In echt jetzt. Ich war schon oft genug im Entzug, an die fünfzig Mal. Die kennen mich schon überall!« Sie lächelt. Ihr Blick wandert durch mein Büro. Sie schaut sich die Fotos an, die an der Wand hängen. Das hält sie jedoch nicht davon ab, weiterzureden.

In fünf Minuten wird die Tauffamilie an der Kirche stehen.

»Ich war auf der katholische Schule. Hab sogar die Highschool geschafft. Gleich nach dem Abschluss hab ich mit Heroin angefangen.« Mittlerweile ist sie in einer Art Trance. Sie spricht erheblich langsamer und macht lange Pausen. »Seit dem Tag … versuch ich … aufzuhören.«

Carmen legt den Kopf nach hinten an die Wand. Sie starrt an die Zimmerdecke, und ihre Augen werden zu zwei Teichen, in denen das Wasser langsam steigt, bis es über die Ufer tritt. Dann setzt sie sich wieder aufrecht hin und sieht mich zum ersten Mal richtig an. »Ich … bin … eine Schande.«

Plötzlich bin ich genauso beschämt wie sie. Denn als Carmen durch die Tür gekommen war, hatte ich sie irrtümlich als eine Störung betrachtet.

Der Autor John Bradshaw behauptet, Scham sei die Wurzel der Sucht. Auf die Sucht, sich einer Gang anzuschließen, trifft das mit Sicherheit zu. Angesichts dessen sind wir aufgerufen, die schmerzhafte Scham der anderen einen Teil unseres eigenen Lebens werden zu lassen. Sie nicht zu beheben, sondern ebenfalls zu spüren. Der Theologe Beldon Lane schreibt: *»Die göttliche Liebe ruht und rastet nicht, bis sie alle Verwundung in Gesundheit verwandelt hat und alle Deformierung in Schönheit und alle Peinlichkeit in Lachen.«*

Alle Homies, die ich kenne, schleppen das deutlich spürbare Gefühl der Schande mit sich herum. In einem Brief aus dem Gefängnis schreibt ein Gangmitglied: »Die Leute denken, ich bin schlecht.« Das ist schwer aufzulösen. »Du taugst nichts«, »Du kommst aus den

Slums«, »Deine Mutter ist ein Crackjunkie«, »Dein Vater hängt an der Nadel«, »Hast du keine anderen Klamotten?« …

In meinem Büro hing ein kleiner Junge rum, von dem ich gehört hatte, dass er oft zu spät zur Schule kam und viel schwänzte. Ich sprach ihn darauf an. »Hab gehört, du kommst oft zu spät zur Schule.«

Er fing sofort an zu weinen. »Hab nix anzuziehen.«

Die Tatsache, dass er nicht über genug Kleidung oder über keine saubere Kleidung verfügte, hatte sein ganzes Selbstbild unterminiert.

Lefty, ein Häftling aus dem Folsom State Prison, erzählte mir, sein Vater habe immer seine Mutter verprügelt, wenn er betrunken war. An einem Abend hatte er sie so schlimm geschlagen, dass am nächsten Tag ihre beiden Augen zugeschwollen waren, sodass Leftys Schwester die Mutter führen musste, als wäre sie blind. Als der Vater und Leftys Brüder abends auf dem Sofa saßen und Fußball schauten, ging Lefty ins Schlafzimmer seiner Eltern, holte die Pistole aus dem Nachttisch seines Vaters und stellte sich damit im Wohnzimmer vor den Fernseher. Sein Vater und seine Brüder starrten ihn entsetzt an. Lefty richtete die Waffe auf seinen Vater und sagte: »Du bist mein Vater, und ich hab dich lieb. Aber wenn du noch ein Mal Mama schlägst, schieß … ich … dich … tot.«

Damals war Lefty neun Jahre alt. Er hat seinen Vater nicht erschossen, weder damals noch irgendwann später. Aber jedes Mal, wenn die Seele mehr als ihr Eigengewicht an Schrecken, Gewalt und Verrat ertragen muss, stirbt sie ein wenig.

»Durch die barmherzige Liebe unseres Gottes«, heißt es in der Heiligen Schrift, *»wird uns besuchen das strahlende Licht aus der Höhe, um allen zu leuchten, die in Finsternis sitzen und im Schatten des Todes, und unsre Schritte lenken auf den Weg des Friedens.«*

Wie können jene, die in Finsternis sitzen, das Licht finden?

Der Dichter Shelley schreibt: *»Zu lieben und zu ertragen, zu hoffen, bis die Hoffnung aus ihren eigenen Trümmern genau das erschafft, was sie ersehnt.«*

Wie kann man mit diesen Leuten sein und aus den Trümmern eines Lebens in Scham und Schande geduldig ein Gespür dafür entwickeln, dass Gott sie (uns) vollkommen annimmt?

Dass wir uns damit so schwertun, liegt zum Teil sicher daran, dass wir dazu neigen, Scham und Sünde, wenn man so will, als Sache der anderen zu betrachten. Ich kann Carmens Scham erst mit meiner eigenen begegnen, wenn ich diese Haltung aufgegeben habe.

Ich erinnere mich an eine Frau in Dolores Mission, die jeden Morgen zur Messe kam. Während der Fürbitten pflegte sie immer zu beten: *»Por los pecadores, para que ELLOS …* (Für die Sünder, auf dass SIE …).« Nie »Für die Sünder, auf dass WIR …«. Es schien sie nicht zu betreffen. Doch erst in unserer Scham gelangen wir zur Ganzheit. »Auch dort, auch dort.«

Psalm 139 sagt, dass wir selbst an den dunkelsten Orten gesehen werden. Ja, selbst dort. Mein eigenes, sich in trügerischer Selbstsicherheit wiegendes, Schaden verursachendes und unfreies Ego wird in das weite Herz Gottes gezogen. Genau in diesem Licht der Unendlichkeit und vollkommenen Annahme Gottes kann ich den Schaden, den ich anrichte, als das akzeptieren, was er ist.

Wir alle sehnen uns danach, dass Gott uns packt. So sehr packt, dass wir für jene, die im Schatten des Todes unter einem Berg von Scham und Schande kauern, zu durchlässigen Boten von Gottes zärtlicher Güte werden. Wir möchten von dieser Zärtlichkeit ergriffen werden; wir möchten die Größe Gottes voll und ganz annehmen.

Ich hasse den 4. Juli. In meinem Barrio dauert er zwei Monate: vom 1. Juni bis zum 31. Juli. Sechzig Tage lang ist es hier wie in Beirut: Raketen, Böller und Dynamit. Ohne Ende, nervenzerfetzend.

An jenem Dienstagmorgen bin ich in meinem Büro und höre plötzlich in unmittelbarer Nähe das Rattattattattatta einer ganzen Serie von Böllern. Es scheint aus der Toilette neben der Küche zu kommen. Es dröhnt unglaublich, und ich springe stinksauer auf und renne hin. Vor der Toilette geht ein Homegirl namens Candy bereits wie eine Furie auf den vermutlichen Schuldigen Danny los.

»Wo bleibt dein Respekt? Das ist doch G's Büro.«

»Du hast mir gar nix zu sagen!«, bellt er zurück. Trotz seiner neunzehn Jahre ist er einen Kopf kleiner als Candy, will sich aber auf keinen Fall unterkriegen lassen. Der Schwefelgeruch der Böller zieht derweil aus dem Toilettenraum in die Küche. Ich schnappe mir Danny und gehe mit ihm nach draußen auf den Parkplatz.

Normalerweise würde ich so einen Lümmel schütteln und zur Schnecke machen. Doch in diesem Fall gelingt mir etwas Seltenes: Ich verwandele mich in Mutter Teresa und Ghandi gleichzeitig.

»Wie geht's?«, frage ich Danny freundlich, als wir auf dem heißen Asphalt stehen.

»Ich war's nich'!«, schreit Danny in höchster Aufregung. »Echt nich'!«

»Ich weiß«, sage ich ruhig, obwohl es in mir tobt. »Ich weiß, ich weiß. Aber ich mach mir Sorgen um dich. Geht's dir gut?«

»Ganz okay.«

»Hast du heute schon was gegessen?«

»Nein.«

Ich gebe ihm fünf Dollar. »Geh erst mal rüber zu Jim's und iss was.«

Danny macht sich auf den Weg und murmelt dabei vernehmlich: »Aber du glaubst mir nich'.«

Ich rufe ihn zurück. »Danny, wenn du mir sagst, du warst es nicht, dann reicht mir das, *quinceañeras.*«

Danny steht in der heißen Julisonne und bricht in Tränen aus. Von Scham und Schande bedrängt, kann er sich der unermesslichen Weite öffnen, die nicht von mir kommt.

Der Autor und Psychiater James Gilligan schreibt, das Selbst könne ohne Liebe nicht überleben, ein permanenter Mangel führe zum Tod. Scham ist die Abwesenheit von Selbstliebe, »so wie Kälte die Abwesenheit von Wärme ist«. Eine Schande, die die Sonne verdunkelt. Man fühlt sich schuldig wegen etwas, das man getan hat, aber man schämt sich wegen seiner selbst. Versagen und Beschämung, Schwäche und Minderwertigkeit treffen die Seele bis ins Mark.

Mutter Teresa sagte einmal einer Gruppe Leprakranker, wie sehr Gott sie liebt und was für ein Geschenk sie für den Rest der Welt seien. Ein alter Mann hob die Hand, um sie zu unterbrechen, und sie erteilte ihm das Wort. »Könnten Sie das bitte wiederholen? Das hat mir gutgetan. Also, wenn es Ihnen nichts ausmacht …, könnten Sie es bitte noch mal sagen?«

Der Franziskaner Richard Rohr schreibt: *»Der Herr kommt zu uns, verkleidet als wir selbst.«*

Wir gehen immer davon aus, das sei eine Entwicklung. Von Jesu Jugendjahren wird berichtet, dass er »an Alter, Weisheit und Gnade bei Gott« zunahm. Aber kann man wirklich an Gnade bei Gott zunehmen? Wurde Gott immer gnädiger mit Jesus? Oder hat Jesus nur im Laufe der Zeit allmählich entdeckt, dass er ganz und gar in der Gnade ist?

Lula wuchs bei uns im Büro auf. Heute ist er Anfang zwanzig und hat einen Sohn. Als er zum ersten Mal hereinschneite, war er zehn. Ich hatte ihn bei der alljährlichen Ostereiersuche in Aliso Village kennengelernt. Diese Ostereiersuche war keine große Sache, sondern wurde immer in letzter Minute von den Frauen aus der Gemeinde aus dem Boden gestampft. Den Kindern machte es jedoch offensichtlich Spaß. Lula war ein magerer Junge, der so unterernährt und vernachlässigt aussah, als käme er direkt aus einem Dritte-Welt-Land. Er stand abseits, und niemand schien ihn zu beachten, außer wenn sie ihm Eier klauten.

»Ich heiße Luis, aber alle nennen mich Lula«, erklärte er auf meine Frage.

Daran erinnerte ich mich noch, als ich eine Woche später an einer Kreuzung hielt und sah, wie er allein, schlaksig und unsicher über die Straße ging. Ich ließ das Fenster herunter und grüßte ihn. »Hey, Lula!«

Er zuckte zusammen, als hätte ihn der Blitz getroffen, am ganzen Körper zappelnd vor Entzücken darüber, erkannt worden zu sein und tatsächlich beim Namen gerufen zu werden. Während er die zweite Hälfte der Straße überquerte, schaute er immer wieder breit lächelnd zu mir zurück.

Lula hatte es schwer in der Schule. Er war Förderschüler, sattsam bekannt für seine langsame Auffassungsgabe. Man musste oft drei Anläufe machen, bevor er begriff, was man ihm sagte. Die Uhr konnte er erst lesen, nachdem Lupe Mosqueda aus unserem Büro es ihm mit Hilfe eines Papptellers und Papierzeigern beibrachte. Da war er ungefähr fünfzehn.

Bei Homeboy brachten wir ihm auch bei, sich seinen Geburtstag zu merken. Bis er vierzehn war, hatte er keine Ahnung, wie.

Einmal kam er mit einer dieser roten Schleifen ins Büro, die an Gedenktagen in der Schule verteilt werden.

»Hey, Lula«, sprach ich ihn an, »was bedeutet die Schleife?«

Er starrte sie eine ganze Weile nachdenklich an und sagte dann: »Freie Drogen.«

»Hm, Lula, meinst du vielleicht ›drogenfrei‹, so wie ›drogenfreie Woche‹?«

»Ja, das isses«, sagte er.

Als er siebzehn war, durfte Lula mit einer Jugendgruppe nach Washington D.C. fahren. Jemand hatte ihm die Reise spendiert. Von einem Münzfernsprecher auf der Straße rief er die kostenlose Nummer von Homeboy an.

»Ich bin hier am Denkmal!«, schrie er.

»Welches Denkmal, Lula?«, schrie ich zurück, um den Hintergrundlärm zu übertönen.

Lula schwieg ziemlich lange, vermutlich, weil er keine Ahnung hatte.

»Der Penny-Typ«, schrie er dann ins Telefon.

»Du meinst das Lincoln-Denkmal?«, fragte ich.

»Ja, das isses«, antwortete er.

Kurz nach unserer ersten Begegnung fing Lula an, öfter im Büro vorbeizuschauen. Er kam leise in mein Büro und setzte sich einfach hin. Besonders gesprächig war er nicht. Als er wieder mal an allen anderen Mitarbeitern vorbeischlich, riefen sie ihn zurück: »Lula, komm mal her! Sag mal, wo willst du so eilig hin?« Sie erklärten Lula, was es mit dem Satz »Sind wir eigentlich Luft für dich?« auf sich hatte und dass es unhöflich sei, an Leuten vorbeizugehen, ohne sie zu grüßen. Dann schlugen sie ihm vor, es noch mal zu probieren.

Lula ging zur Eingangstür, völlig beglückt von der Idee, dass es Leute gab, die von ihm gegrüßt werden wollten. Er kam noch mal rein und schmetterte in einem Singsang, der fast an gregorianische Gesänge erinnerte: »Halllloooo, allle hiiiier!«

Die nächsten fünf Jahre betrat er unser Büro jedes Mal mit genau diesem Gruß.

Lula stammt aus einer riesigen Familie. Er litt unter schwerem Aufmerksamkeitsmangel, außer bei uns im Büro. Wir überschütteten Lula mit der Zuwendung, die er sonst nirgends bekam.

Eines Tages betritt der zehn Jahre alte Lula mein Büro und bleibt in der Tür stehen. Ich vermute, dass ihn die Tatsache, dass wir gerade mitten in einer Besprechung sind, davon abhält, ganz einzutreten. Er hält ein Stück Papier in die Höhe, grinst breit und trippelt aufgeregt hin und her, als müsste er aufs Klo. Bei dem Blatt handelt es sich offensichtlich um ein Zeugnis. Die Tatsache, dass sich der kleine Lula, der sich in der Schule so schwertut, so über sein Zeugnis freut, ist für mich Anlass genug, die Besprechung zu unterbrechen. »Komm her, Lula«, winke ich ihn heran, und er schlängelt sich um die anderen herum, um mir das Zeugnis zu reichen. Den Ellbogen auf meine Schulter gelehnt, bleibt er dicht neben mir stehen. Er strahlt vor Freude. Ich schaue auf das Zeugnis und sehe bei allen Fächern Sechsen. Überall nichts als Sechsen. Warum freut sich Lula dann so darüber? Ich gehe jede Zeile noch einmal durch in dem verzweifelten Versuch, irgendwas zu finden, wofür ich Lula loben kann. Und ich finde es.

Abwesenheit: 0.

»Hey, Lula, super, *mijo,* keinen Tag gefehlt! (*Auch wenn es dir nicht viel genützt hat,* denke ich.) Echt stark, keinen Tag gefehlt.« Ich klatsche ihn ab, und er will wieder gehen.

John Tostado, einer derjenigen, die Jobs für Homies schaffen, hält ihn auf. »Hey, Lula, hast du Lust, fünf Dollar zu gewinnen?«

Lula nickt, dazu hat er durchaus Lust.

»Also, das geht so«, sagt John, während er eine nagelneue Fünf-Dollar-Note aus seiner Brieftasche zieht. »Wenn du die folgende Frage richtig beantwortest, gehört das hier dir.«

Lula kichert, und man sieht förmlich, wie er sich auf den Wettkampf vorbereitet. Er lockert sogar tatsächlich Arme und Beine. Für Lula geht's um den Supercup.

»Okay, Lula, hier kommt die Frage«, sagt John mit einer Stimme wie ein Trommelwirbel. »Wie … alt … war … ich …, als … ich … dein … Alter … hatte?«

Lula verzieht das Gesicht und drückt sich die kleine Faust gegen die Stirn, um auch ja die richtige Antwort zu finden. Alle im Raum halten die Luft an. Und dann kommt der Augenblick, wo man sehen kann, wie Lula ein Licht aufgeht.

»Zehn«, sagt er mit fester Stimme.

High fives von allen, und Lula erhält seinen Preis. Er geht zur Tür, seine Trophäe mit beiden Händen vor sich her tragend. »War doch einfach«, sagt er.

Simone Weil hatte recht: *»Die Unglücklichen brauchen nichts in der Welt außer Menschen, die sich ihnen zuwenden.«*

Homies sind so lange »draußen« gewesen, dass sie vergessen haben, dass es ein Innen gibt. Das Gefühl der Isolation erstickt sie, und sie werfen schnell das Handtuch.

Eines Tages schleicht ein sehr trauriges Kerlchen in mein Büro und sinkt auf einen der Stühle. Ein Homie mit Kindern und anderen Sorgen, die ihm so über den Kopf wachsen, dass er nur noch aufgeben will.

»Mir reicht's! Ich hau ab.«

»Wohin?«

»Zum Mars.«

»Zum Mars?«

»Yeah. Dieser Planet hier hat keinen Bock mehr auf mich.«

Ein Homie versuchte mal im Knast, diesem Schmerz eine schriftliche Form zu geben: »Meine Seele ist wund. Es tut so verdammt weh, ich zu sein.«

Ab und an führe ich das Aufnahmegespräch mit den Homies, die zu uns kommen, weil sie einen unserer Dienste in Anspruch nehmen wollen: Tattoo-Entfernung, Arbeitsvermittlung, Beratung etc. Bekäme ich jedes Mal einen Dollar, wenn sich Folgendes abspielt, bräuchten wir uns nicht mehr um externe Arbeitgeber zu kümmern.

Mit dem Formular in der Hand frage ich den Homie: »Wie alt bist du?«

»Ich?«

Nein, dein Hund! Außer uns ist niemand im Raum. »Ja, du.«

»Achtzehn.«

»Hast du einen Führerschein?«

»Ich?«

Nein, deine Großmutter. »Ja, du.«

»Nee, hab ich nicht.«

Das Gift wird so verinnerlicht, dass es jedes »Ich-Gefühl« auslöscht. Völlig unmöglich, dass sich der andere wirklich für MICH interessiert. Ist er ganz sicher, dass er nicht über jemand anderes redet, der vielleicht nur gerade nicht da ist?

Wie schon die Bibel und die Geschichte gezeigt haben, ist das Hauptleiden der Armen nicht der Mangel an Geld, mit dem sie die Miete zahlen oder Windeln kaufen könnten. Der Jesus-Forscher Marcus Borg stellt fest, dass die Armen vor allem an Scham und Schande leiden. Es ist pures Gift, ein allumfassendes Empfinden von Versagen, eine Scham, die sich tief im Selbst festsetzt.

Nach einer Messe in einem Erziehungslager frage ich einen Homie, ob er Geschwister hat.

»Yeah«, sagt er, »einen Bruder und eine Schwester.« Dann fügt er schnell und mit Nachdruck hinzu: »Aber die sind beide gut.«

»Oh«, sage ich, »und du bist …?«

»Hier«, antwortet er, »zugesperrt.«

»Und deshalb bist du …?«, frage ich noch mal.

»Schlecht«, antwortet er.

Homies haben sich anscheinend am Ort ewiger Enttäuschung eingerichtet. Sie brauchen ein neues Zuhause. Auf dem Weg dahin hofft man, ihnen (entgegen aller menschlichen Neigung) Gottes »Komme, was da wolle« statt des »Keine falsche Bewegung« vorzuleben. Man möchte dem Gott nacheifern, an den man glaubt, einem Gott, dem Enttäuschung völlig fremd ist. Man strebt nach einem Leben, wie es in einem Spiritual besungen wird: *»Gott schaut über unsere Unzulänglichkeiten hinaus und sieht, was wir brauchen.«*

Doch solange diese Haltung in den Gangmitgliedern noch keine Wurzeln schlagen kann, stolzieren sie in einer martialischen Schutzhaltung herum, die ihr echtes, vollständiges Selbst am Wachstum hindert.

Nach der Messe in den Camps stehen die Jugendlichen oft Schlange, um mich allein zu sprechen. Manchmal laden Helfer sie zur Beichte ein, doch die meisten wollen einfach reden, gehört werden und den Segen erhalten.

Ich sitze also im Camp Afflerbaugh auf einer Bank neben dem Baseballfeld, und die Homies kommen einer nach dem anderen zu mir, um kurz zu reden. An jenem Tag ist die Warteschlange ziemlich lang. Der nächste, der dran ist, wirft sich total in Pose. Er geht, als wolle er den Supercup für Coolness gewinnen. Dreht den Kopf in einer Tour hin und her, um sicherzugehen, dass alle Augen auf ihn gerichtet sind. Er setzt sich, wir geben uns die Hand, aber er kann die finstere Grimasse, die er sich angewöhnt hat, offenbar nicht absetzen.

»Wie heißt du?«, frage ich ihn.

»Sniper«, zischt er.

»Okay, hör zu.« Ich kenn das schon. »Ich vermute mal, ›Sniper‹ ist nicht der Name, den deine Mum dir gegeben hat, als du mit dem Hintern zuerst aus ihr rausgeplumpst bist. Also, wie heißt du, Dog?«

»Gonzales.« Seine Anspannung lässt ein bisschen nach.

»Gut, mein Sohn, ich weiß, die Aufseher nennen euch beim Nachnamen. Ich aber nicht. Also, *mijo,* wie nennt dich deine Mutter?«

»Cabrón.«

Ein klitzekleines bisschen Unschuld will ich ihm nicht absprechen. »*Oye,* passt sicher. Aber ich meine den Namen, der auf deiner Geburtsurkunde steht.«

Der Junge wird weicher. Ich kann es deutlich sehen. Diese neue Verletzlichkeit ist ihm ein bisschen peinlich.

»Napoleón«, sagt er leise und betont es spanisch.

»Wow«, sage ich, »das ist ein guter, historischer Name. Aber ich bin sicher, wenn deine *jefita* dich ruft, verwendet sie nicht den ganzen großartigen Namen. Komm, *mijito,* hast du einen *apodo?* Wie nennt dich deine Mutter?«

Nun geht er innerlich an einen fernen Ort, wo er sehr, sehr lange nicht gewesen ist. Seine Stimme, seine Haltung, sein ganzes Wesen nimmt vor meinen Augen eine neue Form an.

»Manchmal …«, seine Stimme ist jetzt so leise, dass ich mich nach vorn beugen muss, um ihn zu verstehen, »manchmal, wenn sie nicht sauer auf mich ist …, nennt sie mich … Napito.«

Man kann zusehen, wie dieser Junge von Sniper über Gonzales, *Cabrón* und Napoleón zu Napito wird. Wir alle möchten am liebsten mit dem Namen angesprochen werden, den unsere Mutter verwendet, wenn sie nicht sauer auf uns ist.

Namen sind wichtig. Schließlich verbringen die meisten Gangmitglieder ihre Zeit hauptsächlich damit, ihre Namen auf irgendwelche Wände zu schreiben. Ich erinnere mich an meinen ersten Tag als Lehrer, 1979 an der Loyola High School in Los Angeles. Ich habe mir vor Angst fast in die Hosen gemacht. Die Arme voller Bücher, den obligatorischen Becher Kaffee jonglierend, gehe ich zu meinem Klassenzimmer. Durch eine Tür sehe ich, wie die altgediente Lehrerin Donna Wanland an ihrem Tisch die Morgenzeitung liest.

»Heute ist mein erster Tag als Lehrer«, sage ich. »Haben Sie einen guten Rat für mich?«

Ohne den Blick von der Zeitung abzuwenden, hebt sie ihre rechte Hand und streckt zwei Finger aus. »Sogar zwei«, sagt sie. »Erstens: Lernen Sie bis morgen die Namen der Schüler auswendig. Zweitens: Es ist wichtiger, dass sie wissen, wer Sie sind, als das sie wissen, was Sie wissen.«

Beides waren Tipps, denen ich folgte und von denen ich glaube, sie haben mir gut gedient.

Ich habe mich auch daran erinnert, als ich in Dolores Mission anfing. Nachdem ich mich entschieden hatte, mich nicht zum Sklaven des Büros zu machen, wanderte ich oft durch die Wohnblocks und näherte mich dabei (uneingeladen) verschiedenen Gangs. Sie lungerten herum und beobachteten jede Bewegung auf den Straßen. Ich wurde praktisch immer eisig empfangen. (Das änderte sich erst, als ich anfing, Homies aus unserer Gemeinde im Knast oder im Krankenhaus zu besuchen.)

Ein gutes Beispiel ist ein Junge, den alle Cricket nannten. Zu sagen, er hätte mir die kalte Schulter gezeigt, wäre eine Beleidigung für alle Schultern. Der fünfzehnjährige Cricket ging jedes Mal demonstrativ weg, sobald ich auftauchte, und kam (für mich durchaus bemerkbar) wieder, sobald ich mich verabschiedete. Durch Nachfragen fand ich heraus, dass er William hieß.

Eines Tages komme ich zu Crickets Gang, doch er geht nicht weg. Ich schüttele allen zur Begrüßung die Hand, und als ich zu Cricket komme, gibt auch er mir die Hand.

»Hi, William«, sage ich zu ihm. »Wie geht's? Schön, dich zu sehen.«

William sagt nichts. Aber als ich gehe (ich achte immer darauf, nicht lange zu bleiben), höre ich, wie William in einer noch vom Stimmbruch belegten Tonlage zu den anderen sagt: »Hey, der Priester kennt meinen Namen!«

»Ich habe dich bei deinem Namen gerufen, du bist mein«, lässt Jesaja Gott diese Wahrheit aussprechen. Wer möchte nicht beim Namen gerufen werden, mit Namen gekannt werden? Das »Kennen« und »Benennen« scheint dort anzukommen, wo Anne Lamott das »Empfinden der Entstellung« ausmacht.

Auch wenn wir uns noch so missraten fühlen – die Aufmerksamkeit von anderen erinnert uns an unsere wahre Gestalt in Gott.

Die meisten grauen Haare habe ich einem Jungen namens Speedy zu verdanken. In der Welt der hiesigen Gangs gehörte er zu denjenigen, die das höchste Risiko eingingen. Todesmutig stürzte er sich in die verrücktesten Aktionen, schlich sich zum Beispiel in feindliches Gebiet, nur um einer Gruppe von *bolas,* die ihn abgrundtief hassten, eine Grimasse zu schneiden, die Zunge rauszustrecken und »Lalalalaaa« zu brüllen. Ich habe reichlich oft erlebt, wie er auf diese Weise den Kopf in den Rachen des Löwen steckte, und habe ihn öfter, als ich zählen kann, fuchsteufelswild zurück in sein Barrio gejagt. »Bist du komplett übergeschnappt? Sollen sie dich abknallen? Sieh zu, dass du deinen Arsch aus der Schusslinie kriegst!«

Eines Nachmittags bin ich in der Sakristei von Dolores Mission, um mich auf die Nachmittagsmesse vorzubereiten, und wie immer bin ich zu spät. Ich werfe einen schnellen Blick in die Kirche und sehe ein paar *viejitas,* die auf die Uhr schauen und mit den Schultern zucken. So schnell ich kann, werfe ich das Messgewand über. Speedy kommt durch die Seitentür herein. Er ist siebzehn, ziemlich mager, aber gut durchtrainiert, wahrscheinlich weil er ständig vor irgendwelchen Feinden auf der Flucht ist. Er legt die Ellbogen auf den Resopaltresen und stützt das Kinn auf die Fäuste. Ich blättere hastig die Evangelien durch, um die Stelle für die Lesung zu finden.

»Also, G«, fängt er an. »Mir is' egal, ob ich lebe oder sterbe.«

Leider muss ich zugeben, dass ich in diesem Moment nur an die drei alten Damen denke, die seit zwanzig Minuten auf den Beginn der Messe warten.

»Hey, Dog«, sage ich und werfe mir meine Stola aus Guatemala über. »Ich muss jetzt die Messe halten. Im Augenblick kann ich dir nur sagen, dass es mir überhaupt nicht egal ist, ob du lebst oder stirbst.«

Auf Speedys innerer Waage scheint sich ein Gleichgewicht einzustellen. »Okay«, sagt er, und ich denke: *Gerade noch mal gut gegangen.*

Drei Stunden später sitze ich an meinem Schreibtisch. Wie üblich steht die Vordertür des Gemeindebüros offen, sodass alle mein Büro und meinen Schreibtisch sehen können. Speedy erscheint und scheint besserer Laune zu sein. Er kommt gleich zur Sache.

»Also, G, bitte nich' gleich sauer wer'n, wenn ich jetzt was erzähl.«

Was mich natürlich sofort in Bereitschaft versetzt, sauer zu werden. »Was hast du angestellt?«, frage ich.

Er steht neben meinem Schreibtisch, bereit, jederzeit mit einem Sprung aus der Tür zu flüchten, falls ich explodieren sollte.

»Also …, ich hab Karla nach Hause gebracht.«

Wie vermutet, werde ich stinksauer. Karla ist ein sehr hübsches Homegirl, auf das Speedy gerade abfährt. Sie lebt inmitten von Speedys schlimmsten Feinden. Sie nach Hause zu bringen, war lebensgefährlich für beide. Absolut unverantwortlich. Mein Gesicht ist sicher hochrot vor Wut. Doch bevor ich mein Missfallen äußern kann, rattert Speedy blitzschnell den Rest der Geschichte herunter.

Als er Karla in ihrer Wohnung im zweiten Stock abgeliefert hat und die Treppe runterkommt, begegnet er acht Mitgliedern der rivalisierenden Gang. Es ist nicht so, dass ihnen sein Anblick missfällt – sie sind total heiß darauf, ihn in die Finger zu kriegen. Sie jagen ihn und werfen mit allem, was sie finden können: Steine, Stöcke, Bierflaschen. (Fünf Jahre später hätten sie Waffen gehabt.) Er entkommt ihnen, er heißt nicht umsonst Speedy. An der First Street, die Sicherheit seines eigenen Barrios auf der anderen Straßenseite schon im Blick, läuft er Yolanda in die Arme, die bei uns in der Gemeinde aktiv ist. Sie weiß, dass Speedy nicht dort sein sollte, wo er gerade ist, und sie stellt ihn zur Rede.

»Ven, mijo. Qué estás haciendo aqui?«

Speedy, atemlos schnaufend, senkt den Kopf.

»Sabes qué, mijo«, sagt sie. *»Te digo una cosa.* Wenn dir was passiert, bricht mir das Herz.« Sie kennt ihn kaum. »Ich hab gesehen, wie du mit deinem Neffen im Park spielst. Du bist ein wirklich guter *tio.* Du hast auch in der Kirche geholfen, die Obdachlosen zu versorgen. Das war wirklich schön von dir.«

Dann kommt sie noch mal auf das zurück, was sie am Anfang gesagt hat, diesmal mit etwas mehr Nachdruck. *»Pero, te digo una cosa,* wenn dir irgendwas passiert, bricht mir das Herz. Und jetzt, marsch, nach Hause.«

Als Speedy zu mir ins Büro kommt, steht er noch ganz unter dem Eindruck dieser Begegnung mit einer fast völlig Fremden. Er schaut mich an und lächelt. »Weißte was?«, fragt er und tippt sich auf die Brust, »der Scheiß hat sich echt gut angefühlt.«

Natürlich. So eine kleine Geste der Menschlichkeit, dieser Moment der Zuwendung einer Fremden, ist Balsam auf die Wunden im hoffnungslosen Herzen dieses Jungen. Man kann fast hören, wie der Panzer scheppernd zu Boden fällt.

Kurze Zeit später verändert sich was bei Speedy. Er beschließt, *»in eine neue Art des Denkens hineinzuleben«,* wie Richard Rohr sagen würde. Er heiratet seine Jugendliebe Claudia. Sie verlassen das Bario, und Speedy beginnt, bei einer Ölraffinerie in Richmond zu arbeiten. Sie gründen eine Familie und kriegen drei Kinder, eine Tochter und zwei Söhne. Als Claudia mit dem ersten Kind schwanger ist, läuft gerade der Film »Free Willy« in den Kinos. Und weil sie so eine winzige Person mit so einem enormen Bauch ist, hat sie seitdem bei mir den Spitznamen »Willy«.

Einmal rufe ich sie an ihrem Geburtstag an. »Happy Birthday, Willy«, sage ich, als sie abhebt.

»Hey, G, wie schön, das du drangedacht hast!«

»Und«, frage ich, »was hat dein *ruco* für heute Abend geplant?«

»Ach«, ihre Stimme wird leiser, »du weißt ja, das Geld … und, naja …, wir bleiben einfach zu Hause.«

»Was?! *No me digas!*« Ich übertreibe maßlos. »*Oye,* hol den alten Geizhals mal ans Telefon!«

Speedy nimmt den Hörer.

»Ich kann's nicht glauben, Dog«, sage ich. »Kannst du keine zwanzig Piepen abzwacken, um sie auszuführen und ihr bei Kerzenlicht ins Ohr zu flüstern: *›Mi vida, mi reina, mi cielo, mi todo?‹ Qué gacho!*«

Speedy schweigt einen Moment. »Verdammt«, sagt er dann, »hab ihr 'nen Arsch voll Rosen geschenkt, was will sie denn noch?«

Ich sehe es direkt vor mir, wie Claudia ihrem Mann lachend um den Hals fällt. Wie sie einander umarmen, sich gegenseitig schützen vor der Dunkelheit, gemeinsam echtes Licht, echten Frieden erleben.

Speedy stammt aus einer in jeder Hinsicht kaputten Familie. Als Kind musste er sich mit Alkoholismus, körperlicher Gewalt, Streit, Entfremdung und allen möglichen Formen der Vernachlässigung auseinandersetzen. Jetzt, wo er sich eine eigene Familie aufgebaut hat, achtet er auf die Landminen, die in seiner eigenen Kindheit regelmäßig explodierten.

Eines Tages ist er in der Stadt und lädt mich zum Abendessen ein. »Ich zahle sogar«, sagt er.

Im Restaurant reden wir über seinen Job, dass er wieder die Schulbank drückt, seine Verantwortung und seine neue Führungsrolle in der Raffinerie. Ich frage, was er in seiner Freizeit und sonntags unternimmt.

»Also, G«, sagt er, »wir beginnen mit der Messe. Danach gehen wir in Mimis Café. Da dürfen sich die Kinder bestellen, was sie wollen. Da gehen wir immer hin. Dann geht's in die Buchhandlung. Jeden Sonntag, zwei Stunden lang. Sie wissen ja, ich bin geizig, Bücher kaufen is' nich'. Also schnappt sich jeder 'n Buch und zieht sich in 'ne Ecke zurück. Die ham echt bequeme Sessel da. Wenn die Zeit rum ist, tun wir die Bücher wieder ins Regal. Macht nix, nächsten Sonntag kommen wir ja wieder und lesen einfach da weiter, wo wir aufgehört ham.«

Ich lache entzückt und erstaunt.

»Also, die Kinder ham so gebettelt, dass sie das neue Harry Potter-Buch kriegen«, fährt er fort. »Da hab ich gedacht, was soll's, und hab's gekauft. Und weißte, was wir jeden Abend tun? Ich setz mich in den Sessel, mach den Fernseher aus, und meine Kinder lesen aus Harry Potter vor. Zuerst die Älteste eine ganze Seite, dann mein Sohn einen Absatz und dann der Kleine einen Satz. Na ja, mit Hilfe der Großen. Und so immer weiter, Seite, Absatz, Satz. Und ich …« Seine Stimme bricht. »Ich sitz da …, die Augen zu …, und hör …, wie meine Kinder … vorlesen.« Speedy wischt sich über die Augen, selbst überrascht, wo ihn die Geschichte hingeführt hat.

Ich strecke meine Hand aus, über seinen Teller mit dem halb gegessenen Steak, und lege sie auf seinen Arm. »Du hast ein gutes Leben«, sage ich.

Die Tränen laufen ihm jetzt ungehindert über die Wangen, ja, fast scheint es, als wären sie sogar willkommen. »Yeah«, sagt er und schaut mich an. »Hab ich.«

Aus den Trümmern unseres entstellten, von Scham und Schande verdunkelten Selbst tritt uns der Herr entgegen, verkleidet als wir selbst. Wir wachsen da nicht rein – wir lernen nur, es zu sehen. Gottes »Komme, was da wolle« löscht das Gift der Scham und erfüllt uns mit zartfühlender Gnade. Wohlgefallen, endlich, und beim Namen genannt – bei dem Namen, den unsere Mutter verwendete, wenn sie nicht sauer auf uns war.

3

Mitgefühl

Im Folsom-Gefängnis gab ich 1993 den Kurs »Theologische Themen in amerikanischen Kurzgeschichten«. Die Insassen hatten sich von Anfang an gewünscht, dass ich etwas unterrichte. Nur nichts aus der Bibel. Ich hatte erwähnt, dass ich einen Abschluss in Englisch habe.

»Okay, dann bring uns das bei«, hatten sie gesagt. Es lief darauf hinaus, dass ich in allen drei Blöcken Kurse über Kurzgeschichten abhielt. (Wie in den meisten Gefängnissen in Kalifornien gibt es dort drei Blöcke: A – Sonderbehandlung oder Schutzhaft, B – im Allgemeinen hart und rau, und C – eher moderat, aber dennoch mit hoher Sicherheitsstufe.)

So saßen wir nun in der Kapelle, etwa fünfzehn Lebenslängliche und ich, und unterhielten uns über Kurzgeschichten.

Ich konzentrierte mich auf wirklich kurze Kurzgeschichten, die ich kopieren konnte, sodass wir sie vorlesen und dann besprechen konnten. Eine dieser Geschichten war Flannery O'Connors »Ein guter Mensch ist schwer zu finden«. Nachdem wir sie vorgelesen haben, beschäftigen wir uns damit, wie sich im Laufe der Geschichte die Persönlichkeit der Großmutter wandelt (»Sie wäre eine gute Frau gewesen …, wenn sich jede Minute ihres Lebens jemand gefunden hätte, der sie hätte erschießen können«). Dabei scheinen meine Schüler die Begriffe »Verständnis«, »Mitleid« und »Mitgefühl« zu verwenden, als würden alle drei dasselbe bedeuten. Da noch etwas Zeit ist, bevor die Stunde endet, frage ich die Verbrecher, was sie darunter verstehen.

»Also«, sagt einer, »Verständnis is', wenn die Mutter von 'nem Homie stirbt, und du sagst: ›*Spensa* – tut mir leid, das mit deiner Mutter.‹«

Sogleich meldet sich ein anderer, um Mitleid zu definieren.

»Yeah, also, Mitleid is', wenn die Mutter von 'nem Homie stirbt, und du sagst: ›*Spensa,* das mit deiner Mutter. *Sabes qué,* meine Mutter is' vor 'nem halben Jahr gestorben. Ich weiß, wie sich das anfühlt, Dog.‹«

»Prima«, sage ich. »Und was ist Mitgefühl?«

Niemand rührt sich. Alle winden sich auf dem Stuhl und betrachten ihre vom Staat bezahlten Stiefel.

»Na los«, ermuntere ich sie. »Mitgefühl – was ist das?«

Sie schweigen wie Besucher, die zum ersten Mal einen geheimnisvollen Tempel betreten. Schließlich hebt ein alter Knacki, verurteilt zu fünfundzwanzig Jahren, zögernd die Hand. Ich spreche ihn an.

»Na ja«, sagt er kopfschüttelnd, während alle Augen auf ihm ruhen, »Mitgefühl … is' ganz was anderes.« Er denkt eine Weile nach, was er als Nächstes sagen will. »Weil …«, sagt er schließlich leise, »das is' so wie das, was Jesus macht. Mitgefühl is' … Gott.«

Gott ist mitfühlende, liebevolle Güte. Wir müssen einfach nur so in der Welt sein wie Gott. Jesu Seele, sein Herz – sie waren auf jeden Fall von Mitgefühl erfüllt. Jesus war Mitgefühl. Ich hörte einmal, wie jemand sagte: »Nimm einfach an, dass Mitgefühl die Antwort auf alle Fragen ist.«

Jesus schaffte das. Mitgefühl – oder Barmherzigkeit, wie man früher sagte – ist kein vorübergehendes Gefühl wie Lust oder Wut, die ab und zu auftauchen. Mitgefühl ist alles durchdringend. Bibelforscher verbinden den Begriff mit dem tiefsten Inneren eines Menschen. Jesus ließ sich so anrühren, in seinem ganzen Sein. Es »erbarmte ihn«, Menschen zu sehen, die wie »Schafe ohne Hirten« waren. Sein Mitgefühl schloss alle ein.

In den frühen Tagen unseres Ladenbüros besuchten uns neben den Tausenden von Mitgliedern der vierzig Gangs im Gebiet der

Hollenbeck Police Division auch unzählige Kinder aus den Siedlungen auf ihrem Heimweg nach der Schule. Ich kannte alle diese Kinder und ihre Familien aus meiner Zeit als Gemeindepfarrer. Sie setzten sich eine Weile auf das Sofa im Wartebereich oder spielten auf den Computern herum. Sie waren wie trockene, ausgemergelte Schwämme, die darauf hofften, irgendwo einen Tropfen Aufmerksamkeit von Erwachsenen zu kriegen. Unsere Mitarbeiter gewöhnten sich an, alle Kinder täglich zu fragen: »Und, was hast du heute ganz Neues gelernt?«

Bei den Kindern war die Frage gefürchtet, weil sie dann gezwungen waren, nachzudenken. »Büffel – ich hab Büffel gelernt.«

»Teilen.«

Ein Junge aus der Mittelstufe sagte mal: »Ich hab gelernt, Mädchen nich' zu ärgern.«

»Ach ja, wie hast du das gelernt?«

»Ich hab eine gescheuert gekriegt.« (Das bringt's natürlich.)

Fast jeden Tag mussten irgendwelche Einkäufe fürs Büro erledigt werden. Sobald die Kids das mitkriegten, rannten sie zum Wagen des jeweiligen Mitarbeiters. Wer Glück hatte, durfte hinten reinspringen.

Eines Tages legt der klapperdürre zwölf Jahre alte Betito die Ellbogen auf meinen Schreibtisch und stützt sein Kinn auf die Fäuste. Er sieht verloren aus. Traurig fragt er: »Hey, G, gehst du wohin?«

»Nein, *mijo*«, antworte ich.

Er lebt auf. »Kann ich mit?«

Es war offenbar egal, wohin – das »Mitgehen« zählte.

Betito war ein lustiger Junge, schlau und lebhaft. Sobald er unser Büro betrat, hellte sich sein Gesicht auf. Er wurde schnell zur ständigen Einrichtung. Man konnte sich darauf verlassen, dass er nach der Schule auftauchte. Jeden der Mitarbeiter begrüßte er persönlich. Obwohl Englisch nicht seine Muttersprache war und alle unsere Mitarbeiter spanisch sprechen, bestand er darauf, nur englisch mit uns zu reden. Betito holte sich die englischen Redewendungen aus dem Fernsehen.

Eines Tages kam er mit dem Werbespruch des Hähnchenproduzenten Pollo Loco an. »Hey, G, weißte, was?« Sein Akzent war schwer und schleppend. »Du bist das einzig Wahre.«

Für ein Dollar neunundneunzig wahrscheinlich.

Das wurde dann zum geflügelten Wort zwischen uns. »Hey, Beto – weißt du, warum sie das über dich gesagt hat?«

»Warum?«

»Weil du das einzig Wahre bist.«

Wir versuchten beide, alle Fragen mit »das einzig Wahre« zu beantworten. Es wurde schließlich sogar zu unserem Spitznamen füreinander. »*Oye, qué 'onda,* einzig Wahrer?«

Betito war ziemlich frühreif. Eines Tages kommt er in mein Büro und baut sich vor meinem Schreibtisch auf. »Hey, G, schiebste mal zwanzig Mäuse rüber?«

Seine Frechheit verblüfft mich. »Wozu brauchst du zwanzig Dollar?«

»Um meine Lady ins Kino einzuladen.«

»Deine Lady?«, wiederhole ich, und mein Schock ist nicht gespielt. »Wie alt bist du?«

»Zwölf.«

»Zwölf? Und wie alt ist deine Lady?«

»Sechzehn.«

»Sechzehn?«

»Yeah«, sagt er und winkt ab, um mich zu beruhigen. »Aber ziemlich klein.«

Ach, na dann..., hier sind deine zwanzig Dollar.

Eines Sonntagabends kurz danach spielt Betito mit seinem Cousin in Aliso Village. Am nächsten Tag ist schulfrei – irgendein Feiertag. Zwei Gangmitglieder stehen bei einem Müllcontainer in der Nähe und rauchen *frajos.* Ein Auto biegt in die Siedlung ein, zwei Mitglieder einer fremden Gang auf den Vordersitzen. Als sie die beiden am Müllcontainer sehen, eröffnen sie das Feuer. Einer stürzt getroffen zu Boden. Alle rennen weg. Jeder Mann, jede Frau und jedes Kind weiß, wenn Schüsse fallen, rennt man los, duckt sich hinter ein Auto, quetscht sich in eine Mauernische. Man sieht zu, dass man wegkommt. Betito weiß das auch. Doch aus irgendeinem Grund erstarrt er. Und weil er keine Deckung sucht, schlägt eine Kugel auf einer Seite oberhalb der Taille ein und fliegt auf der anderen Seite wieder raus. Ein glatter Durchschuss.

Der Arzt, der Betito behandelt, ist ein Freund von mir. Er erzählt mir eine Woche später, es sei das größte Kaliber gewesen, mit dem er es je zu tun gehabt habe. Obwohl die Kugel Betitos Wirbelsäule gar nicht berührt hatte, bewirkte allein die Schockwelle, dass er von der Taille abwärts gelähmt war.

Als ich von Betitos Verletzung höre, fahre ich sofort ins Krankenhaus. Betitos Großmutter und ich wachen die ganze Nacht dort, während die Ärzte sechs Stunden lang operieren. Nicht, weil wir Wache halten wollen – wir können gar nicht anders, als in der abgestandenen Luft des Klinikflurs verzweifelt auf einen Hoffnungsschimmer zu warten, auf ein Zeichen, dass das Leben zurückkehrt.

Betito überlebt die Operation. Doch zwei Stunden danach sehe ich durch das Fenster seines Zimmers auf der Intensivstation, wie die Schwestern und Ärzte plötzlich an sein Bett eilen. Mit aller Kraft versuchen sie, sein Herz wieder zum Schlagen zu bringen. Doch es erhört ihr Flehen nicht – Betito stirbt.

Betito war frühreif, lustig, frech … und erst zwölf Jahre alt. Er war das einzig Wahre.

Wenn wir so in der Welt leben wollen, wie es Gott entspricht, dann muss unser Mitgefühl einen Weg finden, sich unendlich zu erweitern. Es verweilt nicht so leicht bei den beiden in jenem Auto, die mit beängstigend schweren Waffen hantierten. Meines jedenfalls nicht. Als sie gefasst wurden und ich erfuhr, dass ich sie kannte, war es fast unerträglich, sie nicht hassen zu können. Schafe ohne Hirten. Und nicht weniger das einzig Wahre. Doch weil niemand da gewesen war, ihnen die Wahrheit zu zeigen, waren sie der Heilung entgangen und es wurde noch schwieriger, sie zu sich selbst zurückzuführen. Doch sind sie deshalb weniger unser Mitgefühl wert als Betito?

Ich gebe zu, das ist eine große Herausforderung. Kids, die ich liebe, töten Kids, die ich liebe. Es ist kein Sonntagsspaziergang, in sich den Raum zu schaffen, für beide Mitgefühl zu empfinden. Ich erinnere mich, wie bei einem Vortrag, den ich in Orange County hielt, mitten in den Fragen aus dem Publikum eine Frau sich auf mich stürzte. Sie wollte mir wirklich etwas antun. Die Leute mussten sie festhalten und aus dem Saal führen. Ihre Tochter war von einer Gang angezündet worden. Für sie repräsentierte ich die Täter. Es war ziemlich ernüchternd und machte mir noch einmal deutlich, wie wichtig es ist, nicht alles vorschnell glattzubügeln. Manchmal reicht es, einfach anzuerkennen, wie breit der Abgrund ist, den wir alle zu überbrücken hoffen. Aber ist nicht die höchste Form des Mitgefühls jene, welche Täter und Opfer gleichermaßen einbezieht?

Dante spricht vom Mitgefühl für die Verdammten. Dies als höchsten Ausdruck von Mitgefühl zu betrachten, bedeutet nicht, dass wir mit Verbrechen weichherzig umgehen.

Jesus sagt, die zu lieben, die dich lieben, ist geschenkt (ich glaube, das entspricht der ursprünglichen griechischen Fassung). Wir müssen ja auch nicht aufhören, die zu lieben, die uns lieben, weil er uns auffordert, unsere Feinde zu lieben. Jesus sagt nicht, das Schwere sei das Bessere. Er weiß einfach, dass es das Schwere ist. Den Feind zu lieben, einen inneren Raum zu entwickeln, in dem Täter und Opfer Platz haben, ähnelt jedoch mehr dem umfassenden Mitgefühl Gottes. Deshalb tun wir das. Um so in der Welt zu sein, wie es Gott entspricht. Danach streben wir, nach einem Mitgefühl, welches ehrfürchtig wahrnimmt, was die Armen zu ertragen haben, statt darüber zu urteilen, wie sie es ertragen.

An einem Vormittag Mitte der 1990er-Jahre kehre ich nach einer morgendlichen Besprechung in unser Ladenbüro zwischen dem

Mitla-Café und dem Möbelgeschäft zurück. Ich stehe vor dem Schreibtisch am Empfang, wo mir Michelle, die bei uns die Rezeption macht, meine Nachrichten überreicht. Während ich alles durchschaue, klopft mir jemand auf die linke Schulter. Es ist Looney. Er öffnet die Arme für eine große *abrazote* und wirft sich an meine Brust.

»*Oye, mijo*«, sage ich, »seit wann bist du draußen?«

Sein Grinsen ist breiter als er selbst. »Seit gestern.«

Looney ist fünfzehn Jahre alt und gehört zu einer Gang in der Nähe unseres Büros. Er ist ein *chaparrito,* reicht mir kaum bis zur Brust und kommt gerade aus einem der vierundzwanzig Erziehungscamps in Los Angeles County. Sechs Monate, aber es war sein erstes Mal. War wegen Graffitis auf Bewährung und hatte die Schule geschwänzt, deshalb hatte ihn sein Bewährungshelfer eingewiesen.

Emily, eine unserer Mitarbeiterinnen im Büro, gesellt sich zu Michelle, um Looney so ausdrucksstark willkommen zu heißen, wie es hier üblich ist.

»*Oye,* nun schau dir mal unseren Looney an«, sagt Emily zu Michelle, als würde sie diese kumpelhaft mit dem Ellbogen in die Seite stoßen. »Soooo groooß geworden!«

»Yeeeaaahhh«, bestätigt Michelle begeistert. »Boah, der is' aber gewaaaachsen!«

»Is' schon ein gaaanzer Mann!«, vollendet Emily.

Looney genießt die Aufmerksamkeit und scheint zu überlegen, dass sechs weitere Monate Camp vielleicht gar nicht so schlecht wären.

Michelle und Emily übernehmen es, dem eben zurückgekehrten verlorenen Sohn Looney eine ordentliche Willkommensfeier auszurichten, und bestellen Pizza. Als fünf extragroße Pizzen geliefert werden, bekomme ich die Rechnung. (Soviel ich weiß, steht davon nichts in der Bibel.)

Wir quetschen uns alle auf das winzige Sofa in unserem winzigen Empfangsbereich und essen Pizza. Alle Mitarbeiter, die da sind, kommen dazu. Looney strahlt und kichert verlegen. Seine Blicke tanzen ständig hin und her, um zu sehen, wie groß die Freude über seine Rückkehr ist. Er kann es kaum fassen.

Ich sitze mit meinem Stück Pizza auf der Armlehne des Sofas. Looney beugt sich zu mir, flüstert: »Können wir reden, G …, unter vier Augen … im Büro?«

Ich gehe hinüber und setze mich an den Schreibtisch. Looney zieht einen Stuhl so nah heran wie nur möglich. Aus seiner Jackentasche zieht er einen langen, etwas zerknitterten Umschlag und legt ihn stolz vor mich auf den Tisch.

»Meine Noten aus dem Camp«, erklärt er mit einer Stimme, die vor Aufregung wieder ganz hoch und kindlich klingt.

Ich beeile mich, auf seinen Tonfall einzugehen. *»De veeeras?!«*, sage ich und ziehe das Papier aus seiner Hülle.

Looney richtet sich auf und hüpft geradezu auf dem Stuhl. »Glatte Einser«, meint er.

»Im Ernst?«, staune ich.

»Me la rallo«, antwortet er. »Glatte Einser.«

Wie ein Kind, das am Geschenkpapier zerrt, schaffe ich es endlich, den Zettel rauszukriegen und zu entfalten. Und wie ich vermutet hatte: zwei Dreier, zwei Zweier, eine Eins.

Gut genug. Wenn auch nicht die glattesten Einser, die ich je gesehen habe. Aber ich werde Looney nicht sagen, dass er eine »unzuverlässige Quelle« ist.

»Wow, *mijo*«, sage ich zu ihm. »*Bien hecho!* Super gemacht!«

Sorgfältig falte ich das Papier wieder zusammen und stecke es zurück in den Umschlag. »Bei allem, was ich liebe, *mijo,* wenn du mein Sohn wärst – ich wäre der stolzeste Vater der Welt.«

Obwohl Looney sich sofort Daumen und Zeigefinger in die Augen presst, um die Tränen aufzuhalten, gelingt es ihm nicht ganz. Er zittert vor Anstrengung. Ich schau mir den kleinen Kerl an: Ich weiß, dass er in dieselben chaotischen, dysfunktionalen Verhältnisse zurückkehrt, die er vor sechs Monaten verlassen hat. Die Eltern sind entweder abwesend oder psychisch krank. Die Großmutter versucht, ihn zu erziehen, so gut sie eben kann. Sie ist eine gute

Frau, aber der Aufgabe nicht gewachsen. Vor einem Monat habe ich Looneys besten Freund beerdigt, er wurde auf der Straße erschossen, ohne jeden Grund. Ich folge meinem Instinkt.

»Ich kann mir vorstellen, dass es dir Angst macht, wieder draußen zu sein?«

Das scheint Looneys Tränendrüsen endgültig in Gang zu setzen. Er verschränkt die Arme auf meinem Schreibtisch, legt die Stirn auf die Hände und heult sich aus. Ich lasse ihm Zeit.

Schließlich lege ich ihm die Hand auf die Schulter. »Du schaffst das.«

Looney setzt sich beinahe trotzig auf und wischt sich die Tränen ab. »Ich …, ich will ja … nur … ein Leben.«

Ich bin betroffen von der Entschlossenheit, mit der er das sagt. »Hey, *mijo*«, antworte ich, »wer hat denn gesagt, das ginge nicht? Denk doch nur an die Briefe, die du mir aus dem Camp geschrieben hast, über all das, was du kannst, und all das Gute, was du in dir entdeckt hast – lauter Sachen, von denen du vorher nicht wusstest, dass sie da sind, nicht wahr? Schau mal, Dog, du denkst, du hockst in einem tiefen schwarzen Loch, *o la neta,* wie in einem Tunnel. Doch wenn du in einem Tunnel immer vorwärtsgehst, kommst du irgendwann zum Licht. Glaub mir, ich bin größer als du, ich kann's sehen.«

Looney schnieft, nickt, er hört zu.

»Du schaffst das …, denn was haben wir hier?« Ich reiche ihm den Umschlag zurück. »Glatte Einser.«

In dem Werk des Bibelforschers Marcus Borg findet sich im Index unter »Sünder« eine Referenz zu »Ausgestoßene«. Dies bezeichnete eine Gruppe von Menschen, die als absolut unannehmbar galten. Die Welt belegte sie mit Schimpf und Schande, und die Scham fraß sich in die Ausgestoßenen hinein wie Säure.

Jesus hat dafür eine ganz einfache Strategie: Er setzt sich mit ihnen zu Tisch. Zu denen, die von dieser ätzenden Scham wie gelähmt sind, sagt er: »Ich will mit euch essen.« Er geht dorthin, wo die Liebe noch nicht angekommen ist, und er isst mit ihnen. Durch die Tischgemeinschaft werden die Ausgestoßenen annehmbar. Pizza für alle – das ist Looneys Zuhause.

Zu erkennen, dass wir ganz und gar annehmbar sind, ist Gottes Wahrheit – die darauf wartet, von uns erkannt zu werden.

Die buddhistische Nonne Pema Chödrön schreibt, Mitgefühl sei nicht am Dienst an den Bedürftigen zu messen, sondern an der Bereitschaft, sich auf Augenhöhe auf sie einzulassen. Nachdem 1986 ein neues Einwanderungsgesetz verabschiedet worden war, erklärte sich die Dolores Mission Church 1987 offiziell zur Zufluchtsstätte für Einwanderer ohne Papiere aus Mexiko und Mittelamerika. Schon bald schliefen jede Nacht gerade angekommene Männer in der Kirche, Frauen und Kinder brachten wir im Konvent unter.

Das erregte eine Menge Aufmerksamkeit. In den ersten Tagen umschwärmten zahlreiche Journalisten das Gelände. Wie so oft führte die Aufmerksamkeit zu Widerstand. Ich mochte schon gar nicht mehr den Anrufbeantworter abhören, weil immer eine Handvoll Hassbotschaften und mehr oder minder vage Morddrohungen darauf waren.

Als ich einmal auf dem Weg zu einer Besprechung der Basisgruppen auf den Vorplatz der Kirche biege, bleibe ich geschockt stehen. Auf die Eingangsstufen hat jemand mit Farbe eine Botschaft gesprüht: *WETBACK CHURCH* [*Wetbacks (mojados)* ist eine abwertende Bezeichnung für illegal in die USA eingewanderte Latinos. Viele Mexikaner überquerten die Grenze, indem sie durch den Rio Grande schwammen.]

Mir läuft es eiskalt den Rücken runter. Reflexhaft überlege ich, ob der Preis für das, was wir hier tun, nicht zu hoch ist. Mir ist bewusst, wie viel angenehmer ich es fände, wenn man keinen Preis dafür zahlen müsste, und wie viel lieber es mir ist, begeistert auf Schultern getragen zu werden, als mich mit feindseligen anonymen Graffitis auseinanderzusetzen.

Ich komme in die Versammlung und erzähle den Frauen von dem unangenehmen Besuch, den wir offenbar letzte Nacht gehabt haben. »Ich werde wohl nachher einen der Homies bitten, es wegzumachen.«

Petra Saldana, ein sonst eher stilles Mitglied der Initiative, meldet sich zu Wort. »Das werden Sie schön bleiben lassen.«

Ich war damals noch neu in der Gemeinde, und mein Spanisch war lückenhaft. Ich verstand die Worte, war mir aber nicht sicher, ob ich den Sinn begriff.

»Das werden Sie schön bleiben lassen«, sagte sie noch einmal. »Wenn Menschen in unserer Gemeinde beschimpft, gehasst und ausgestoßen werden, weil sie *mojados* sind, dann …« Sie rutschte auf die äußerste Sofakante, als wäre sie bereit, jederzeit aufzuspringen, »dann sollten wir stolz darauf sein, eine Wetback Church zu sein.«

Die Frauen wollten nicht nur den Bedürftigen helfen, sie fühlten sich eins mit ihnen. *»Alle sollen eins sein, so wie der Vater und ich eins sind.«*

Jesus und Petra sind hier der gleichen Meinung. Sie entscheiden sich für eine Einheit, sie sind bereit, im Herzen des anderen zu leben. Jesus war nicht für die anderen da. Er war eins mit ihnen. Das ist ein Riesenunterschied. Jesus setzte sich nicht für die Rechte der Aussätzigen ein. Er berührte die Leprakranken, noch bevor er sie heilte. Er kämpfte nicht für die Ausgestoßenen. Er war ein Ausgestoßener. Er engagierte sich nicht für bessere Haftbedingungen in den Gefängnissen. Er sagte einfach: »Ich war gefangen.«

Das Leben Jesu drehte sich nicht darum, den richtigen Standpunkt zu vertreten, sondern an der richtigen Stelle zu stehen: bei den Ausgestoßenen, bei denen, die am Rande leben.

Die Übernachtungen der obdachlosen Einwanderer hinterließen ihre Spuren in der Kirche. Sonntagmorgens reinigten wir den

Raum, so gut wir konnten. Wir versprühten jede Menge Raumsprays und saugten und wischten wie verrückt. Wir verteilten überall Duftschälchen und Duftspender, um die hartnäckig in der Luft hängende Erinnerung an die fast fünfzig (später bis zu einhundert) Männer zu vertreiben, die dort die Nacht verbracht hatten. Sonntagmorgens war praktisch der einzige Zeitpunkt, zu dem wir mit Weihrauch räucherten, bevor um halb acht die Leute zur Frühmesse hereinströmten. Doch sosehr wir uns auch bemühten, der Geruch war immer noch eindeutig bemerkbar. Es grummelte in der Menge, manche Leute meinten, sie wollten lieber woanders zur Messe gehen.

Ungefähr um diese Zeit fährt einmal ein Mann an der Kirche vorbei und hält an, um sich mit mir zu unterhalten. Er war ein Latino, der es, dem guten Wagen nach zu urteilen, offenbar zu einem gewissen Wohlstand gebracht hatte. Er wusste, dass ich der Pfarrer war. Wehmütig lässt er sich über seine Kindheit in den Siedlungen aus, deutet auf den Kirchturm und sagt, hier sei er getauft worden und zum ersten Mal zur Kommunion gegangen.

Dann bemerkt er, wie es um ihn herum zugeht. Am Kirchturm lungern Gangmitglieder herum. Zahlreiche obdachlose Frauen und Männer erhalten auf dem Parkplatz eine Mahlzeit. Leute kommen zu den Treffen der Anonymen Alkoholiker und Drogenabhängigen oder besuchen Englischkurse. Es ist ein *Who's Who* von allen Nobodys. Gangmitglieder, Drogenabhängige, Obdachlose, illegale Einwanderer. Der Mann schaut sich das an und schüttelt dann missbilligend bis angewidert den Kopf. »Wissen Sie, was?«, sagt er. »Das hier war mal eine Kirche.«

Ich richte mich auf, steige auf mein hohes Ross und antworte: »Wissen Sie, was? Die meisten Leute hier meinen, das hier ist jetzt *endlich* eine Kirche.« Und reite in den Sonnenuntergang. Abspann.

Der Geruch war nie unerträglich, aber deutlich wahrnehmbar. Die Jesuiten kamen zuerst drauf: Was man nicht beheben kann, hebt man heraus. Also beschlossen wir, die Unzufriedenheit in der Predigt bei der sonntäglichen Messe zum Thema zu machen. In jenen Tagen fand die Predigt oft im Dialog statt.

Also stelle ich eines Sonntags die Frage: »Wie riecht die Kirche?«

Die Leute sind entsetzt und schlagen die Augen nieder, die Frauen suchen in ihren Handtaschen nach Gott-weiß-was.

»Na los«, ermuntere ich sie. »Wonach riecht es in der Kirche?«

»Huele a patas«, platzt Don Rafael heraus. Er ist ein alter Mann, der sich nicht darum schert, was die Leute über ihn denken.

»Genau. Und warum riecht es nach Füßen?«

»Weil hier so viele obdachlose Männer geschlafen haben«, meint eine Frau.

»Und warum lassen wir das hier zu?«

»Weil wir uns dazu verpflichtet haben«, sagt eine andere.

»Warum würde sich irgendjemand so etwas verpflichten?«

»Porque es lo que haria Jesús.«

»Richtig, Jesus würde das tun. Also …, wonach riecht die Kirche nun?«

Ein Mann erhebt sich und verkündet mit donnernder Stimme: »Nach Verpflichtung.«

Die Menge applaudiert.

Guadalupe wedelt sich den Geruch mit den Armen zu. *»Huele a rosas!«*

Die Gemeinde bricht in begeistertes Lachen aus. Die Gemeinschaft hat sich wiedergefunden und den Geruch von anderen als den eigenen angenommen. Der Gestank in der Kirche hat sich nicht verändert, nur die Art, wie die Leute ihn betrachten.

Die Leute von Dolores Mission verkörperten Wendell Berrys Verfügung: *»Man muss fähig sein, sich ein Leben vorzustellen, das nicht das eigene ist.«*

Manche Bibelforscher meinen, in den Seligpreisungen sollte es eigentlich nicht heißen: *»Selig sind, die reinen Herzens sind«,* oder: *»Selig sind, die Frieden stiften«,* oder: *»Selig sind, die nach Gerechtigkeit streben.«* Die genauere Übersetzung laute vielmehr: *»Ihr seid im rechten Zustand, wenn ihr reinen Herzens seid oder Frieden schafft.«*

In den Seligpreisungen geht es schließlich nicht um Spiritualität, sondern um Geografie, um eine Orientierung. Mitgefühl bedeutet nicht nur, den Schmerz anderer zu fühlen; es bedeutet, den anderen in sich aufzunehmen. Wenn wir lieben, was Gott liebt, dann löst Mitgefühl alle Ecken und Randzonen auf. Ebenso mitfühlend zu sein wie Gott, heißt auch, alle ausschließenden Grenzen aufzuheben.

In der Heiligen Schrift lesen wir, dass Jesus in einem Haus ist, wo so viele Menschen sind, dass niemand mehr durch die Tür kann. Deshalb wird das Dach aufgemacht, um einen Gelähmten hinabzulassen, damit Jesus ihn heilen kann. Das Thema der Geschichte ist natürlich die Heilung des Gelähmten. Doch es geschieht in ihr noch etwas Bedeutendes: Das Dach wird vom Haus gehoben, und die draußen sind, werden hineingelassen.

Ich lernte Anthony durch Mary Ridgway kennen, die legendäre Bewährungshelferin auf der Eastside. »Helfen Sie diesem Jungen«, bat sie mich am Telefon. Mary erzählte mir, wo ich ihn wahrscheinlich finden könnte. Die letzte bekannte Adresse war sein Auto, das funktionsuntüchtig auf der Michigan Street stand.

Der neunzehnjährige Anthony war schon seit einer ganzen Weile auf sich selbst gestellt. Seine Eltern waren in einem Mahlstrom aus Heroin und Haftstrafen verschwunden. Er kam durch, indem er ab und zu mit ein bisschen Angeldust dealte, um sich Big Macs und Sandwiches zu kaufen. Er war recht klein, und wenn er sprach, klang seine Stimme dünn und hoch. Schloss man die Augen, konnte man meinen, ein Zwölfjähriger rede mit einem.

Eines Tages lehnen wir beide an seiner verbeulten Karre, als unser Gespräch auf das beliebte Thema kommt: Was willst du machen, wenn du groß bist?

»Ich will Mechaniker werden. Ich hab null Ahnung von Autos und so. Aber ich will lernen.«

Mein Mechaniker Dennis auf der Brooklyn Avenue war in unserem Viertel bekannt dafür, dass er jedes Auto wieder in Gang brachte. Der hoch gewachsene Dennis war japanisch-amerikanischer Abstammung, dünn wie eine Bohnenstange und Kettenraucher. Er war kein Mann, der wenig Worte machte – er war ein Mann, der überhaupt kein Wort sagte. Er rauchte nur. Wenn man ihm einen Wagen brachte und über irgendein Geräusch unter der Motorhaube klagte, stand er nur mit einer an der Lippe baumelnden Zigarette da und nahm die Schlüssel entgegen. Am nächsten Tag schnurrte der Motor wieder wie ein Kätzchen. Während des ganzen Vorgangs kam kein Wort über seine Lippen.

Ich gehe zu Dennis und trage mein Anliegen vor. »Bitte, Dennis«, sage ich, während ich in seinem vollgerümpelten, rauchgeschwängerten Büro sitze. »Stellen Sie diesen Jungen ein. Er hat zwar keine Ahnung von Autos, aber er ist interessiert, und ich glaube, er könnte es lernen.«

Dennis starrt mich an, nickt kurz, das lange Aschestück seiner Zigarette kann sich nicht entscheiden, ob es in den Abgrund stürzen soll oder nicht. Ich verdoppele meine Bemühungen. Ich erzähle Dennis, hier gehe es nicht nur um einen Job für einen Homie. Es könnte indirekt zum Frieden im ganzen Viertel beitragen.

Langes Schweigen, unbewegter Blick.

Ich ziehe alle Register. Friedensnobelpreisträger, ein Platz in der Geschichte, eine neue Welt.

Nichts. Während mein Flehen die Luft erfüllt, füllt Dennis seine Lungen mit Rauch. Schließlich gebe ich auf und schweige ebenfalls. Ich habe mein Bestes gegeben und bin bereit, die Idee zu begraben.

Dennis nimmt einen letzten langen Zug und bläst ihn in die Luft. Der Rauch schwebt vor seinem Gesicht und verbirgt es. Als der letzte Rest Rauch sich auflöst, schaut er mich an und spricht die einzigen Worte, die er an jenem Tag sagt: »Ich will ihm alles beibringen, was ich weiß.«

So wurde Anthony Mechaniker. Ab und zu kam er vorbei, um mich auf dem Laufenden zu halten.

»Heute hab ich schmieren gelernt.« Oder: »Ich hab ganz allein einen Auspuff repariert.«

Eines Tages überreicht er mir ein Foto. Da steht Anthony, mit ölverschmiertem, breit grinsendem Gesicht, das mit »Anthony« bedruckte Arbeitshemd über der stolz geschwellten Brust. Das Gesicht zeigt fraglos einen veränderten Menschen. Doch neben ihm auf dem Bild, einen Arm um Anthony gelegt (und mit an der Unterlippe hängender Zigarette) steht Dennis, ebenso verändert. Und all das nur, weil Dennis eines Tages bereit war, das Dach aufzumachen, so in der Welt zu sein wie Gott. Die draußen waren, wurden hereingelassen.

Mitgefühl ist keine Beziehung zwischen Heiler und Verwundetem. Es ist ein Bund zwischen Ebenbürtigen. Wie Al Sharpton immer sagt: *»Wir sind alle gleich erschaffen, aber wir enden nicht alle gleich.«*

Bei echtem Mitgefühl geht es um den Wechsel von der engen Welt der Selbstbezogenheit in die weite Welt der Brüderlichkeit, der wahren Einheit.

Ich nehme Julian und Matteo mit auf eine Vortragsreise nach Helena in Montana. Beide neunzehn Jahre alt, beide »YA-Babys«, das heißt, sie sind in Heimen, Camps und Jugendgefängnissen aufgewachsen. Kinder sollten nicht so aufwachsen. Sie gehören zu unterschiedlichen Gangs und haben einen großen Teil ihrer Jugend verpasst, weil sie die letzten vier, fünf Jahre im Knast saßen. Wie die meisten Homies haben sie eine Heidenangst vorm Fliegen. Während das Flugzeug abhebt, halten sie sich, Stoßgebete flüsternd, wie zwei alte Mütterchen aneinander fest. Sobald wir oben sind, begeistert sie die Sicht aus Gottes Perspektive.

Wir landen, und überall liegt Schnee.

»Ich hab auf dieser Reise nur ein Ziel«, sagt Julian. »Dem da einen Schneeball zu verpassen.« Er deutet auf Matteo.

Ich versichere Ihnen, das Ziel wurde während unserer drei Tage in Montana reichlich oft getroffen. Die beiden verschaffen sich flache Plastikschlitten und durchleben einen Nachmittag lang die ganze Kindheit, die ihnen bislang versagt war.

Vor unserem Vortrag an der Universität werden wir von den Lokalreportern interviewt und fotografiert. Nach meinem Vortrag sprechen Julian und Matteo bewegende Worte, und das ganze Publikum erhebt sich, um ihnen zu applaudieren. So viel Respekt und Ehrfurcht hatten die Zuhörer vor dem, was diese beiden verlassenen Kinder in ihrem Leben bewältigen mussten.

Es folgt eine Messe. Der Kaplan der Universität beendet die Liturgie damit, dass er die Gemeinde einlädt, nach vorne zu kommen und durch Handauflegen die Heilung meiner Leukämie zu unterstützen. Ich mag so was überhaupt nicht, und es ist mir furchtbar unangenehm. Mit gebeugtem Haupt stehe ich da, während die Leute einer nach dem anderen an mir vorüberziehen. Die meisten legen einfach schweigend die Hände auf. Manche sagen so etwas wie einen Segen oder ein Gebet. Ich lasse es mit geschlossenen Augen demütig über mich ergehen.

Matteo kommt. Zitternd nimmt er meinen Kopf in eine Art Schraubgriff. Er drückt mit aller Kraft und beugt sich dicht an mein Ohr, doch vor Tränen kann er kaum sprechen. »Ich weiß nur eins«, flüstert er, »ich hab dich so … verdammt … lieb.«

Jetzt laufen mir die Tränen übers Gesicht.

Am nächsten Tag sagt er: »*Spensa* für gestern, G, tut mir echt leid. Ich weiß nicht, wie so was geht.«

Ich versichere ihm, es sei der beste Segen von allen gewesen.

Am nächsten Tag reisen wir ab. Auf der Titelseite der Tageszeitung von Helena prangt ein Farbfoto von uns dreien, vier Spalten breit, wie wir in unseren Homeboy-Jacken und Basecaps in der Kälte stehen. »Botschaft der Hoffnung: Gangmitglieder besuchen Helena.«

Die beiden Homies können es nicht glauben und schnappen sich so viele Ausgaben der Zeitung, wie sie kriegen können. Im Hotel, im Restaurant und am Flughafen werden Matteo und Julian wie

Berühmtheiten begrüßt. Die Leute bleiben stehen, schütteln ihnen die Hände, gratulieren ihnen. Am Flughafen unterbrechen die Angestellten ihre Tätigkeit und kommen vorbei, um sie zu begrüßen.

»Sehr beeindruckend! … Glückwunsch zu eurem Mut!«

Als wir unsere Plätze im hinteren Teil der kleinen Maschine einnehmen wollen, macht das Flugpersonal einen Mordsaufstand, weil »Berühmtheiten« an Bord sind. Matteo und Julian setzen sie nebeneinander, und mich auf einen Platz am Gang gleich gegenüber. Auf halber Strecke schaue ich zu den beiden. Julian ist auf seinem Fensterplatz eingeschlafen, den Kopf an Matteos Schulter gelehnt. Matteo weint.

»Was ist los, *mijo?*«

Die Zeitung aus Montana liegt auf seinem Schoß. »Ich hab gerade noch mal diesen Artikel gelesen.« Er kann einen Moment lang nicht weitersprechen und legt stumm die Hand auf sein Herz. »Ich weiß auch nicht. Das macht was mit mir. Fühlt sich an, als wär ich wirklich jemand.« Er weint noch heftiger.

Ich beuge mich zu ihm und flüstere: »Tja, das kommt daher, weil du wirklich jemand bist.«

Matteo und Julian waren immer draußen. Nun ist ein Ort der Verbundenheit entstanden, in Montana wurde ein Dach abgehoben, und die draußen waren, wurden hereingelassen. Ein brandneues, deutlich spürbares Gefühl der Ebenbürtigkeit in einer liebevollen Gemeinschaft. Das ist die Frucht wahren Mitgefühls.

Thomas Merton hatte sein Erweckungserlebnis an der Ecke der Sixth Avenue und Walnut Street in Lexington, Kentucky. *»Plötzlich überwältigte mich die Erkenntnis, dass ich all diese Menschen liebe, dass sie zu mir gehören und ich zu ihnen.«*

Was Matteo so anrührte, ist letztlich die Wahrheit darüber, wie eng wir miteinander verbunden sind, die Auflösung des Mythos jeglicher Trennung.

Die erste Trauungszeremonie, die ich durchführte, war in Chochabamba in Bolivien. Es war ein bescheidenes Quechua-Paar, und die Messe fand in der Hauptkirche der Jesuiten in der Stadtmitte statt. Es gab nur noch Stehplätze, und alle Quechua waren in ihren allerbesten Kleidern gekommen. Quechua *cholas* in leuchtend bunten, ausladenden Röcken und Schals, mit den kleinen Bowlerhüten, die schief auf den hochgesteckten Haaren thronten. Die Männer in Anzügen mit weißen Kragen, unglaublich groß und gestärkt, aus denen sie lang die Hälse reckten.

Schließlich ist es Zeit für die heilige Kommunion, und ich gehe zu dem Paar. Sie weigern sich, die Kommunion zu empfangen. Ich bitte sie, es doch zu tun. Sie sind nicht dazu zu bewegen. Ich wende mich der Gemeinde zu und lade sie ein, zur Kommunion zu kommen. Niemand tritt nach vorne. Ich bitte und bettle, aber niemand reagiert.

Später erfahre ich durch ein paar jesuitische Gelehrte, wie überwältigend erniedrigt und beschämt sich die Ureinwohner des Landes durch unsere Kultur fühlen. Seit der Zeit der Conquista, als die Spanier die Ureinwohner »bekehrten«, wurden sie zwar getauft, aber es hatte sich nie das Dach gehoben. Man hatte ihnen diesen Platz zugewiesen: außerhalb der Kommunion – für immer.

Vielleicht ist das genau das Gegenteil von Gott.

Zu einer Vortragsreihe in drei Staaten nehme ich als Unterstützung zwei ältere Homies mit: Rivalen – Memo und Miguel heißen sie. Nach Atlanta machen wir Station im Spring Hill College in Mobile, Alabama. Nach dem letzten Vortrag, den wir vormittags halten, lernen wir einen Mann namens John kennen, der uns von seiner Gemeinde in Pritchard, Alabama, erzählt und uns einlädt, sie zu besuchen. Wir fahren zwei Stunden und landen am ärmsten Ort, den ich je in den Vereinigten Staaten gesehen habe. Ausgebrannte Baracken, Schuppen und viele Menschen, die auf eine Art hausen, wie niemand hausen sollte.

Memo und Miguel gehen mit großen Augen umher, grüßen die Leute und sehen eine ganz andere Art von Armut als die, die sie gewohnt sind.

Wir kehren zu unserer Unterkunft zurück und haben noch eine halbe Stunde, bevor wir zum Flughafen müssen, um nach Hause zu fliegen. Jeder geht in sein Zimmer, um zu packen. Als ich zwischendurch aufschaue, steht Memo in der Tür. Er weint. Memo ist ein großer Kerl, er war *Shotcaller* in seinem Barrio und hat im Knast und außerhalb einiges getan, für das er sich sehr schämt – schlimme Sachen. Seine innere Verwundung ist enorm tief. Folter, unbeschreiblicher Verrat, erschütternde Vernachlässigung – es gibt nur wenige Schrecken, die Memo nicht kennt. Er steht weinend in meiner Tür, und ich frage ihn, was los ist.

»Der Besuch in Pritchard – ich weiß nich', das hat mich voll umgehau'n. Steckt mir total in den Knochen. Also, G …«, er weint heftiger, »wie kann es sein, dass Menschen so leben müssen?« Er hält inne, und dann: »Keine Ahnung, was mit mir los ist. Was Großes, glaub ich. So was, wie … als ob ich zum ersten Mal …, wie war das Wort …, als ob ich zum ersten Mal Mitgefühl dafür hab, wie andere Menschen leiden.«

Ausgestoßene. Opfer und Täter. Schafe ohne Hirten. Memos tiefste Wunde verbindet sich mit der tiefsten Wunde von Pritchard. Eine Resonanz bis ins Mark. Das Innerste von Memo solidarisiert sich mit der schlimmsten Wunde der anderen. Mitgefühl ist Gott. Zulassen, dass der Schmerz der anderen einen Preis von uns fordert.

Memo kehrte noch oft nach Pritchard zurück, zusammen mit anderen Homies. Eine warmherzige Gemeinschaft Ebenbürtiger wurde geschmiedet – die Dächer wurden immer und immer wieder aufgerissen. Wenn es so weitergeht, wird bald niemand mehr draußen sein.

4

Wasser, Öl und Flamme

Vermutlich habe ich im Laufe der Jahrzehnte Tausende von Homies getauft. Im Knast kommen Gangmitglieder manchmal dazu, Dinge zu tun, für die ihre Eltern nicht gesorgt haben. Bei Homeboy Industries, auf der Straße oder im Knast treffe ich immer wieder Homies, die sagen: »Erinnern Sie sich an mich? Sie haben mich getauft!«

Die Taufe kann für einen Homie ein Moment des Erwachens sein, als würde sich ihm ein neuer Weg eröffnen. Es ist offensichtlich, dass die Zeremonie mit ihren Symbolen für die jungen Menschen eine Art öffentliche Erklärung ist, dass ihr Leben von nun an anders verlaufen wird. Insofern ist der Moment der Taufe mit großer Bedeutung und entsprechender Nervosität aufgeladen.

Eines Tages lerne ich in der Jugendstrafanstalt einen Jungen kennen, den ich taufen soll. Ich bin ihm noch nie begegnet, aber er weiß, wer ich bin. Seine Augen sind so groß wie Untertassen, und er hüpft nervös auf und ab. Ich gebe ihm zur Begrüßung die Hand.

»Ich bin stolz darauf, dich zu taufen.«

Seine Augen werden feucht, und er lässt meine Hand so wenig los wie meinen Blick. »Ganz meinerseits«, sagt er.

Ich erkläre den Täuflingen immer, dass sie kaum etwas zu tun haben und die Sache im Wesentlichen mir überlassen können. Wie diesem Homie vor seiner Taufe im Erziehungslager: »Wenn ich dich danach frage, sagst du einfach deinen Namen. Dann werde ich fragen: ›Was erbittest du von Gottes Kirche?‹ Und du sagst einfach: ›Die Taufe.‹«

Als die Zeremonie beginnt, ist mir klar, dass er wirklich in Not ist. Er hyperventiliert und zappelt dermaßen herum, dass ich vermute, er hat vergessen, vorher noch mal aufs Klo zu gehen.

»Wie lautet dein Name?«, frage ich ihn, und er antwortet wie aus der Pistole geschossen: »Jose Lopez.«

»Und worum bittest du Gottes Kirche, Jose?«

Er steht kerzengerade da – jede Faser seines Körpers will es unbedingt richtig machen. »Ich will Täufer werden.«

Ob er dann nicht besser bei den Freikirchlern aufgehoben wäre, frage ich ihn.

Bei einer anderen Gelegenheit bitte ich einen Jungendlichen, seinen Kopf über eine große Schale Wasser zu neigen. Er sieht mich schockiert an und fragt laut: »Willst du mich nass machen?«

»Ähm, na ja …, irgendwie schon.«

An einem Samstag im Jahr 1996 plane ich die Taufe von George im Camp Munz. Er hat sie aufgeschoben, um nicht von einem der anderen Priester, sondern von mir getauft zu werden. Er wollte auch, dass der Termin nach dem Bestehen der Highschool-Prüfung liegt. Um doppelten Feiergrund zu haben. Sowohl den siebzehnjährigen George als auch seinen neunzehn Jahre alten Bruder Cisco kenne ich bereits flüchtig als Mitglieder einer Gang aus den Siedlungen, aber richtig kennengelernt habe ich George erst während seiner neunmonatigen Haft. Man konnte zusehen, wie aus ihm – mit seiner zur Schau gestellten Härte – allmählich ein Mann wurde, der sich seiner selbst und seiner Fähigkeiten bewusst ist. Ohne das Umfeld, welches ihn ständig verrückt machte, konnte er sich entwickeln. Er ist kaum wiederzuerkennen. Aus dem knallharten *vato* in Gangsterpose ist ein nachdenklicher, ruhiger Mann geworden.

In der Nacht vor Georges Taufe ist sein Bruder Cisco kurz vor 24 Uhr auf dem Weg nach Hause, als die Stille plötzlich von Schüssen unterbrochen wird, wie so oft im Viertel. Rivalen, die sich angeschlichen haben, eröffnen das Feuer. Mitten auf der St. Louis Street, einen halben Block vor seiner Wohnung, fällt Cisco zu Boden. Er ist sofort tot. Seine Freundin Annel rennt auf die Straße. Sie ist im achten Monat von ihm schwanger. Sie schwankt mit Cisco in ihren Armen vor und zurück, als wollte sie ihn in den Schlaf wiegen, und ihre Schreie hallen schrill durch die Nacht. Die Sanitäter müssen sie mit Gewalt von ihrem toten Liebsten trennen.

In jener Nacht schlafe ich kaum. Ich überlege, ob ich nicht jemand anderen bitten kann, am nächsten Morgen die Messe in Camp Munz zu halten, damit ich bei Ciscos trauernder Familie bleiben kann, doch dann fällt mir George ein.

Als ich vor der Messe im Saal mit den noch leeren Stühlen ankomme, ist George schon da. Die nagelneue Abschlussurkunde wie eine Fahne in der Hand, kommt er strahlend auf mich zu. Wir umarmen uns. Er hat sich ein frisch gebügeltes, blütenweißes Hemd geborgt, trägt dazu einen schmalen schwarzen Schlips und die im Camp üblichen Hosen in Tarnfarben. Ich bin *desvelado,* vollkommen fertig, aber ich gebe mein Bestes, um mit Georges begeisterter Aufregung mitzuhalten.

Als die Messe in der jetzt prall gefüllten Halle beginnt, frage ich ihn: »Wie lautet dein Name?«

»George Martinez«, antwortet er voller Selbstbewusstsein.

»Und George, worum bittest du Gottes Kirche?«

»Um die Taufe«, erklärt er, nach wie vor über das ganze Gesicht strahlend.

Es ist die schwerste Taufe meines Lebens. Während ich das Weihwasser über seinen Kopf rinnen lasse – »Vater …, Sohn … und Heiliger Geist« –, denke ich daran, dass ich später mit George alleine hinausgehen und ihm erzählen werde, was passiert ist.

Als ich dann mit ihm über das Basketballfeld gehe und den Arm um ihn lege, sage ich leise: »George, dein Bruder Cisco wurde letzte Nacht getötet.«

Ich spüre, wie alle Luft aus seinem Körper entweicht, als er mit einem schweren Seufzer zu weinen anfängt. Wir landen auf einer Bank. Sein Gesicht sucht Zuflucht in seinen Händen, und er schluchzt leise vor sich hin.

Ich bemerke vor allem, was gerade nicht passiert. Schon oft bin ich in dieser Position gewesen. Fast alle toben und schwören Rache. Doch George nicht. Es ist, als wären das Weihwasser, das Salböl und die Kerzenflammen der Zeremonie in ihm angekommen. Sein Kummer ist rein und echt und ähnelt mehr dem Herzenskummer Gottes. George scheint zu beweisen, wie wirksam das Sakrament ist. Er schafft es, seine enorme Trauer in all ihren widerstreitenden Gefühlen auf dieser Bank in stilles Weinen zu packen. Nachdem ich ihm vor dem Taufritual erklärt hatte, welcher Glauben damit verbunden ist und was es bedeutet, *»zu leben, als ob die Wahrheit wahr wäre«,* hatte ich ihn gefragt: »Begreifst du klar und deutlich, was du hier tust?«

Er hatte innegehalten, sich aufgerichtet, in Selbst und Seele gesammelt und erklärt: »Ja, das tue ich.«

Und ja, das tut er nun.

In der monastischen Tradition ist die höchste Form der Heiligkeit, in der Hölle zu leben und die Hoffnung nicht aufzugeben. George klammert sich in dieser Stunde an seine Hoffnung, an seinen Glauben und an seine Abschlussurkunde, und er entscheidet sich, seiner Zukunft resilient entgegenzugehen.

Wie entsteht Resilienz? Zum Teil durch liebevolle, aufmerksam zugewandte Erwachsene. Durch eine Gemeinschaft bedingungsloser Liebe, die Repräsentanten der »Komme, was da wolle«-Haltung Gottes.

Es heißt, ein gebildeter Häftling wird nicht rückfällig. Nicht nur, weil Bildung seine Chancen auf einen Job erhöht, sondern auch, weil sich seine Perspektive erweitert hat, sodass er auch nach dreiundneunzig erfolglosen Bewerbungsgesprächen nicht aufgibt. Er hat Resilienz entwickelt.

Manchmal entsteht Resilienz in dem Augenblick, wo wir das unerschütterlich Gute in uns entdecken. Der Dichter Galway Kinnell schreibt: *»Manchmal ist es nötig, den Dingen ihre Herrlichkeit zurückzugeben.«*

Wenn das geschieht, fangen wir an, unsere menschliche Zwickmühle mit Zärtlichkeit zu betrachten. Ein weites, ungeschütztes Herz hat Platz für alles, was wir sind, und schafft Raum für alle anderen.

Der dreiundzwanzig Jahre alte Homie Miguel arbeitete in unserer Graffiticrew. Wie die meisten unserer Mitarbeiter hatte ich ihn ein paar Jahre zuvor im Knast kennengelernt. Miguel war ein außergewöhnlich netter Junge, dessen angenehme Art umso bemerkenswerter war, da er von seiner Familie vernachlässigt, schwer misshandelt, verletzt und schließlich rausgeschmissen worden war. Er ruft mich am Neujahrstag an.

»Schönes neues Jahr, G.«

»Hey, das ist aber nett von dir, Dog«, sage ich. »Weihnachten erst hab ich an dich gedacht. Was hast du gemacht?« Ich wusste ja, dass er bei der Familie nicht willkommen war.

»Ach, ich war nur hier.« Er lebt allein in einer winzigen Wohnung.

»Ganz allein?«, frage ich.

»Oh nein«, antwortet er schnell, »ich hab ein paar Homies von der Crew eingeladen – *vatos* wie mich, die Weihnachten nicht wissen, wohin.« Er nennt die Namen von fünf Homies – alles ehemalige Feinde aus anderen Gangs.

»Echt? Das war aber nett von dir.« Jetzt bin ich neugierig geworden. »Und, was habt ihr gemacht?«

»Ob du's glaubst oder nicht«, antwortet er, »ich … hab … Truthahn gebraten.« Sein Stolz ist selbst durch die Leitung deutlich zu spüren.

»Wow! Echt? Wie hast du ihn zubereitet?«

»Na, Ghetto-Style, du weißt schon.«

Ich gestehe, dass mir das Rezept nicht bekannt ist.

Er ist gern bereit, mich in sein Geheimnis einzuweihen: »Also, du schmierst ihn mit ganz viel Butter ein, haust 'ne Menge Salz und Pfeffer drauf und drückst *limones* drüber aus. Dann ab in den Ofen. Hat geschmeckt, wie's schmecken soll.«

»Wow, ich bin schwer beeindruckt«, antworte ich. »Was hattet ihr noch?«

»Nichts weiter. Nur Truthahn.« Er dämpft seine Stimme fast auf ein Flüstern. »Weihnachten saßen wir sechs einfach da, starrten auf den Ofen und warteten, bis der Truthahn fertig ist.«

Ich kann mir kaum eine Szene vorstellen, die gleichzeitig so heilig und so weltlich ist wie diese sechs Waisen, die gemeinsam auf einen Ofen starren. Alle Gebote und alle Propheten in diesem einen Moment, in dieser bescheidenen, heiligen Küche.

Kurz danach fahre ich Miguel nach der Arbeit nach Hause, weil es gerade auf meinem Weg liegt. Schon lange wollte ich wissen, woher Miguels Resilienz stammt. Als wir bei ihm ankommen, halte ich ihn kurz zurück. »Darf ich dich mal was fragen? Wie machst du das? Nach allem, was du durchgemacht hast – nach dem ganzen Schmerz und dem vielen Leid: Wie kannst du da so sein, wie du bist?«

Es interessiert mich wirklich, und Miguel hat eine Antwort parat. »Also, ich hab irgendwie immer gedacht, dass was Gutes in mir ist, aber ich konnte es einfach nicht finden.« Er schweigt einen Moment. »Doch eines Tages habe ich es entdeckt, hier, in meinem Herzen. Ich hab's gefunden, das Gute. Und seit dem Tag weiß ich, wer ich bin.« Er hält inne, berührt von seiner eigenen Wahrheit (der wiedergefundenen Herrlichkeit), dreht sich zu mir und schaut mir direkt in die Augen. »Seitdem kann mich nix mehr umhau'n.«

Der Dichter schreibt: *»Jemand füllt den Kelch vor uns, wir schmecken nur das Heilige.«* Die Welt kann mit uns machen, was sie will – wir halten uns an unsere eigene Heiligkeit, und nichts kann uns umhauen.

Doch wie bereits erwähnt, gibt es einen tödlichen Mangel an Hoffnung unter den Gangmitgliedern. Ihnen fehlt ein inneres Bild, das sie in die Zukunft katapultieren könnte. Es geht sogar noch weiter: Gangmitglieder gehören einem sehr exklusiven Club junger Leute an: Sie planen eher ihre Beerdigung als ihre Zukunft.

Ende der 1980er-Jahre veranstalten wir im Gemeindesaal eine Party für die Jugendlichen. (Die heftigen Kriege zwischen den Gangs machten das schon kurze Zeit später unmöglich.) Ein sechzehnjähriges Homegirl namens Terry, eine Schönheit, nach der jeder Homie der Gegend schmachtet, trägt ein wundervolles, kurzes, knallrotes Kleid. Sie begrüßt mich an der Tür, wo ich den Einlass kontrolliere. Sie strahlt. Die Härte, die sie auf der Straße oft zum Ausdruck bringt, hat sie wohl zu Hause gelassen. Ich sage ihr, wie großartig sie aussieht.

»Versprechen Sie mir was, G«, sagt sie tänzelnd, beschwingt von all den Komplimenten, die sie erhält. »Versprechen Sie mir, dass ich in diesem Kleid begraben werde?!«

Sofort habe ich das alberne Bild einer alten Frau vor Augen, die in so einem Kleid im Sarg liegt. Aber Terry denkt nicht an eine alte Frau.

Ein ebenso junges Homegirl springt eines Tages bei mir im Büro vorbei und erzählt, sie sei schwanger. Vermutlich sieht sie meinem Gesicht ein bisschen zu deutlich an, dass ich nicht gerade begeistert bin. Denn noch ehe ich etwas sagen kann, hebt sie die Hand hoch, als wollte sie meine Worte aufhalten, und meint: »Ich will einfach nur ein Kind haben, bevor ich sterbe.«

Wie kommt es, dass eine Sechzehnjährige glaubt, sie würde keine achtzehn werden? Es ist eine der Erklärungen für die vielen Teenager-Schwangerschaften in den Barrios. Da sie es für unwahrscheinlich halten, jemals achtzehn zu werden, beschleunigen sie das Ganze und werden Mütter, lange bevor sie dafür wirklich bereit sind.

In meiner ersten Zeit als Gemeindepfarrer, als ich durch die Gang-Unruhen mehr junge Menschen beerdigte als alte, ging ich oft zu den Jugendlichen, die gerade ihren toten Freund im Sarg gesehen hatten. Es gab immer welche, die alleine standen, die weinten oder ihren *camaradas* auswichen. Ich dachte, vielleicht kann ich etwas sagen, was sie von ihren Racheschwüren abhält. Vielleicht ist dies ein Augenblick der Verletzlichkeit, in dem ich zu ihnen durchdringen kann. Ich sagte dann immer etwas wie: »Ich will dich nicht mit sechzehn (oder was auch immer das Alter war) im Sarg liegen sehen.« Anfangs erwartete ich darauf eine Antwort im Sinne von: »Na, da sind wir ja schon zwei. Ich will nicht auch noch sterben.« Für mich zunächst verblüffend, aber mit zunehmender Erfahrung immer vorhersehbarer, sagten die betroffenen und verletzten jungen Menschen stets so etwas wie: »Warum nicht? Irgendwann muss man ja doch sterben.« Worte der Verzweifelten, denen alle Hoffnung und jegliches Gespür für die eigene Heiligkeit fremd sind.

Es hat mich immer interessiert, welche Rolle die anwesenden (oder meist abwesenden) Väter im Leben der Homies spielen. Ich kenne kaum einen Homie, in dessen Herz nicht ein großes Loch an der Stelle ist, wo eigentlich der Vater sein sollte. Homeboy Industries versucht, ihnen das zu bieten, was Psychologen »Bindungssicherheit« nennen. Nach dem Motto »Besser spät als nie« hoffen wir, den Vaterlosen bei uns zu vermitteln, dass sie liebenswert sind.

In Japan gibt es ein Konzept namens *Amae.* Es bedeutet, in dem Gefühl zu leben, dass man zutiefst erwünscht ist und geliebt wird, und Kinder auf diese Weise liebevoll zu erziehen.

David war einer unserer Teilzeitkräfte, erst kürzlich aus dem Camp gekommen und noch auf Bewährung. Nach der Schule machte er im Büro sauber. Eines Tages frage ich ihn nach seinem Vater.

»Oh«, sagt er mit einer monotonen Stimme, als hätte er diese Frage schon oft beantwortet, »der ist abgehauen.« Dann schüttelt er das stereotype Verhalten ab und öffnet sich, um die Frage tiefer und wahrer zu beantworten.

»Genau genommen hat er uns an meinem sechsten Geburtstag verlassen.« Er kann den furchtbaren Schmerz in seinem Blick nicht verbergen. »Wir hatten Kuchen *y todo,* aber ich wollte nicht, dass er angeschnitten wird. Ich wartete darauf, dass mein *jefito* heimkam. Ich wartete und wartete. Es wurde Abend und dann Nacht, aber er kam nicht. Nie mehr.« David schweigt einen Moment, und ich nehme an, er muss gleich weinen, aber in ihm sind keine Tränen mehr, nur grenzenlose Wut. »Ich hab geheult, bis ich neun war.«

Ich warte auf irgendeine Gefühlsregung. Nichts.

»Heute heule ich nicht mehr. Ich hasse ihn nur.« Der Arbeit an der »Vaterwunde« muss sich jeder Homeboy irgendwann stellen.

»Mit zehn hab ich meinen Alten mal besucht. War total high, die Spritze steckte noch im Arm. ›Sieh nur hin. Da landest du auch irgendwann‹, hat er gesagt.«

Ein anderer erzählt: »Mein Alter hat uns grün und blau geschlagen. Fand immer 'nen Grund. Wenn wir seine Füße nich' richtig massiert oder nicht schnell genug die Tasche gebracht ham. Irgendwann hab ich mir geschworen: So werd ich nie.«

Und noch einer: »Ich wünschte, ich wüsste nicht, wer er ist – ich wünschte, ich hätt ihn nie gesehen.«

Die schwärende Wunde muss erst gesäubert werden, ehe eine andere Bindung die »erste Bindung« ersetzen kann.

Natalie kam zu Homeboy, nachdem sie mir jahrelang relativ regelmäßig aus der Haft geschrieben hatte. Ob im Arrest, im Jugendknast oder im Camp, sie ließ mich immer wissen, wo sie gerade war. Ich begegnete ihr jedoch zum ersten Mal »in Freiheit«, als sie bei uns durch die Tür kam. Natalie war ein Straßenkind, sie war in einer Gang, nahm regelmäßig Drogen und hatte zwei Kinder, die nie bei ihr gelebt hatten.

Als wir einmal mit einer Gruppe auf dem Weg zur Pepperdine-Universität waren, zeigte Natalie aufgeregt auf den Strand. »Ooh, da war ich mal im Sommerlager. So ein Sommerlager für schlimme Kinder.« Ihre oft abwesenden Eltern waren aus Kuba gekommen. »Yeah, mit dem Mariel Boatlift. Mit dem hat Castro alle schlechten Leute rübergeschickt.«

Auch als sie bei uns arbeitete, kam sie immer wieder in den Knast, sie erhielt Verweise wegen Drogenmissbrauch und sogar eine Handvoll Kündigungen, weil sie sich geprügelt hatte. Eine Zeit lang bat ich sie sogar, nicht ins Büro zu kommen – sie geriet mit zu vielen Leuten in Streit. Es war leichter, sich mit ihr auf der anderen Straßenseite in Jim's Burger zu treffen.

Sie war nicht ganz einfach – um es mal milde auszudrücken. Sie gehörte zu den zahllosen »Was wäre, wenn …«-Kids. Was wäre, wenn sie wirklich von ihren Eltern versorgt worden wäre? Was wäre, wenn sie so viel Liebe und Aufmerksamkeit gekriegt hätte, wie ein Kind braucht? Was wäre, wenn es einen Ort gegeben hätte, an dem sie sich sicher fühlte?

Ich bin unterwegs, um irgendwo einen Vortrag zu halten, und habe im Hotel einen lebhaften Traum von Natalie. Kurz vor dem Vortrag rufe ich sie aus der Lobby an. Ich möchte unbedingt mit ihr sprechen. Sie meldet sich auf dem Handy.

»Hey, *kiddo*, ich hab letzte Nacht von dir geträumt.«

»Oh, nein«, sagt sie beklommen. »War es was Schlimmes?« (Alle Homies halten Träume für Vorzeichen schlimmer Dinge.)

»Nein, nein«, versichere ich, »der Traum war *firme*.« Ich erzähle ihr, dass ich im Traum in einem kleinen Club bin, so einem winzigen Comedy-Club mit kleinen Tischen und einer Bühne. »Der Moderator geht ans Mikro, und die Leute werden still. ›Meine Damen und Herren, heute Abend singt für Sie Ms. Natalie Urritia.‹ Das

Publikum buht. Aus irgendeinem Grund wenden sich die Leute an mich. ›Was soll das denn?‹, fragen sie mich. ›Sie wissen doch, dass die Stimme keinen Cent wert ist, schreiten Sie ein!‹ Ich zucke die Achseln und schweige. Ich bin um deinetwillen etwas nervös, aber ich unternehme nichts. Ein Scheinwerfer blendet auf und folgt einer hinreißend schönen Natalie auf dem Weg zum Mikrofon. Du bist klein und hellhäutig, trägst ein glitzerndes enges Kleid. Du scheinst dir deiner Sache überhaupt nicht sicher zu sein, und die Menge johlt weiterhin verächtlich. Die Musik setzt ein. Und dann singst du, *kiddo*, mit der schönsten Stimme, die man je gehört hat. Alle verstummen sofort. Die Zuschauer lauschen mit offenem Mund. Keiner kann glauben, dass du es bist, die da singt. Es ist einfach … atemberaubend.«

Ich schweige. Auch Natalie sagt nichts.

»Und dann bin ich aufgewacht.«

Am anderen Ende der Leitung ist es so still, dass man meinen könnte, sie habe schon lange aufgelegt.

»Weinst du?«

»Na klar«, quiekt sie.

Und die Seele erquickt sich daran, etwas zu hören, von dem sie nicht wusste, dass sie es bereits weiß. Kathleen Norris schreibt: *»Um den Stürmen des Lebens standzuhalten, ist es wichtig, die eigenen Wurzeln zu kennen.«*

Resilienz entsteht, wenn wir unsere Wurzeln, unsere Herrlichkeit erkennen, dann können wir uns zu Tönen aufschwingen, von denen wir nie zu träumen wagten.

Gangs sind Bastionen einer Liebe, die an Bedingungen geknüpft ist – ein falscher Schritt, und man ist draußen. Jeder Fehltritt wird registriert, jede falsche Einschätzung wird einem ewig vorgehalten. Wenn ein Homie nicht seinen Mann steht, die geforderten Aufgaben nicht erfüllt, kann er schnell seinen Status verlieren, als nutzlos abgestempelt werden. Das wird man nur schwer wieder los.

Homeboy Industries versucht dagegen, eine Gemeinschaft bedingungsloser Liebe zu sein. Gemeinschaft sticht Gangs immer aus. Jeden Tag aufs Neue. Derek Walcott schreibt: *»Ohne meinen Stamm bin ich ein Niemand.«*

Homeboy legt den Grundstein für Resilienz. In unserem »Stamm« kann jeder sein wahres Selbst entdecken. Homies, die mal hier gearbeitet haben, kommen oft an ihrem freien Tag oder in der Mittagspause vorbei. Ein Homie sagte mal zu mir: »Ich bin nur gekommen, um mir meinen Schuss zu holen.«

»Einen Schuss *was?*«, fragte ich.

»Liebe«, antwortete er.

Wir wollen doch alle nur hören, dass wir voll und ganz in Ordnung und willkommen sind. Ohne Wenn und Aber. Genau richtig, so wie wir sind.

Eines Tages sitze ich an meinem Schreibtisch und arbeite konzentriert, als ich spüre, dass mich jemand anschaut. Es ist Danny. Danny ist ein kleiner, pummeliger Zehnjähriger, der in den Siedlungen lebt und quasi zum Inventar unseres Büros gehört. Ein netter Junge, der gern herumalbert und sich mit der Schule schwertut. Irgendwo hat er wohl einen großen Riesenzeichenblock abgestaubt, fast so groß wie er selbst. Er hat die Knie angewinkelt und den Block dagegengelehnt; in der rechten Hand hält er einen Bleistift. Er zeichnet mich. Arbeitet mit großen Gesten, hält inne und reckt den Bleistift in die Höhe, als wollte er die Größe des Objekts bestimmen.

Das hat er zweifellos in irgendeinem Comic gesehen. Immer wieder wechselt er zwischen Zeichnen und Maßnehmen hin und her. Es ist total niedlich – und urkomisch. Ich lache herzlich.

Danny ärgert das sehr. »Stillhalten!«, sagt er in einem ziemlich schroffen Tonfall.

Was mich nur noch mehr zum Lachen reizt. Als ob es irgendeinen Unterschied machen würde, wenn ich mich bewege. Ich kriege kaum noch Luft. Danny findet das gar nicht zum Lachen, sein Blick ist stahlhart. Wie Clint Eastwood zischt er durch die zusammengebissenen Zähne: »Stillhalten hab ich gesagt!«

Ich erstarre, und Danny beendet seine Zeichnung.

Er reißt das Blatt ab und legt sein *obra de arte* vor mich auf den Schreibtisch. Mitten auf dem riesigen Bogen prangt etwas in der Größe einer Grapefruit, das wohl ich sein soll. Offenbar bin ich heftig zusammengeschlagen worden. Als hätte Picasso einen schlechten Tag gehabt. Meine Brille ist total schief, meine Augen sitzen überhaupt nicht dort, wo man es erwarten würde. Das Gesicht ist schief und krumm, vollkommen unkenntlich.

Ich bin etwas sprachlos. »Oh, wow, Danny, hm …, bin ich das?«

»Jau«, sagt er und wartet mit stolz geschwellter Brust auf einen vollständigen Kommentar..

»Hm, ich weiß gar nicht, was ich sagen soll. Es ist …, nun ja …, sehr interessant.«

Danny wirkt verschnupft. »Na, kein Wunder, wenn du nich' stillhältst.«

Wir zucken zurück vor der eigenen Heiligkeit. Eine echte Gemeinschaft ruft dann: »Stillhalten!« Der Aufruf ist nichts weniger als Gottes Zufriedenheit über dieses Heilige, über die Schönheit jedes Einzelnen – selbst wenn die Form anscheinend nicht ganz vollkommen ist.

Andres war mit dreizehn von zu Hause abgehauen, doch ich lernte ihn erst mit neunzehn kennen, nachdem er die Gastfreundschaft diverser Familien genug strapaziert hatte. Weglaufen schien in seinem Fall das einzig Vernünftige zu sein. Seine Mutter sah in ihm wohl nur das Abbild seines Vaters, der sie verlassen hatte, und richtete ihre ganze mörderische Wut und Verachtung auf dieses Kind. Andres wurde ein männliches Aschenputtel, das wie ein Sklave die Bar seiner Mutter und die kleine gemeinsame Wohnung putzen musste. Sie misshandelte ihn nicht. Sie folterte ihn. Sie drückte Zigaretten auf ihm aus und hielt seinen Kopf so lange in die Toilette, bis er fast ertrank. Die Jugendfürsorge holte ihn immer wieder aus dieser Situation heraus und brachte ihn dann ebenso oft in ihre Obhut zurück.

Nachdem er abgehauen war, tat er sich in seiner Not mit *camaradas* aus ähnlichen Verhältnissen zu einer Gang zusammen, in der alle irgendwie um ihr Überleben kämpften und ihr Waisendasein miteinander teilten. Als ich ihn kennenlernte, wollte er da raus und sein bisheriges Leben hinter sich lassen.

Über der Grundschule im Dolores-Mission-Konvent hatten wir damals ein paar Räume zum Schutz für Frauen und Kinder eingerichtet, Casa Miguel Pro. Dort gab es ein freies Zimmer, das ich Andres anbot. Schon bald hatte er eine Arbeit, jemand stellte ihm seine alte Karre zur Verfügung, sodass er mobil war, und er entwickelte sich prächtig.

Andres gehörte zu denen, die von Mike Wallace interviewt wurden. Ich stand kurz vor meinem Terziat – einer einjährigen Zeit des Rückzugs, des Gebets und der Reflexion, die Jesuiten vor dem endgültigen Gelübde einlegen, und würde meine Gemeinde also eine Weile verlassen.

Mike fragt den einundzwanzig Jahre alten Andres: »Pater Greg sagt, du bist eine Erfolgsgeschichte. Aber jetzt geht er fort. Wirst du weiter diesem Weg folgen, selbst wenn er nicht mehr an deiner Seite ist?«

Bevor Andres antworten kann, rückt Wallace aus unerfindlichen Gründen näher, als suche er eine kameradschaftliche Nähe, die er, ehrlich gesagt, durch nichts verdient hatte, und sagt in verschwörerischem Tonfall: »Aber du bist ja nicht so 'n Arsch, der so 'ne Chance sausen lässt, nicht wahr?«

Andres richtet sich ruckartig auf, wie ein Löwe, der ein Geräusch hört. »Was haben Sie gesagt?«

Mike zuckt zurück, als wäre der Stahlstuhl unter seinem Hintern plötzlich heiß geworden. »Äh, na ja, war doch nur so 'n Spruch, war doch nicht persönlich gemeint. Jeder wär ein Arsch, der …«

Andres zittert vor Erregung, sein vom Football durchtrainierter Körper ist sprungbereit und will einfach nur weg. »Es gibt nur einen Menschen auf der Welt, der so was zu mir sagen darf, und das ist Pater Greg …, nich' meine Familie, nich' mal meine Homies … und ganz sicher nich' so 'n weißer, reicher Typ wie Sie!« Andres reißt sich das Mikro vom T-Shirt und verschwindet durch den Seitenausgang der Kirche.

Mikes Assistenten stürzen aufgeregt in mein Büro. »Andres ist ausgeflippt.«

Als ich ihn finde, hat er überhaupt keine Lust, sich zu beruhigen. »Hätt den Typ in der Luft zerreißen können, G. Hätt ihn … in klitzekleine Teile … zerfetzen können.«

Mal ehrlich, wer von uns hat dieses Verlangen noch nie gespürt?

Andres ging es so gut wie nie zuvor. Er fühlte sich lebendig, und zum ersten Mal in seinem Leben war er stolz auf sich.

Ein anderes Mal treffe ich ihn auf dem Parkplatz der Kirche. »Weißte was, G, ich werd mal meine *jefita* anrufen.«

»Sicher?«, frage ich vorsichtig. Er hat seit über fünf Jahren nicht mehr mit seiner Mutter gesprochen.

»Na klar«, sagt er, »ist doch die einzige Mutter, die ich hab.«

Ich biete ihm an, von meinem Büro aus zu telefonieren, während ich mich im Vorraum beschäftige. Keine fünf Minuten später steht Andres mit hängendem Kopf neben mir. Die Frau, die Andres in die Welt gebracht hat, hatte ihrem Sohn nach fünf Jahren, in denen sie sich weder gesehen noch gesprochen hatten, nur eins zu sagen. Nur einen einzigen Satz: »Du bist Müll.«

Jetzt lasse ich den Kopf hängen, mein Herz weigert sich, so etwas aufzunehmen. Andres' Augen glänzen in der Mittagssonne.

»Das hast du ihr doch nicht geglaubt, oder?«

»Nee ..., ich hab ihr vergeben.«

Etliche Jahre später lässt sich Andres auf einen meiner Bürostühle fallen, sein Wagen ist in der Werkstatt (seit jener ersten Klapperkiste hat er eine Menge Autos besessen), er ist mit dem Bus unterwegs. Wollte mal vorbeischauen und ein bisschen abhängen, bevor er zu seiner kleinen Wohnung in Montebello zurückfährt. Ich biete ihm an, ihn mit meinem Wagen zurückzufahren.

»Sag mal, G, können wir vielleicht kurz zu Ralph's, damit ich was einkaufen kann? Wo wir schon mit dem Auto unterwegs sind?«

Wir fahren also zu Ralph's, und ich schau zu, wie Andres sich einen Wagen schnappt und zielsicher durch die Gänge navigiert. Ich muss mich sputen, um mit ihm Schritt zu halten. »Dienstags gibt's Sonderangebote, das is' der beste Tag zum Einkaufen«, erklärt er mir.

Ich staune, wie gut er sich auskennt. Er weiß, was er will und auch, wo es steht. Ich gerate etwas außer Atem.

Er dreht sich zu mir um und sagt in vertraulichem Ton: »Man muss echt aufpassen in diesen großen Supermärkten.«

»Ach, ja?« sage ich, ohne recht zu wissen, worauf er hinauswill.

»Oh ja, man muss verdammt aufpassen.« Andres schaut sich im Gang um, als würde er nach Spionen Ausschau halten. »Die dudeln diese Fahrstuhlmusik«, sagt er flüsternd und zeigt nach oben. »Damit bringen sie einen ganz durcheinander. Dann kauft man Sachen, die man nicht braucht.«

In der eigenen Haut ganz zu Hause. Ein Mann, der sich entschieden hat, den eigenen Weg zu gehen. Heilig, zu Gottes ewiger Freude. Andres, ein Tempel auf der Höhe, ein Allerheiligstes, genau da, zwischen Pizza und Nudeln bei Ralph's.

Stillhalten.

Am Telefon sprach ich einem Homie meine Anerkennung aus und lobte ihn, doch er wollte es nicht annehmen. »Aber du weißt doch«, beharrt er, »ich hab so meine Fehler.«

Unser westliches Denken beharrt darauf, uns kleinzumachen. Wir halten »Fehler« für persönliche Defizite. Wir meinen, die rauen, tief in uns eingemeißelten Reaktionsmuster seien Zeichen unserer Minderwertigkeit; dabei zeigen sie nur, dass wir Menschen sind.

Homies sind besonders anfällig für diese falsche Auslegung. In einer Gangvariante des Stockholm-Syndroms identifizieren sich die Homies mit ihren Schwächen und Schwierigkeiten und wollen nicht davon lassen. Man hofft, ihre Aufmerksamkeit und Loyalität auf das grundlegend Gute in ihnen zu richten. Man zeigt ihnen den strahlend blauen Himmel ihrer Heiligkeit – und sie sind nach wie vor auf dunkle Wolken fixiert. Dann steht man mit ihnen da, ermutigt sie, nach oben zu schauen und zwanzig Minuten abzuwarten.

»Du bist der Himmel«, beharrt Pema Chödrön. *»Alles andere ist nur das Wetter.«*

Wenn man Fabian fragt, wie es ihm geht, ist die folgende Antwort nicht ungewöhnlich: »Ich fühl mich fabelhaft sauber, danke der Nachfrage.« Ich brauche wohl nicht zu betonen, dass ich nie wieder einem Homie wie Fabian begegnet bin. Kaum einer von ihnen wird offensichtliche Dinge mit Sätzen wie »Elementar, mein lieber Watson« kommentieren oder sich nonchalant mit »Gehabt euch wohl« verabschieden. Fabian ist jetzt Ende zwanzig, verheiratet und Vater von drei Kindern. Er hat jahrelang für Homeboy gearbeitet, inzwischen hat er einen gut bezahlten Job und ist ein ebenso anständiger Mensch wie jeder andere. Und zudem eine unglaubliche Persönlichkeit. Er kann die ganze Shrimps-Episode aus »Forrest Gump« in allen Einzelheiten nachspielen und kennt auch jede Geschichte aus meinen Vorträgen auswendig.

Einmal habe ich ihn aus Palm Springs angerufen, weil ich in wenigen Minuten ans Mikrofon treten sollte und mir eine bestimmte Formulierung nicht einfiel. Er hatte sie sofort parat, ohne auch nur eine Minute nachzudenken.

Seine Kindheit war ein dichtes Durcheinander mit einem Gangster als Vater und einer psychisch kranken Mutter; niemand in Fabians Zuhause hatte je seine fünf Sinne beisammen, und alle waren ständig high. Als er etwa zehn war, schlug seine Mutter mit ihren Stilettos so auf ihn ein, dass er in einen Schrank flüchtete. Daraufhin verprügelte sie seinen Bruder Michael. Als sein Bruder plötzlich aufhörte zu schreien, öffnete Fabian den Schrank einen Spaltbreit. Seine Mutter hatte Michaels Hals in einen Drahtbügel geklemmt, und der Junge lief schon blau an. Fabian stürzte sich auf seine Mutter und warf sie zu Boden.

Es hätte also niemanden überrascht, wenn Fabian langfristig in einer geschlossenen Einrichtung gelandet wäre. Doch eine geheimnisvolle, gnadenreiche Wendung half Fabian, nach Koordinaten zu steuern, die ihn aus diesen mörderischen Gewässern herausführten. Seine Art von Humor ist so gewitzt und merkwürdig, dass man fast meinen könnte, irgendein Alien habe von diesem Homeboy Besitz ergriffen.

Als wir in D.C. sind, um vor einem Kongress-Unterausschuss zu sprechen, wohnen wir bei meinem Bruder Paul. Fabian und Felipe, einer aus der Gang von Fabians schlimmsten Feinden, schauen oben zusammen »Gremlins«, während Paul, seine Frau Joy und ich einen langen, anstrengenden Tag bei einem Bier ausklingen lassen. Fabian, der damals neunzehn ist, kommt die Treppe runter, um für sich und Felipe etwas zu trinken zu holen. Er geht ganz selbstverständlich direkt zum Kühlschrank, fühlt sich schon ganz zu Hause, aber als er uns sieht, hält er inne.

»Kann ich ein Bier haben?«

»Nein.«

Fabian greift in den Kühlschrank, um ein paar Cokes rauszuholen, probiert es aber trotzdem noch mal. »Es würde mir viel bedeuten.«

»Nein.«

Er taucht tiefer in den Kühlschrank und richtet sich dann wieder auf. »Ich könnte damit diesen köstlichen Augenblick genießen!«

Ich bitte Sie, wer redet denn so?

Kürzlich haben wir miteinander telefoniert. Er ruft häufig an, und die Gespräche enden meist in einem wundervollen Wust von Albernheiten. Es war höchste Zeit, mit all den Leuten zu sprechen, die vor meinem Büro auf mich warteten, und ich versuchte daher, mich aus Fabians Fängen zu befreien.

»Also, du Affe«, sage ich zu ihm, »es ist mir ein besonderes Vergnügen, jetzt aufzuhängen.«

Er spielt erst den Beleidigten nach dem Motto: Was in aller Welt habe ich denn …? Dann sagt er: »Nun, dann wird es mir ein besonderes Vergnügen sein, von dir gehängt zu werden.«

»Der Punkt geht an dich«, gebe ich lachend zu.

Fabian war unglaublich gut darin, bei Homeboy gute und dauerhafte Freundschaften mit ehemaligen »Feinden« zu schließen. Er war unvergleichlich zugewandt.

Einmal besuchte er einen Feind, der eine brutale Chemotherapie durchmachte, und brachte ihm Videos zur Ablenkung. Vorher checkte er das gesamte Klinikgelände, um sicherzustellen, dass niemand von seinen Feinden gleichzeitig zu Besuch kam. Die hätten das nicht begriffen.

Eines Abends wurde er von Freunden mit dem Auto nach Hause gebracht.

»Hey, schaut mal«, rief plötzlich einer von ihnen, »da ist dieser Idiot Froggy!« Er zeigte auf einen Feind, der allein die First Street entlangging. »Kommt, dem reißen wir den Arsch auf.«

Der Fahrer lenkte in Froggys Richtung, doch Fabian setzte seinen Zauber ein. »Entspannt euch, Leute, das ist mein *primo.*«

»*Serio,* der is' dein Cousin?«

»Ja, Mann, der Sohn von meiner *tia.*«

Darauf reihte sich der Wagen wieder in den fließenden Verkehr ein. Froggy war ein Feind, den Fabian bei der Arbeit bei uns kennengelernt hatte. Sie waren gar nicht verwandt.

Ich weiß nicht, wie Fabian das schaffte. Auf eine unerklärliche, geheimnisvolle Weise hatte sich Fabian dieser einzigartigen Liebe angeschlossen, die einen dahinschmelzen lässt. Nicht das, was wir sind, sondern das, was wir nicht sind. Offenbar war Fabian nicht all das Schreckliche, das er durchmachen musste. Er war etwas anderes, etwas Erstaunliches und Großartiges.

Ich arbeite jetzt seit zwei Jahrzehnten mit Homies, und ab und zu meinen die Leute, sie müssten mich auszeichnen. Im Laufe der Jahre habe ich eine ganze Reihe solcher Auszeichnungen bekommen: einen Bronzelöwen, eine glitzernde Kristalluhr, eine ganze Reihe von Orden oder gerahmten Dokumenten. (Vor allem auch in den letzten Jahren. Kaum hat man Krebs, verleihen sie einem »Auszeichnungen für das Lebenswerk«, wenn Sie wissen, was ich meine.) Ich behalte diese Dinge nie. Ich gebe sie an die Homies weiter.

Meistens ist mit diesen Auszeichnungen ein Gala-Dinner in einem edlen Hotel in Beverly Hills verbunden. Man reserviert mir einen ganzen Tisch, und ich besetze ihn halb mit Homies und halb mit den Frauen aus den Siedlungen. Alle ziehen ihre besten Sachen an. Die Frauen tragen die Kleider, die sie zu den *quinceañeras* ihrer Töchter getragen haben, die Homies kommen in perfekt gebügelten Ben-Davis-Hosen und weiten, über die Hose hängenden karierten Hemden. Gangster-Grundausstattung.

Sie wundern sich über die Menge an Besteck auf dem Tisch: »Wofür ist denn diese Gabel?« Irgendjemand bittet unausweichlich um Tapatío Hot Sauce. Und wenn der Gourmetsalat – Rucola und

Birne an Balsamico – gereicht wird, fällt sicher folgender Kommentar: »Dieses Zeug schmeckt eklig.« Irgendjemand sagt das immer.

Nach dem Abend fahre ich alle nach Hause. Der Homie, den ich als Letzten absetze, kriegt die Auszeichnung. (Einmal gab ich einem Homie eine wunderschöne, reich verzierte Erinnerungsplakette, und er sagte: »Wow, das ist ja super. Und wenn du ins Gras beißt, verkauf ich das Ding auf Ebay und krieg einen Haufen Kohle dafür.«)

Wenn ich also zum letzten Mal an so einem Abend vor der Wohnung eines Homies anhalte, sage ich: »Hey, Dog, du bist mein Held. Schau dir nur an, wo du mal warst und wo du heute bist. Und deshalb möchte ich, dass du … diesen Bronzelöwen (oder was auch immer) kriegst.« Ich sage auch, ich käme ihn ab und zu besuchen.

Die Loyola-Marymount-Universität hatte mich eingeladen, eine Auszeichnung entgegenzunehmen. Gleichzeitig sollte ich irgendwo im Norden einen Vortrag halten, also fragte ich, ob ich als Vertretung einen meiner Mitarbeiter schicken könne (wohl wissend, dass ich sie ihm hinterher sowieso überlassen würde).

Die Leute von der LMU waren einverstanden, und ich wählte Elias aus, um mein *premio* zu empfangen. Elias war achtzehn Jahre alt und arbeitete bei Homeboy Silkscreen. Er hatte seine Vergangenheit als Gangmitglied gegen Vaterschaft und Erwerbsarbeit eingetauscht. Angesichts des Horrors, den er in seiner Familie durchgemacht hatte, seiner Lebensumstände und all der Hindernisse auf seinem Weg ist seine Entwicklung unglaublich beeindruckend.

»Könntest du für mich zu dieser Veranstaltung gehen und diese Auszeichnung für mich entgegennehmen?«, frage ich ihn.

Er staunt über so viel Ehre. »Na, klar mach ich das.«

»Ach so, und noch was«, fahre ich fort, »du wirst da auch eine kleine Dankesrede halten müssen.«

Seine Augen werden riesengroß. »WAS?«

Ich sage ihm, er solle sich entspannen und sich einfach ein paar Sätze aufschreiben, es würde schon gut gehen. Dann erzähle ich ihm, dass Cara Gould mitkommen würde, die damals schon lange bei uns arbeitete und über ein eindrucksvolles Geschick im Umgang mit Homies verfügte.

Später erfahre ich, dass die Fahrt zu der Veranstaltung ein einziger Paniktrip war. Elias wäre vor Nervosität fast aus dem fahrenden Wagen gesprungen. »Cara, ich schaff das nicht. Ich kann nicht vor diesen Leuten reden.«

Cara versucht, ihn zu beruhigen. »Ich hab gehört, bei Lampenfieber solle man sich die Leute im Publikum nackt vorstellen.«

Elias sieht sie entsetzt an. »Nie im Leben! Dann glotz ich die ja nur blöd an!«

Als sie in den Saal kommen, wird es bloß noch schlimmer. Es gibt nur noch wenige Stehplätze. Elias läuft der Schweiß von der Stirn. Der Moderator sagt: »Für den leider verhinderten Pater Greg Boyle begrüßen wir jetzt Elias Montes, der die Auszeichnung entgegennehmen wird.«

Das Publikum applaudiert wohlwollend, während Elias, von einem Scheinwerfer begleitet, nervös zum Podium geht. Zitternd hält er den gelben Zettel in der Hand, auf dem er seine Rede notiert hat. Es ist eigentlich keine Rede, es gibt keine klugen Zitate oder Gedichtzeilen, sondern nur das erstaunliche Beispiel der Veränderung des Jungen, der da vorne steht. Das Publikum scheint das sofort zu kapieren. Elias findet einen großartigen Abschluss: »Weil Pater Greg und Homeboy Industries an mich geglaubt haben, hab ich beschlossen, an mich zu glauben. Und die beste Art, wie ich mich dafür bedanken kann, ist, mein Leben zu ändern. Und ich hab mich entschieden, das zu tun. Danke.«

Das Publikum explodiert. Sie klatschen wie verrückt, erheben sich, die Leute weinen und rufen: »Bravo!« Mit Taschentüchern in den Händen applaudieren sie weiter, es nimmt kein Ende. Elias setzt sich wieder auf seinen Platz. Cara steht neben ihm, tränenüberströmt, genauso wie der Mann an Elias' anderer Seite.

Elias wirkt wenig beeindruckt. Schließlich dreht er sich zu Cara, die immer noch steht und mit den anderen applaudiert, und meint: »Mann, die klatschen aber lange für G.«

Cara beugt sich ganz nah an sein Ohr und sagt: »*Oye, menso,* sie klatschen nicht für G – sie klatschen für dich!«

Wie vom Blitz getroffen fährt Elias hoch: »Neeeee?!«

»Doch!«, sagt Cara. »Sie klatschen die ganze Zeit für dich!«

Und so findet Elias in einem ganzen Saal voll fremder Leute zu sich selbst, und sie vermitteln ihm deutlich: Stillhalten!

Ich kannte Jason schon lange, bevor er zum ersten Mal in meinem Büro auftauchte. Bis dahin hatte er meine Hilfsangebote immer abgelehnt. Er hatte eine Menge Drecksarbeit für seine Gang gemacht, wollte immer lieber Crack verkaufen als irgendeine andere Arbeit annehmen. Sein Widerstand schien felsenfest, doch eines Tages stand er plötzlich vor meinem Schreibtisch.

»*Y ese milagro?* Ist ein Wunder passiert?«, fragte ich.

Jason war nie ein großer Redner. Er nahm stillschweigend hin, was das Leben ihm bot, deswegen habe ich bis heute keine Ahnung, was ihn bewog, damals zu uns zu kommen. Aus dem, was mir zugetragen wurde, wusste ich nur von seiner großen Loyalität zu seinem Barrio, von Drogendealerei und anderen kriminellen Aktivitäten. Es gab keinen wie auch immer gearteten Vorfall, der sein plötzliches Auftauchen erklären konnte. Aber wie vor fünfzehn Jahren sah ich immer noch den dummen kleinen Jungen vor mir, der keine andere Wahl hatte, als auf der Straße aufzuwachsen.

Ich bringe ihn zu einem unserer Arbeitsvermittler, der ihn noch am selben Tag zu einem Bewerbungsgespräch schickt.

Keine zwei Stunden später stürmte er aufgeregt wieder rein.

»Hab den Job!«

»Super, Mann!«

»Yeah! Der Typ hat gesagt, die Beschreibung passt auf mich.«

Ich musste lachen. »Das hätte er sicher gesagt, wenn man dich per Steckbrief suchen würde. Hat er vielleicht eher gesagt: ›Die Ausschreibung passt auf dich‹?«

Jason kicherte und schlug sich mit der flachen Hand auf die Stirn. »Ja, mein' ich doch – Ausschreibung! Beschreibung, so 'n Quatsch.«

Jason kam danach oft vorbei. Wahrscheinlich, um sich einfach seinen »Schuss« abzuholen. In der Hoffnung, einen besseren Job zu kriegen, ließ er sich bei Bewerbungen helfen. Meistens schaute er dann auch kurz bei mir rein. Es schien ihm leichtzufallen. Da er nicht mehr von der Scham über seine vorherigen »Dummheiten« belastet war, konnte er mir erhobenen Hauptes gegenübertreten. Er konnte sich still im Spiegel anschauen. Es hatte lange gedauert, bis er dazu fähig war.

»Weißt du, ich weiß jetzt, warum ich so lang da draußen war«, sagte er bei einer dieser Besuche in Bezug auf seine Zeit als Gangster und Drogendealer. »Is' mir total klar. Ich war so scheißwütend.«

Und wie sollte er auch nicht wütend sein? Beide Eltern waren heroinsüchtig, und er war ganz auf sich selbst angewiesen – was kein Kind jemals sein sollte.

»Ich hab das jetzt hinter mir gelassen«, sagte er. »Die Wut, mein' ich.«

An einem Mittwoch fragte ich ihn: »Und? Alles bereit für die Taufe deiner Tochter am Samstag?«

»Ja klar«, antwortete er. »Gestern hab ich das Kleid gekauft. Sie wird so süß aussehen.«

Am nächsten Morgen wurde er auf dem Weg zu einem Bewerbungsgespräch für einen besseren Job auf der Straße erschossen. Jemand fuhr vorbei, sah ihn, und vielleicht hat ihn in diesem Moment seine Vergangenheit doch eingeholt. Ich beerdigte ihn eine Woche später und taufte seine Tochter in derselben Messe. Wasser, Öl und Flamme.

So ende ich mit der Stelle aus dem Evangelium, die ich für diese Messe ausgesucht habe. Jesus sagt: *»Ihr seid das Licht der Welt.«* Mir gefällt vor allem, was Jesus nicht sagt. Er sagt nicht: »Irgendwann, wenn du dir richtig Mühe gibst und vollkommener geworden bist, dann wirst du Licht sein.« Er sagt nicht: »Wenn du dich an die Regeln hältst, wenn du ordentlich jedes t mit einem Querbalken versiehst und keinen i-Punkt vergisst, dann wirst du vielleicht Licht werden.« Nein, er sagt schlicht und einfach: *»Ihr seid Licht.«* Das ist die Wahrheit dessen, was wir sind, und sie wartet darauf, von uns erkannt zu werden. Also um Gottes Willen, einfach stillhalten. Es gibt keinen Grund, sich zu verrenken, etwas sein zu wollen, was man nicht ist.

Jason war gut so, wie er war. Er hat viele Fehler gemacht, er war nicht perfekt, und seine Wut hat ihn eine Menge Lebenszeit gekostet. Und er war das Licht der Welt. Die Beschreibung passte auf ihn.

5

Langsames Wirken

David hatte beschlossen, sich zu ändern. Sechzehn Jahre alt, zum ersten Mal seit Langem wieder in der Schule, und mit einem Teilzeitjob bei uns, fühlte sich David endlich wieder – oder vielleicht zum ersten Mal – wohl in seiner Haut. Er genoss es, zu entdecken, was alles in ihm steckte.

Eines Tages landet er in meinem Büro und möchte offensichtlich seine Fähigkeiten zum Smalltalk ausprobieren.

»Weißt du, G, ich hab da jemand getroffen, der mal bei dir im Vortrag war.«

Ich halte viele Vorträge, und David ist schon öfter dabei gewesen.

»Ach ja?«, antworte ich. »Das ist ja nett.«

»Also«, sagt er, »er fand deinen Vortrag ziemlich … monoton.«

»Oh je.« Ich bin bestürzt. »Hat er das wirklich gesagt?«

»Ähm, na ja, eigentlich nicht«, meint David. »Ich übe nur Fremdwörter.«

Ich schlage ihm vor, bei jemand anderem zu üben.

In den Zwölf-Schritte-Programmen heißt es oft: »Es dauert eben so lange, wie es dauert.« Das trifft auf jegliche Veränderung zu. Plötzlich geht einem ein Licht auf, und es wird hell. Wer kann schon erklären, wie und wann das geschieht? Und jeder muss es selbst herausfinden. David hatte sich einfach entschieden.

In der zentralen Jugendstrafanstalt von Los Angeles fällt mir nach der Messe der siebzehnjährige Omar auf. Ich kenne ihn schon ein paar Jahre, bin ihm allerdings noch nie »draußen« begegnet, nur in verschiedenen Hafteinrichtungen. Offenbar wurde er immer kurz nach der Entlassung erneut in kriminelle Aktivitäten der Gang verwickelt und eingebuchtet.

Als Omar nun zurück in seine Abteilung geführt wird, gestikuliert er wild in meine Richtung. »Komm zu mir.« Von seinen Lippen lese ich die Abteilung ab: KL.

Ich finde ihn im Aufenthaltsraum. Er kennt sich aus. Schnell schnappt er sich zwei der mit Graffiti verzierten Plastikstühle und stellt sie ans Fenster, außer Hörweite der anderen. Er erzählt mir, er komme Donnerstag raus, aber ich kann mir den Gedanken nicht verkneifen, dass ich ihn sicher schon bald in irgendeiner Einrichtung wiedersehen werde. Nach einer halben Stunde schaue ich auf die Wanduhr und sage: »Ich muss los, Dog.«

»Wohin so eilig, G?«, fragt er.

Ich stehe auf. »Zu einer Gedenkmesse für einen Homie, den ich vor einem Jahr beerdigt habe. Bin schon spät dran.«

Omar bleibt sitzen und ist ungewöhnlich nachdenklich. »Hey G«, sagt er, »kann ich dich noch was fragen?«

»Klar, *mijo,* was du willst.«

»Wie viele Homies hast du schon begraben …, wenn man nur die aus den Gangs nimmt?«

»Fünfundsiebzig, mein Sohn.« (Das war damals. Wenn er mich heute fragen würde, wären es mehr als doppelt so viele.)

»Oh Mann, G, fünfundsiebzig?« Er schüttelt ungläubig den Kopf und sagt dann mit kaum vernehmbarer Stimme: »Verdammt, Mann …, wann hört das mal auf?«

Ich reiche Omar zum Abschied die Hand. Als er einschlägt, ziehe ich ihn auf die Füße, fasse seine Hand mit beiden Händen und sehe ihm in die Augen. »*Mijo,* es hört in der Minute auf, in der du dich entscheidest, aufzuhören.«

Überraschenderweise werden seine Augen feucht. Jetzt greift er nach meinen Händen. »Okay«, sagt er, »dann tu ich das.«

»Omar«, sage ich, »es war schon immer so einfach. «

»Wie viel muss dir widerfahren, bevor dir etwas aufgeht?«, schreibt Robert Frost.

Veränderung ist immer möglich. Wir müssen uns bloß dafür entscheiden.

Es ist kurz vor Beginn der Messe in Camp Munz, und ich habe vielen Homies zur Begrüßung die Hand geschüttelt. Alle tragen die uniformierte Tarnkleidung, lächeln und geben sich höflich.

Bei einem der Jungen sind Gesicht und Arme fast vollständig mit Tätowierungen bedeckt, was in dieser jungen Altersgruppe nicht ungewöhnlich ist. Ich nehme ihn beiseite und erfahre, dass er Grumpy heißt. Er nennt nur seinen Gangnamen und wirkt härter als viele andere.

»Hier«, sage ich und fische eine Visitenkarte aus der Tasche. »Ruf mich an, wenn du rauskommst. Bei uns kannst du die Tätowierungen kostenlos wegmachen lassen.«

Normalerweise kriege ich darauf immer mehr oder weniger dieselbe Reaktion. Die Jungen schnappen sich die Karte, starren sie an und sagen so etwas wie: »Echt? Wow …, ohne bezahlen …, *firme.*«

Aber bei Grumpy ist es anders. Er nimmt meine Karte nicht, schaut mich nur an, als wäre ich, wie die Homies sagen würden, »total neben der Spur«, und sagt mit voller Lautstärke: »Ja klar, hab die nur machen lassen, um sie gleich wieder loszuwerden.« Überheblich und streitlustig. Kommt eher selten vor.

Angesichts der ungewohnten Situation gebe ich mich ganz gelassen und sage mit übertrieben ruhiger Stimme: »Nun, ich kenne dich nicht – aber ich weiß, warum du sie hast machen lassen.«

»Ach ja?«, sagt er immer noch ziemlich laut. »Warum denn?«

»Tja, ganz einfach«, sage ich ebenso leise, wie er vorher laut war. »Eines Tages, als du nicht aufgepasst hast, ist dein Kopf … in deinem Arsch verschwunden. Ganz recht, Dog, dein *cabeza* ist im Arsch.« Ich drücke ihm die Karte in die Hand. »Ruf mich an, sobald du ihn wiedergefunden hast.«

Okay, ich bin nicht stolz darauf, aber wenn jemand mir blöd kommt, neige ich dazu, ihm ebenso blöd zu kommen. Ich arbeite dran.

Etwa fünf Monate später schenkt mir jemand einen Schwung Tickets für ein Spiel der Lakers, genug für einen Gemeindebus mit *pandilla mugrosa* (eine Gruppe von kleinen Unruhestiftern aus Pico Gardens, die offenbar alle eine Allergie gegen Badewannen und Duschen haben). Damals spielten die Lakers noch im Forum, und wir waren mit Tickets gesegnet, die nicht im Nasenbluten-Block lagen, sondern im Hirnblutungs-Block. Die Kinderhorde rennt voraus, aber ich lasse mir Zeit, um die Treppen zu erklimmen. Plötzlich stehen von etwa fünfzehn Plätzen am Gang Jugendliche aus Camp Munz auf, um mich zu begrüßen. »Hey, G«, sagt einer, »wir sind's, aus Camp Munz.«

Jetzt erst bemerke ich sie, ein Spalier in Tarnklamotten. Sie haben offenbar auch Freikarten gekriegt. Ich begrüße jeden Einzelnen mit Handschlag. Selbst die Rufe »Hey, hinsetzen da vorne!« bringen uns nicht aus der Ruhe. Wir nehmen uns Zeit, voller Freude über die unerwartete Begegnung.

Als Drittletzten sehe ich Grumpy. Wir schauen uns kurz an, und ich halte ihm die Hand hin. Er ergreift sie nicht. *Nicht gut,* denke ich. Doch einen Herzschlag später schlingt Grumpy völlig unerwartet die Arme um mich und drückt mich kräftig. Er beugt den Kopf und flüstert: »Am Dienstag komm ich raus … Ich ruf Mittwoch an …, will die Tattoos loswerden.«

Teilhard de Chardin schrieb, wir müssten auf *»das langsame Wirken Gottes«* vertrauen. Gott wartet. Warum sollten wir es dann nicht auch tun? Es dauert eben so lange, wie es dauert. Warten wir es ab.

In den ersten Jahren fiel es mir schwer, geduldig zu sein. Ich fuhr oft mit dem Fahrrad durch die Siedlungen, um Homies mehr oder weniger geschickt zu überreden, Arbeitsangebote zu nutzen, die sich aufgetan hatten. Leo war so ein Fall. Immer wieder arrangierte ich etwas für ihn.

»Dog, ich hab ein Bewerbungsgespräch für dich«, sagte ich dem Neunzehnjährigen, der den größten Teil des Tages damit verbrachte, mit anderen Homies abzuhängen. Leo war klein und kräftig und hatte ein so angenehmes Wesen, dass man gar nicht anders konnte, als ihm helfen zu wollen.

Er reagierte immer begeistert. »Yeah, *firme*«, sagte er. Doch wenn es so weit war, wartete ich vergeblich am vereinbarten Treffpunkt. Ich wartete, und er kam nicht. So ging es mehr als ein halbes Dutzend Mal.

Eines späten Abends stehe ich mit ein paar Homies in einem dunklen Torbogen der Siedlung. Ich sehe, wie Leo auf einem nahe gelegenen Parkplatz zu einem Auto läuft und einen Deal macht. Er zählt das Geld und kommt zu uns. Als er aufschaut und mich erkennt, wird ihm mit Entsetzen klar, dass ich gerade alles mitbekommen habe. *Cara de cachado* – auf frischer Tat ertappt.

»*Spensa,* G«, sagt er unsicher, »*la neta,* ich hab dich nicht gesehen, ’tschuldigung.«

»Du brauchst dich nicht zu entschuldigen, *mijo*«, antworte ich. »Ich hab heute Abend was von dir gelernt.«

»Echt?« Leo ist verwirrt, aber offensichtlich interessiert.

»Ja. Ich weiß jetzt, auch wenn ich mir noch sosehr wünsche, dass du dir ein Leben aufbaust, ist es noch lange nicht dein Wunsch. Ich kann dir zwar helfen, ein Leben aufzubauen – aber ich kann nichts tun, damit du es willst. Also ruf mich an, wenn es so weit ist.«

Ich ziehe ziemlich entmutigt von dannen und denke über einen Berufswechsel nach – vielleicht sollte ich Schülerlotse werden.

Ein paar Monate später ruft mich Leo an. »Es ist so weit«, sagt er.

Ich weiß genau, was er meint. »Und, was hat dir ein Licht aufgehen lassen?«

»Tja …, heute … seh ich doch Jerry Springer in der Glotze.«

Wer hätte gedacht, dass Leute, die Stühle durch die Gegend werfen, das Leben verändern können?

»Also da gab's so 'ne Werbung, von 'nem Institut, wo man Kurse machen kann, wo man was lernt, und ich denk, ich ruf mal G an, mal schau'n, ob ich so was wie 'n Beruf kriegen kann.«

Leo hatte einen unglaublichen Draht zu Tieren. Er war der heilige Franziskus der Siedlungen. Man durfte dort keine Haustiere halten, aber die Leute hatten natürlich trotzdem welche. Sie brachten ihre kranken Viecher zu Leo, und er heilte sie irgendwie. Sie »ließen ihre Krücken fallen« und waren wieder bester Dinge.

Kurz zuvor hatte ich bei einem Vortrag einen Tierarzt kennengelernt, den ich jetzt anrief. Er stellte Leo sofort ein – zuerst zum Putzen, doch schon bald auch zur Pflege der Tiere. Heute ist Leo in der Leitung eines Tierschutzheims. Es dauerte also gar nicht lange, bis Leo »so was wie 'n Beruf« hatte. Es war das Warten wert gewesen.

Manchmal muss man durch die Tür der Gangmitglieder gehen, um ihnen eine ganz neue Tür zu zeigen. Man greift sich etwas, das für sie wertvoll ist, und formt daraus etwas Neues, eine neue Form der Würde. Man versucht, ihre Werte zu erkennen und sie dann in eine neue Lebensweise einzubinden, die nicht mehr auf Gewalt und auf Konfrontation mit Feinden beruht.

Totengedenktage werden in den Barrios sehr wichtig genommen und mit großer Sorgfalt begangen. Zumindest noch vor zwanzig Jahren in meiner ersten Zeit in der Gemeinde, als es die ersten Toten in den Gangs gab. Inzwischen haben die Morde so zugenommen, dass oft nur noch die Familien und engen Freunde der Toten gedenken.

Ein Homie namens Psycho ist vor einem Monat beerdigt worden, und fünfzehn seiner Homies wollen unbedingt zum Friedhof fahren, um seiner zu gedenken. Ich stopfe sie alle in den Gemeindebus, und wir finden auch den noch relativ frischen Erdhügel, um den wir uns einen Monat zuvor versammelt hatten. Die Familie hatte noch nicht die Mittel für einen *piedra* mit seinem Namen, aber die Homies wissen, wo er in Frieden ruht. Für viele Homies ist das der eigentliche Nachname ihrer Toten: »Psycho Ruhe-in-Frieden.«

»Wir waren gestern bei der Mutter von Trigger Ruhe-in-Frieden«, sagen sie. Und junge Frauen melden sich oft am Telefon mit »Hier ist Blanca. Die Mutter vom Baby von Sniper Ruhe-in-Frieden.«

Wir stellen uns im Kreis um das Grab und schweigen. Die Homies haben die Hände in den Taschen vergraben und starren auf den Boden, auf die Ruhestätte. Ich schaue weg, als sie ein paar Blumen von anderen Gräbern klauen und auf den Hügel vor uns legen. Sie rauchen, und einige zünden eine *frajo* für Psycho an, die sie auf der Erde verglühen lassen.

Carlos, ein magerer, unglaublich langer Siebzehnjähriger, fängt an zu weinen. Wir sind eigentlich fertig mit allem, was wir hier wollten, doch Carlos heult immer lauter und heftiger. Ich spüre, dass es den anderen unangenehm ist. Sie treten von einem Fuß auf den anderen, und keiner schaut Carlos an. Ich habe nicht den Eindruck, dass sie sein Verhalten verurteilen, sondern dass es sie eher mit einer Tür konfrontiert, die sie lieber nicht öffnen wollen. Also lege ich meinen Arm um Carlos und führe ihn ein wenig weg von den anderen. Ganz in seinem Kummer gefangen, heult er nach wie vor wie ein Schlosshund. Ich stehe neben ihm, den Arm leicht um seine Schultern gelegt. Wie sich herausstellt, steckt mehr als nur

Trauer dahinter. Zwischen Schluchzern und Heulanfällen erzählt Carlos mir nach und nach, dass Psycho am Tag vor seiner Ermordung mit ihm zusammen war.

Sie beide waren gemeinsam durch die Straßen geschlendert. Psycho hatte Carlos von einer Vorahnung erzählt. Er wusste, dass er bald sterben würde. »Aber ich weiß, wenn mir was passiert«, hatte er zu Carlos gesagt, »dann kümmerst du dich um alles.«

Carlos hatte das dreißig Tage mit sich herumgetragen und niemandem davon erzählt. »Sich um alles kümmern« heißt unter Gangs: Den töten, der mich getötet hat. Rache nehmen – schnell, eindeutig und direkt.

Carlos war noch ein pickliger Teenager, als er vor ein paar Jahren zu dieser Gang gestoßen war, nachdem er herausgekriegt hatte, dass der Mann, den er für seinen Vater gehalten hatte, eigentlich sein Stiefvater war. Das hatte sein Weltbild so erschüttert, dass er abgestürzt war. Alles, was in ihm weich gewesen war, hatte sich verhärtet, und er hatte damit angefangen, zu viel zu trinken und mit der Gang abzuhängen. Doch die Last der Rache für diesen Mord wollte er nicht auf sich nehmen.

»Und du hast dich um alles gekümmert«, sage ich leise im verzweifelten Bemühen, für ihn eine andere Tür zu finden. »Wer hat denn all die Autowäschen organisiert, um die Beerdigung zu bezahlen? Du! Und wer war da, um Psychos Mutter und Schwester beizustehen? Du! Du hast sie getröstet und warst immer für sie da. Und wer hat mir geholfen, die Homies zu beruhigen, damit sie nichts Dummes tun, was ihnen hinterher leidtun könnte? Du, Dog, immer nur du.«

Ich rücke noch ein wenig näher, um mein Plädoyer zu beschließen: »Echt, mein Sohn, ich glaube, du bist der zuverlässigste *vato,* den ich kenne. *Neta,* wirklich wahr. Du hast dich um alles gekümmert.«

Homies verlieren sich oft in einem Sumpf der *desesperación,* sowohl in der großen Bodenlosigkeit ihrer Existenz als auch im gewöhnlichen Morast der Trägheit. Joey ist einer von denen, die feststecken. Trotz seiner einundzwanzig Jahre scheint er auf ewig ein pausbäckiger Teenager bleiben zu wollen. Er ist ein Meister in der Kunst des Abhängens. Selbst seine sporadischen Streifzüge in die Drogenszene macht er halbherzig. Er verkauft gerade genug Crack, um sich bei McDonalds mit Essen zu versorgen, und widmet sich dann wieder eifrig dem Nichtstun. Es stimmt, was in dem Buch »Freakonomics« steht: Die wenigsten Homies werden durch Drogenhandel reich. Hier kauft sich niemand eine Villa in La Puente. Und ganz bestimmt nicht Joey. Ich versuche immer wieder, Joey aufzurütteln, doch er zieht es vor, seine Tage damit zu verbringen, lange auszuschlafen, bisschen rumzudealen, mit den Homies abzuhängen, bei seiner *jaina* aufzuschlagen und das Schimpfen seiner Großmutter zu ertragen. Alle Hinweise auf andere Möglichkeiten werden freundlich abgetan. Sein aufgeweckter älterer Bruder Memo fasste Joeys Entwicklungsstand einmal folgendermaßen zusammen: »Der lebt, als wär er grad mal so alt wie seine Schuhgröße: Acht.«

Eines Morgens taucht Joey bei mir im Büro auf. Sein Lächeln wirkt tiefer und sicherer als sonst. »Hey, G, kannst stolz auf mich sein«, sagt er, während er es sich bequem macht.

»Okay, ich sitze schon – leg los!«

»Vor dir sitzt … ein *vato* mit Arbeit!«

»*Serio,* Dog? *Felicidades!* Und wo arbeitest du?«

Joey schaut sich um, um sicher zu sein, dass niemand in der Nähe ist. »Das isses ja, Dog«, sagt er mit gesenkter Stimme. Er rückt näher an mich heran. »Versprich mir, keinem Homie was zu sagen.«

Ich verspreche es.

»Also, ich bin bei Chuck E. Cheese«, verrät er mir.

»Super, mein Sohn«, versichere ich ihm und spüre, wie meine Nase vom Lügen länger wird. »Was machst du denn da?«

»Das isses ja, sag bloß nie nichts den Homies.«

Ich nicke.

»Ich bin die Ratte.« Die Ratte ist das Maskottchen von Chuck E. Cheese.

»Wow … ich mein', super!« Ich versuche, ihn zu überzeugen … und mich.

»Nein, überhaupt nich' super. Total scheiße. Es ist saaauuuuheiß im Kostüm und kratzig, und die Kinder neeeerven und hauen auf einem rum und schmieren Kaugummi ins Fell.«

»*Pero, mijito,* ich bin stolz auf dich«, sage ich. »Was hat dich plötzlich so aktiv werden lassen, dass du dich um einen Job gekümmert hast?«

Joey wird wieder ernst, und sein Blick wird klar. Offenbar weiß er ganz genau, was ihn zu dieser Entscheidung und zu dem Rattenkostüm geführt hat. »In zwei Monaten krieg ich einen Sohn. Wenn er auf die Welt kommt, soll ihn ein Vater mit Arbeit begrüßen.«

Das motiviert.

Bugsy schien mir immer der perfekte Spitzname für Jaime zu sein. Er nervte wie ein lästiges Insekt. Man konnte sich auf seine Entlassungsvisite bei uns verlassen. Es gab immer etwas, was er brauchte, wenn er aus dem Gefängnis in der Bauchet Street kam. Bugsy war sehr klein, aber rauflustig und zäh. Obwohl er erst Anfang zwanzig war, hatte er durch all den Horror, den er durchlebt hatte, bereits die Augen eines alten Mannes.

Bugsy sitzt also mal wieder bei mir im Büro. Da wir diese Szene schon so oft durchgespielt haben, kommt er direkt zur Sache. »Sieh mal, die Schuhe, G. Voller Löcher … Tu mir den *paro,* yeah? Kauf mir neue!«

Allein schon, weil er das immer wieder macht, sollte Bugsy diesmal etwas dafür tun, finde ich.

»Okay, ich kauf dir neue Schuhe – aber nur, wenn du mir eine Frage richtig beantworten kannst.«

Bugsy ist ganz Ohr.

»Bevor ich meine Frage stelle, muss ich dir erst was erzählen.«

Bugsys intensive Aufmerksamkeit ist bezaubernd.

»Eines Tages klingelt im Büro das Telefon, und einer unserer Mitarbeiter, ein sechszehnjähriger Homie namens Manuel, hebt ab. ›Homeboy Industries, was kann ich für Sie tun?‹ Es ist ein R-Gespräch, und weil wir R-Gespräche immer annehmen, tut Manuel das. Der Anruf kommt aus dem Knast, von einem Zwanzigjährigen, dessen Barrio mit Manuels Gang verfeindet ist, was aber beide zu dem Zeitpunkt noch nicht wissen. ›Was kann ich für Sie tun?‹, fragt Manuel also. Doch der Knacki fährt ihn nur an: ›Wer ist da?‹ Manuel könnte jetzt ›Lucky‹ sagen, seinen Gangnamen, aber er denkt sich, lieber nicht, und antwortet: ›Manuel.‹ Der Zwanzigjährige wird daraufhin noch grantiger. ›Wo biste her?‹ (Reine Provokation, die darauf aus ist, seine Gang rauszukriegen.) Manuel sagt: ›Warte kurz‹, und bittet Norma, meine Assistentin, das Gespräch zu übernehmen.«

Bugsy sitzt mit gespitzten Ohren auf der vordersten Stuhlkante. Ich fürchte, gleich kippt er nach vorne.

»Okay, das war's«, sage ich. »Und jetzt die Frage: Welcher von den zwei *vatos* hat sich wie ein richtiger Mann verhalten? Der Sechzehnjährige oder der Zwanzigjährige?«

Bugsy lehnt sich zurück, jetzt weiß er, dass er neue Schuhe kriegt. »Mann, G«, sagt er mit einem schwachen Lachen. »Das ist doch leicht.«

»Okay«, sage ich, »also wer?«

»Der Sechzehnjährige, ist doch klar.«

»Warum der und nicht der ältere *vato?*«

»Na, weil der Sechzehnjährige nicht auf diesen Kinderkram eingestiegen ist, auf die Gangstertour.«

»Sehr gut, Dog«, antworte ich. »Jetzt hab ich eine gute und eine schlechte Nachricht für dich. Die gute Nachricht zuerst: Du kriegst neue Schuhe. Nun die schlechte: Du kennst diesen zwanzigjährigen *vato* … Das warst du, *cabrón,* als du vor zwei Monaten hier angerufen hast!«

Bugsy zuckt leicht zusammen und verzieht das Gesicht. »Yeah, hab schon gedacht, dass es darauf rausläuft.«

Die Entscheidung, sich zu verändern, kann nicht »ein für allemal« getroffen werden. Jeder Tag ist eine neue Herausforderung. Man muss ständig die Richtung anpassen. Es ist schwer, die alten Verhaltensweisen abzuschütteln, für jeden von uns.

»Schießerei in Aliso.« Solche Anrufe sind unerträglich für mich. Dieser kommt mitten am Tag, während ich im Büro sitze und draußen eine lange Schlange von Homies wartet, die mich sprechen wollen.

Ich entschuldige mich und renne zum Wagen. Zwei Gangmitglieder sind in feindliches Territorium eingedrungen und haben die *placas,* die Ganggraffiti, übersprüht. Dabei wurden sie von einer Gruppe *enemigos* entdeckt, die sich brüllend auf sie stürzten. Einer der beiden Sprayer zog eine Waffe und ballerte wild um sich, um die Verfolger aufzuhalten. Niemand wurde getroffen, aber eine Kugel durchschlug ein Fenster unserer Alternativen Schule auf der Mission Road, wo eine Mutter gerade zum Gespräch war und von einer Glasscherbe im Gesicht verletzt wurde. Man hat sie ins Krankenhaus gebracht.

Keine Ahnung, warum ich immer sofort hinfahre, wenn ich diese Anrufe kriege. Wahrscheinlich fühle ich mich einfach verpflichtet. Ich weiß auch nicht genau, was die Leute dort von mir erwarten. Ich bin dann einfach an ihrer Seite, während sie wieder zu Atem kommen und ihr Puls sich beruhigt.

Als ich ziemlich schnell durch die First Street fahre, sehe ich Johnny und Bear ohne T-Shirts auf der falschen Seite der Straße, im Feindesland. Sie rennen, so schnell sie können, um auf die richtige Seite der Straße zu kommen. Mir ist sofort klar, dass sie die beiden marodierenden Sprayer sind. Meine Vermutung bestätigt sich, als sie mich sehen und ich von ihren Lippen deutlich ein »Oh shit!« ablese. Sie stoppen jäh und flitzen in eine kleine Seitenstraße. Das macht mich total wütend. Mit quietschenden Reifen biege ich ab und rase hinterher, als hätte ich ein rotes Blinklicht auf dem Dach. Ich verwandele mich in Starsky und Hutch gleichzeitig, streife knapp an Mülltonnen und herumliegenden Autoteilen vorbei und bekomme gerade noch mit, wie die beiden Halbnackten hinter der nächsten Ecke links abbiegen.

Ich rase ihnen nach. Keine Ahnung, warum. Die Tatsache, dass sie vor mir wegrennen, ärgert mich noch viel mehr als die verdammte Schießerei mitten am Tag. Das haben sie noch nie getan, und es macht mich stinksauer. Hinter der nächsten Ecke sehe ich nichts mehr von ihnen. Ich kurve noch ein Weilchen durch die Gegend, dann gebe ich auf und fahre dorthin, wo die Schüsse gefallen sind.

Ich beruhige die wütenden Homies, deren Barrio gedisst wurde, und schaue danach in der Schule vorbei, um mich zu vergewissern, dass dort alles in Ordnung ist. Ich erkundige mich auch nach der Frau, die die Glasscherbe ins Gesicht gekriegt hat.

Dann mache ich mich auf zu Johnny und Bear. Ich kann mir schon denken, wo ich sie finde. Ich stelle rechtzeitig den Wagen ab, gehe das letzte Stück zu Fuß und biege vorsichtig um die Ecke. Und richtig, da sitzen sie auf den Stufen vor dem Haus von Bears Freundin. Als sie mich sehen, springen sie auf, aber ich hebe die Hand: »Nichts da, ihr bleibt, wo ihr seid.« Ich winke sie zu mir an die Gartenpforte. Ihre Oberkörper sind immer noch nackt und schweißbedeckt von der plötzlichen Flucht.

»Wagt es bloß nicht noch einmal …, vor mir … wegzulaufen.« Ich zwinge mich, ganz ruhig zu sprechen, obwohl ich innerlich tobe wie ein Vater, der gerade seinen Vierjährigen vor einem herannahenden Auto gerettet hat. Zunächst spürt man noch keine Dankbarkeit, dass nichts Schlimmes passiert ist – man ist nur wütend angesichts all dessen, was hätte geschehen können.

Im Laufe der Zeit spürte ich immer stärker diesen ganz archaischen Druck, schützen zu müssen und gleichzeitig eine Höllenangst auszustehen. Prätraumatischer Stress, wenn man so will. Selbst heute noch bin ich einen Großteil des Tages damit beschäftigt, mich zu wappnen, denn es ist einfach furchtbar, mitzuerleben, wie die Kinder, die man liebt, bewusst oder unbewusst auf ihren Untergang zusteuern.

Johnny und Bear bereuen an diesem Tag erwartungsgemäß mehr, vor mir weggelaufen zu sein, als sich in Feindesgebiet geschlichen zu haben. Mittlerweile habe ich mir zusammengereimt, dass Johnny der einsame Schütze gewesen sein muss. Ich weiß genau, was bei diesem Gespräch herauskommen soll. »Übrigens, Johnny, ich dachte, es interessiert dich vielleicht, dass bei deiner Schießerei niemand ernsthaft verletzt wurde.«

Er widerspricht nicht, sondern hört mir weiter sehr aufmerksam zu.

»Eine Frau saß gerade im Schulbüro, als eine deiner Kugeln die Scheibe durchschlagen hat. Eine Scherbe hat sie im Gesicht getroffen, und sie musste ins Krankenhaus. Sie wird schon wieder. Dachte nur, es interessiert dich vielleicht.«

Ich drehe mich um und gehe ohne ein weiteres Wort. Nach ein paar Schritten komme ich noch mal zurück. »Ach, eins hätte ich fast vergessen zu sagen, Johnny. Die Frau, die verletzt worden ist – tja, das war deine Mutter. Deine Mutter. Sie wird schon wieder. Dachte nur, es interessiert dich vielleicht.«

Johnny wird kreidebleich und starrt mich entsetzt an. Es scheint nur so, als ob Johnny und Bear das alles für ein Spiel halten: sich in Gefahr zu bringen, einfach so rumzuballern, ohne einen Gedanken an die Leben, die sie dabei riskieren. Von außen kann man leicht zu diesem Schluss kommen. Doch letztlich sind sie verzweifelte Leidensgenossen, deren Unfähigkeit, ihr eigenes Leben zu bewältigen, sich dadurch zeigt, dass sie alle Vernunft und sicher auch alle Hoffnung fahren lassen.

Keine Kraft der Welt kann jemanden besser vom gewohnten Kurs abbringen als die Liebe. Wie Ruskin schon feststellte, bringt eher warmer Sonnenschein als kalter Wind jemanden dazu, den Mantel abzulegen. Was uns in der Welt begegnet, hängt davon ab, ob wir ihr mit liebevollem Herzen entgegentreten. Häufig – zu oft – setzen wir unser Vertrauen in die Rechtmäßigkeit des Windes, auch wenn dieser nur äußerst selten transformierende Kräfte entwickelt. Im Folsom-Gefängnis, wo ich eine Zeit lang als Kaplan diente, sagten Wärter und Insassen genau dasselbe über den jeweils anderen: »Ich will nicht, dass sie mir meine Freundlichkeit als Schwäche auslegen.«

Doch früher oder später entdecken wir, dass Freundlichkeit die einzige Stärke ist, die wir haben.

Ich erinnere mich daran, wie ein Junge in einer Messe in einem Camp aus dem Ersten Korintherbrief las. Wenn man bei so vielen Hochzeiten war wie ich, schaltet man bei den Worten leicht auf Durchzug. »Liebe ist dies und Liebe ist das. Blablabla.« Die Gedanken schweifen ab: *Wie haben eigentlich die Dodgers gestern Abend gespielt? Ich muss noch die Wäsche aus der Maschine nehmen …*

Doch dieser Junge las die Worte, als wären sie wirklich wichtig, und »weckte meinen tauben Arsch«, wie die Homies sagen würden. Er sah alle Anwesenden an und erklärte mit erstaunlicher Festigkeit: *»Die Liebe … hört … niemals … auf.«*

Dann setzte er sich. Und ich glaubte ihm.

Jeden Tag trifft man aufs Neue die Entscheidung, daran zu glauben und so zu leben, *»als wäre die Wahrheit wahr«*.

In der ersten Zeit meiner Arbeit mit den Gangs war ich zugegebenermaßen völlig von der Rolle. Ich fuhr nachts mit dem Fahrrad durch die Siedlungen und versuchte, die Brände zu löschen (»Nimm die Uzi runter!«, »Bist du sicher, dass du den Typ abknallen willst?«). Der Versuch, auf diese Weise »Leben zu retten«, ähnelt dem Auftritt eines Artisten, der Teller auf langen Stangen balanciert und vom einen zum anderen flitzt, damit sie nicht auf den Boden knallen. Ich flitzte ebenso herum, um sofort einzugreifen, wenn jemand schwankte. Wer stand kurz davor, in tausend Stücke zu zerspringen? Und jedes Mal gab ich mein Bestes, um ihn daran zu hindern, sich selbst zu zerstören. Es machte mich verrückt. In dem manischen Versuch, Leute zu »retten«, brannte ich völlig aus.

Deshalb nahm ich 1992 eine Auszeit. In der Stille der Meditation und der Hingabe im Gebet fand ich mein Gleichgewicht wieder und eine neue Perspektive. Trost fand ich auch in einer wahrscheinlich frei erfundenen Geschichte über Papst Johannes XXIII., der abends gebetet haben soll: *»Herr, ich habe heute alles für deine Kirche getan, was ich konnte. Aber es ist deine Kirche, und ich werde jetzt schlafen gehen.«*

Wirklich geschlafen hatte ich in all den Jahren wohl nie – Tag und Nacht stand ich zur Verfügung, nahm jeden Anruf entgegen, ständig bereit, Homies abzuhalten, sich in den Abgrund zu stürzen.

Kurz nach meiner Rückkehr geschah etwas Grundlegendes. Ein Homie namens Pedro, der heute für mich als Fallmanager arbeitet, war damals in einer ziemlich schwierigen Lage und hatte eine gehörige Portion Wut, die er mit viel Alkohol und später auch mit Crack betäubte. Pedro war einer der sanftmütigsten und freundlichsten Homies, doch er verschwand zusehends in seinem eigenen Nimmer-Nimmerland des Drogenmissbrauchs. Er schien noch nicht mal zu merken, dass er uns verlassen hatte. Ich sah ihn täglich und bot ihm täglich einen Platz im Entzug an. Und jeden Tag winkte er mit größter Liebenswürdigkeit ab. »Danke, G, aber mir geht's gut.«

Doch steter Tropfen höhlt den Stein, so war es auch bei Pedro. Schließlich fuhr ich ihn doch zu einer Entzugsklinik nördlich von

Los Angeles, wo er sich daran machte, durch lange, harte (stetige) Arbeit zu sich zurückzufinden.

Dreißig Tage nach seiner Einweisung tat sein jüngerer Bruder Jovan, der unter denselben Dämonen und derselben Sucht litt, was Homies eigentlich nie tun: Er hielt sich eine Knarre an den Kopf und beendete sein Leiden.

Wenn Homies nicht mehr weiterwissen, gehen sie normalerweise einfach dorthin, wo es Ärger gibt. Sie begeben sich einfach auf feindliches Gebiet. Schießereien mit anderen Gangs sind ihre Art von Selbstmord. Kaum ein Shooter, der »auf Mission geht« (das heißt in feindliches Territorium eindringt), tut das, um jemanden umzubringen – vielmehr hofft er, selbst dabei draufzugehen. Auch unter Jovans Homies war dieser neue direkte Weg noch nicht verbreitet, der so anders war als der langsame Tanz mit der Gefahr, der irgendwann einmal auf dasselbe hinauslief.

Ich rufe Pedro an, und er ist am Boden zerstört. Doch da er inzwischen dreißig Tage clean ist, verliert er keine Zeit damit, den Schmerz auf Abstand zu halten, sondern lässt ihn ganz tief herein. Er lässt die Trauer zu, und das ist etwas Neues. Ich verspreche ihm, ihn zur Beerdigung abzuholen, sage aber gleichzeitig, dass ich ihn direkt danach wieder zurückbringen werde.

»Klar doch, G. Ich will auch hierher zurück.«

Wieder einmal nehme ich den steilen Weg zum Gipfel, und wie immer fühle ich mich unzulänglich als Begleitung bei einem solch gigantischen Verlust.

Emily Dickinson schreibt: *»Hoffnung ist das gefiedert' Ding, das in der Seel' sich regt und Lieder ohne Worte singt aufs Neue unentwegt.«*

Ich habe gelernt, auf den Wert meiner Anwesenheit zu vertrauen – ein Lied ohne Worte zu singen. Doch jedes Mal, wenn ich Menschen beistehe, die solches Leid zu ertragen haben, fühle ich mich überwältigt von meiner Unfähigkeit, mehr beizutragen, als ehrfürchtig die Last dieses Schmerzes anzuerkennen, der größer ist als alles, was das Leben mir je zugemutet hat.

Pedro wartet schon vor dem Tor auf mich, wir begrüßen einander mit *abrazos* und einem Minimum an Worten. Meine Sorge, was ich Pedro sagen kann, löst sich rasch in Luft auf, denn er brennt darauf, mir von seinem Traum zu erzählen.

»Is' total verrückt, G. Heut Nacht hab ich geträumt. Und du warst auch dabei.« In seinem Traum sind Pedro und ich in einem großen, leeren Raum. Nur wir beide. Es gibt kein Licht, nicht einen Funken. Keine Fenster, keinen Schimmer, der durch Türritzen fallen würde. Pedro weiß, dass ich da bin, obwohl wir kein Wort reden. Plötzlich hole ich eine Taschenlampe heraus und schalte sie an. Ich richte den schmalen Lichtstrahl direkt auf den Lichtschalter an der Wand. Noch immer ohne ein Wort. Ich richte nur das Licht auf den Schalter. Pedro weiß auch ohne Worte, dass er der Einzige ist, der das Licht anschalten kann. Er dankt mir, dass ich die Taschenlampe dabei habe, und macht sich auf den Weg zum Schalter, vermutlich mit einer gewissen Beklommenheit. Er kommt dort an, atmet tief durch und schaltet das Licht an. Der ganze Raum ist hell erleuchtet.

Pedro weint und fährt dann mit einer Stimme fort, der das Erstaunen über seine Erkenntnis anzumerken ist. »Und das Licht … ist besser … als die Dunkelheit.«

Als hätte er das vorher nicht gewusst. Er weint so heftig, dass er eine ganze Weile nicht weitersprechen kann. Und dann sagt er: »Ich glaub …, mein Bruder …, der hat einfach den Lichtschalter nicht gefunden.«

Taschenlampen dabeizuhaben und bei Gelegenheit zu wissen, wohin wir sie richten können – das muss uns genügen. Zum Glück kann keiner von uns irgendjemand anderen retten. Doch wir sitzen alle irgendwann in diesem dunklen, fensterlosen Raum und hoffen auf Gnade und Taschenlampen. Heute richtest du den Lichtstrahl aus, und nächstes Mal ich.

Das langsame Wirken Gottes. Wir hoffen und warten auf das Licht – das Licht, das uns jedes Mal erstaunt.

6

Zuständigkeit

In der Regel brauchte ich nur fünf Minuten zu meinem Büro in der East First Street 1916. Vorbei an der Second Street School, wo die Eltern am Gitterzaun ihren Kindern nachschauten, die ins Schulgebäude gingen, und ihren Posten erst verließen, wenn die Kleinen sicher im Gebäude waren. Etwas näher an meinem Büro, kurz vor der Gasse, wohnte Junior. Junior, trotz seines Namens schon weit in den Vierzigern, trank den ganzen Tag Bier aus Literflaschen. Schon morgens um halb acht, noch bevor ich die Ladentür aufschloss, nuckelte er an einem Forty. Meist stand er mit bloßem Oberkörper am offenen Fenster im zweiten Stock, und das bei jedem Wetter. Er war drahtig, immer recht munter, und obwohl ich mich zwei Jahrzehnte lang erfolglos bemüht hatte, ihn zum Entzug zu überreden, schien der Alkohol seine Güte nicht getrübt zu haben – im Gegenteil, er schien sie sogar zu konservieren. Junior trug sein gutes Herz so offen zur Schau wie seinen nackten Oberkörper am offenen Fenster, von dem er die Welt überwachte.

Eines Tages gehe ich so in Gedanken vorbei, dass ich ihn gar nicht wahrnehme. Als ich schon am Haus vorbei bin, brüllt er mir mit Donnerstimme hinterher: »Ich liebe dich, G-Dog!«

Darauf bleibe ich stehen, genau wie einige andere Leute. Immer wieder verblüfft mich die Offenheit, mit der die Leute hier und die Homies einem sagen, dass sie dich lieben. In meiner irisch-katholischen Familie war das nicht üblich. Du wusstest, dass sie dich lieben, aber gesagt hat es niemand. In den Barrios hingegen sagen sie es alle.

Ich gehe ein paar Schritte zurück, bis ich unter Juniors Fenster stehe. »Danke, Junior«, sage ich und schaue hoch zu ihm. »Ist nett von dir, mir so was zu sagen.«

Junior hebt die Hand, als wollte er mir einen päpstlichen Segen erteilen. »Mann, G, is' doch klar«, sagt er und beschreibt mit der Hand kleine Kreise. »Bist doch in meiner … Zuständigkeit.«

Ich weiß nicht genau, was Junior damals gemeint haben könnte. Außer, dass wir alle erkennen sollten, dass wir uns in der »Zuständigkeit« des jeweils anderen befinden, in seiner Akzeptanz, und zwar jederzeit.

Wir haben Grenzen gezogen und Mauern errichtet, um andere auszuschließen. Doch um andere in unsere Zuständigkeit zu nehmen, müssen diese Barrieren wieder abgebaut werden. Manchmal nutzen wir hochmoralische Bewertungen, um solche Grenzen zu ziehen, und distanzieren uns, um unsere wertvolle Zuständigkeit zu schützen. Das enge Gruppendenken ist eines der Hauptprobleme der Gangs. Sie begreifen sich nicht als zuständig für die anderen. »Wir sind die Typen, die jene Typen hassen« – damit definiert sich jede Gang. Die Herausforderung besteht darin, sie dazu zu bringen, ihr begrenztes Territorium hinter sich zu lassen und es durch ein ungleich größeres zu ersetzen, so umfassend wie Gottes Sicht der Dinge.

Ende der 1980er hatten sich die meisten Gangs der Pico-Aliso-Siedlungen vom Drogenkonsum abgewandt. Sie verkauften Drogen, nahmen aber selbst keine mehr. Unter Drogen besteht die Gefahr, einen Konflikt mit befreundeten Gangs zu provozieren oder Geschäfte in den Sand zu setzen. Doch es gab Ausnahmen, insbesondere eine Gang, deren Mitglieder regelmäßig Angeldust nahmen. Sie gingen auf einen Hügel zum »Uhrenladen«, einer verlassenen *tienda* mit einer großen Uhr, die um kurz nach drei stehen geblieben war. Dort teilten sie sich den Stoff, das heißt, jeder zahlte für einen »Dip« oder auch zwei – je nachdem, wie gut sie bei Kasse waren –, und dann tunkten sie ihre Zigaretten in die kleinen Fläschchen mit der Droge, liefen zurück in ihr Barrio und berauschten sich in der sicheren Umgebung.

Eines Abends gehen auch Flaco und drei seiner *confreres* zum Uhrenladen. Aber sie können nicht abwarten und rauchen das Zeug direkt an Ort und Stelle, weshalb sie auf dem Rückweg eine Abkürzung nehmen – quer über den Freeway 101.

Als ich an jenem Abend in die Klinik komme, steht ein Arzt neben Flacos Bett und betrachtet den bewusstlosen Einundzwanzigjährigen. »Ich habe noch nie gesehen, dass jemand einen solchen Aufprall überlebt hat und sogar noch ansprechbar war.«

Das scheint eine gute Nachricht zu sein. Allerdings ist Flacos rechtes Bein zerschmettert und sein linker Arm abgerissen.

In dieser Nacht schlafe ich schlecht und bin am nächsten Morgen entsprechend mies gelaunt. Damals hatte ich mich noch nicht an die täglichen Katastrophen gewöhnt, die immer jenen zu widerfahren scheinen, deren Leben ohnehin nur an einem dünnen Faden hängt.

Als ich über den Parkplatz der Kirche in Richtung Pico Gardens gehe, sehe ich eine Gang am Kirchturm herumlungern. Das ist nicht ungewöhnlich, da die Kirche zu einem Ort geworden war, wo sie sich willkommen fühlten. Die Gang ist mit Flacos Gang verfeindet. Ich gehe an ihnen vorbei und grüße sie. Als ich gerade um die Ecke biege, höre ich, wie Gato laut sagt: »Ist doch super, der Scheiß, der Flaco gestern passiert ist!« Die Gruppe bricht in lautes Gelächter aus.

Rot vor Zorn drehe ich mich auf dem Absatz um. Eigentlich lautet eine Regel der Arbeit mit Gangs, einen Homie niemals öffentlich zu konfrontieren. Doch das ist mir in diesem Moment scheißegal. Ich baue mich direkt vor Gato auf und fauche ihn an: »*Sabes qué, mijito!* Ich liebe dich und ich tue alles für dich. Und ich liebe Falco und tue alles für ihn!« Meine Nasenspitze berührt jetzt fast seine. »Und wage es nie … nie … wieder …, in meiner Gegenwart so zu reden!« Das ist ziemlich riskant, aber ich bin zu wütend, um mir darum Gedanken zu machen.

»*Spensa,* G«, sagt er, und seine Stimme klingt jetzt zehn Jahre jünger als eben noch. Ein paar von den anderen klinken sich reumütig ein. »Tut uns leid, G … Sorry, G, war nicht so gemeint.«

Homies sind gut im Bereuen, aber schlecht darin, sich zurückzuhalten.

Ich stapfe an ihnen vorbei und setze meinen Gang zur Siedlung fort. In den zwei zurückliegenden Jahrzehnten hatte ich etwa eine Handvoll solcher Momente. Manchmal frustriert mich das scheinbar Vergebliche der Arbeit und das irrationale Denken der Homies einfach derart, dass ich die Fassung verliere. Manchmal fällt einem einfach nichts anderes ein, als die Faust zu schütteln und rot vor Zorn zu werden.

Als ich am nächsten Tag vom Parkplatz fahre, steht Gato direkt neben der Ausfahrt. Er winkt mich heran, und ich öffne das Fenster.

»Hey, G«, sagt er. »Kannst du mich mitnehmen? Zu meiner Lady?«

Ich sage, er soll einsteigen und sich anschnallen. Ich spüre, wie sehr er das gestrige Geschehen wiedergutmachen möchte, und bin beeindruckt, dass er die Initiative ergreift.

»Wo fährst du hin?«, fragt er.

»In die Klinik«, antworte ich. »Flaco besuchen.«

Gato erwidert nichts. Eisiges Schweigen. Doch seine Lady wohnt gleich um die Ecke in Pico Gardens, bis dahin kann ich das Schweigen aushalten.

Als wir ankommen, bedankt er sich mit einem Homie-Handschlag und öffnet die Tür. Als er fast schon ausgestiegen ist, setzt er sich wieder in den Wagen. »Tust du mir einen *paro,* G, bitte?«, sagt er. »Grüß Flaco von Gato, ich hoff, ihm geht's bald besser.«

»Werd ich machen«, erwidere ich mit einem Lächeln und echter Anerkennung für die Überwindung, die ihn das gekostet haben muss.

Gato schickt sich wieder an, auszusteigen, und setzt sich erneut. »Ähm, G«, sagt er, »aber … sag nix meinen Homies.«

Ich versichere ihm, dass sein Geheimnis bei mir sicher ist.

Manchmal wird man der Zuständigkeit des anderen einfach unterworfen, doch das fühlt sich besser an, als in dem zu leben, was die Buddhisten »die Illusion der Getrenntheit« nennen. In dieser Illusion verurteilen wir einander und fühlen uns unüberbrückbar fern voneinander. Der Abgrund scheint zu breit, die Mauern zu hoch, und wir vergessen, was wir füreinander sein sollten.

Doch in der Zuständigkeit für den anderen, von der uns unser Urteil oft fernhält, erwächst eine erstaunliche Gemeinschaft, und die Barrieren, die uns trennen sollen, fallen.

Der Dichter Rumi schreibt: *»Schließe beide Augen, um mit dem anderen Auge zu schauen.«* Doch es ist nicht leicht, unsere Verbundenheit jenseits der Getrenntheit zu erkennen. Es erfordert eine Menge Geschick, den Abgrund gegenseitiger Verurteilungen zu überbrücken und ihn durch Verbundenheit zu ersetzen.

Chepe und Richie müssen mal raus aus der Stadt. Sie haben nichts verbrochen, aber es ist nur eine Frage der Zeit, bis ihr mutwilliges Verhalten seinen Preis fordert. Sie sind von derselben Gang und balancieren auf dem schmalen Grat zwischen Echten-Blödsinn-Anstellen und unschuldigem Hineinschlittern. Meiner Meinung nach brauchen sie dringend einen Tapetenwechsel.

Ich soll in Bakersfield und Ridgecrest Vorträge halten, also packe ich Chepe und Richie in den Wagen und fahre los. Wir wohnen im Haus meiner Schwester Maureen in Ridgecrest. Chepe und Richie haben jeder ein eigenes Zimmer mit einem Bett nur für sich allein (zum ersten Mal in ihrem Leben). Meine Schwester hat ihnen sogar eigene Handtücher hingelegt, auf die sie »Richie« und »Chepe« hat sticken lassen.

Wir beenden unsere Reise mit einem Abendessen bei Coco's. Coco's ist ein Restaurant, das ein bisschen besser ist als Denny's und ein bisschen schlechter ist als, hm, wohl als die meisten anderen Restaurants. Die Frau am Eingang ist eine sehr eindrucksvolle Person mit einer Frisur wie eine Raketenabschussrampe. Sie beobachtet uns aus den Augenwinkeln – vor allem wohl Chepe und Richie mit ihren rasierten Schädeln, großflächigen Tätowierungen und ausgebeulten, tarnfarbenen Gangsterklamotten. Ich halte drei Finger hoch, um ihr zu zeigen, wie viele Plätze wir brauchen. Sie rührt sich nicht. Ich spiele Scharade mit ihr. Drei Leute. Tisch. Essen. Es gibt für alles eindeutige Gesten.

Ich weiß, woher ihr Unwillen kommt, und erwidere ihn. Ich verurteile sie genauso, wie sie meine Jungs verurteilt. (Einmal Abgrenzung nach allen Seiten, bitte.) Doch schließlich überwindet sie sich, schnappt sich drei Speisekarten und winkt uns, ihr zu folgen. Sie seufzt resigniert, als ob sie sich fragt, womit sie es verdient hat, dass wir heute Abend ausgerechnet ihr Lokal für unser Abendessen gewählt haben. Wir folgen dem wippenden Bienenkorb auf ihrem Kopf durch das Restaurant, und es ist offensichtlich, dass wir uns nicht mehr im Osten von Los Angeles befinden. Alle Gäste hören sofort auf zu essen, das Besteck mitten in der Luft, und eine unangenehme Stille senkt sich über den Raum. Sämtliche Blicke sind auf uns gerichtet.

Richie flüstert für alle hörbar: »Die gucken alle.«

»Ach, wo«, sage ich im Versuch, seine Bedenken zu zerstreuen. Doch er hat recht, sie gucken wirklich alle.

Wir gelangen zu unserem Tisch, ganz hinten, weit weg von den anderen Gästen, die ihr Abendessen genossen haben, bis wir kamen.

»Lass uns gehen«, flüstert Chepe, während wir es uns dort bequem machen, wo man im Coco's Leute aus den Siedlungen hinsteckt. »Wir gehören nicht hierher.«

»Was redest du nur?« Noch ein Versuch von mir, ihnen die Paranoia auszureden.

»Hier sind nur reiche, weiße Leute«, argumentiert Richie.

»Yeah«, springt Chepe ihm bei. »Leute, die ›Pils‹ trinken statt Bier und so 'n Scheiß.«

»Hey, entspannt euch. Unsere Dollars sind ebenso grün wie ihre.«

Richie entschuldigt sich in voller Lautstärke, sodass es auf jeden Fall alle mitkriegen, er müsse mal »zum Lokus«. Während er weg ist, bringt uns eine nette Kellnerin einen Haufen weiterer Speisekarten – Spezialangebote, die Sommerkarte, die Feuertopf-Angebote und die reguläre Karte. Als Richie wieder in unsere Nische rutscht, schaut er auf die laminierten Karten und fragt: »Sind das die Dinger?«

»Welche Dinger?,« frage ich.

»Na, du weißt schon, ›die Dinger‹ eben.«

»Meinst du vielleicht Speisekarten?«

»Mann, G«, sagt Richie seufzend. »Du weißt doch, ›Reichensprech‹ kann ich nich'.«

Es ist das erste Mal, dass sie in einem Restaurant sind – an einem Ort, wo man sich hinsetzt und eine Kellnerin kommt und man nicht nur auf Leuchttafeln mit Cheeseburgern deutet.

Unsere Kellnerin unterscheidet sich auf erfreuliche Weise von der kühlen, missbilligenden Haltung der meisten anderen in diesem Lokal. Sie legt die Arme um die Jungs, nennt Chepe und Richie »Sweetie« und »Honey« und schenkt ihnen nach (»ohne dass wir was gesagt haben«). Sie bringt ihnen noch ein bisschen mehr hiervon und davon und zaubert auf Nachfrage sogar Tapatío auf den Tisch. Sie ist Jesus in einer Kittelschürze.

Als wir später zum Wagen gehen, reden die Jungs über unsere Kellnerin. »Sie war *firme*.«

»Yeah, sie war so, als wenn wir wer sind.«

Manchmal haben wir die Gelegenheit, neue Zuständigkeiten zu entwickeln, beide Augen der Verurteilung zu schließen und mit dem anderen Auge hinzuschauen. Uns gegenseitig daran zu erinnern, wie annehmbar wir sind, indem wir freizügig nachschenken und so viel scharfe Soße ausgeben, wie gewünscht wird. Plötzlich befinden wir uns alle im selben Raum, und die Mauern sind verschwunden.

Was mir in den kalifornischen Gefängnissen und Jugendstrafanstalten besonders viel Kummer macht, ist die scharfe Abgrenzung zwischen den Rassen. Einer dieser Orte ist die Jugendstrafanstalt in Norwalk (SRCC), wo ich einmal im Monat gleich hintereinander zwei Messen zelebriere.

Jeweils um 18 Uhr und 19 Uhr werden die Gefangenen hereingebracht und nehmen Platz auf Klappstühlen. Es sind fast alle Latinos. Als ich dort anfing, hatte ich drei Helfer, um alles vorzubereiten und die Textstellen zu lesen: Jerome (afrikanisch-amerikanischer Abstammung), Larry (europäischer Abstammung) und Juan (lateinamerikanischer Abstammung). Ihrem Umfeld zum Trotz schafften sie es, beste Freunde zu sein.

Als ich das erste Mal dort ankam, unterwiesen sie mich genau, was ich zu tun hätte. Ich glaube, sie dachten, es sei nicht nur meine erste Messe im SRCC, sondern meine erste Messe überhaupt.

»Dann gibt es das Offertorium.« Larry erklärt es, als sei dies »meine erste Grillparty«, wie die Homies sagen würden.

»Beim Offertorium bringen wir die Gaben«, ergänzt Juan und betont jedes Wort, als sei ich kaum der Sprache mächtig.

»Die Gaben«, vollendet Jerome dann die Einweisung, »sind das Brot und der Wein.«

Ich tue so, als würde ich mir das aufmerksam merken. Ah ja …, Brot …, Wein … und was noch?

»Und dann«, fährt Jerome fort, »dann komm ich mit einer Schüssel zu Ihnen und gieße Ihnen Wasser über die Finger.« Er beugt sich näher und flüstert in vertraulichem Tonfall: »Damit können Sie Ihre Missetaten abwaschen.«

Ich erwidere, ich hätte mir meine Missetaten schon ziemlich gründlich abgeschrubbt, bevor ich hergekommen sei, aber trotzdem vielen Dank.

Einmal eröffnet der katholische Kaplan Tom Moletaire mir kurz vor der Messe, Juan würde nach der Kommunion ein Solo singen. Bis dahin hatte es bei meinen Messen dort noch nie Gesang gegeben, und ich beglückwünsche Juan kurz, bevor die Messe beginnt. Als es dann so weit ist, tritt Juan ans Mikrofon und singt a cappella.

Es ist atemberaubend schlecht. Die Geräusche, die der Kehlkopf dieses Jungen von sich gibt, erinnern eher an gequälte Kleintiere. Wir sind alle perplex. Ich werfe einen prüfenden Blick auf die Gesichter der etwa zweihundert Insassen. Die können, gelinde gesagt, manchmal ziemlich grob sein. Aber sie sitzen gespannt da. Der Gesang ist so unglaublich daneben, dass er offenbar nicht den Teil des Gehirns erreicht, der Lachen auslöst. Alle starren Juan nur entgeistert an. Als die erste Messe vorüber ist, gebe ich mich in der kurzen Pause beschäftigt und versuche, den Kontakt mit Juan zu vermeiden. Ich habe keine Ahnung, was ich zu seiner Vorstellung sagen könnte.

Doch schon bald füllen sich die Sitze wieder, und die zweite Messe beginnt. Ich gehe davon aus, dass Juan es nicht noch mal versuchen wird, doch als die Kommunion vorbei ist, steht er wieder auf und geht ans Mikrofon. Sein Selbstbewusstsein scheint von keinerlei Zweifel getrübt zu sein. Und er schafft, was ich für unmöglich gehalten hätte: Er singt noch schlechter als beim ersten Mal. Doch auch diesmal: Niemand buht, niemand kichert, es entsteht noch nicht einmal Unruhe. Offensichtlich hat die unterirdische Qualität des Gesangs alle irgendwie ins Koma versetzt. Nach der Messe komme ich nicht mehr drum herum: Ich muss Juan irgendwas sagen, das einen Test mit dem Lügendetektor bestehen könnte.

»Juan«, sage ich und lege ihm die Hand auf die Schulter, während Jerome und Larry näher treten. »Man muss schon echt mutig sein, um vor so vielen Leuten was zu lesen. Und es braucht noch viel mehr Mut, sich hinzustellen und vor allen zu singen!«

In dem Moment kommt Jerome noch näher, legt ebenfalls den Arm um Juan und sagt: »Und es braucht noch viel mehr Mut, sich hinzustellen und zu singen …, wenn man voll scheiße singt.«

Ich bin sprungbereit, um dazwischenzugehen. Doch im selben Moment brechen die drei in johlendes Gelächter aus. Sie können sich vor Lachen nicht halten, rollen über den Boden der Mehrzweckhalle, krümmen sich und klatschen sich gegenseitig auf den Rücken.

Genau deshalb sehnen wir uns nach einer liebevollen Gemeinschaft: Um ein Gegengewicht zu schaffen gegen all die Lieblosigkeit, den Rassismus und die kulturelle Entfremdung, die uns trennen.

Im Frühling 1993 verbrachte ich drei Monate meines Terziats auf einer Gefängnisinsel im Pazifik vor Mexiko. Von Mazatlán braucht man zwölf Stunden mit dem Schiff zur Islas Marias, dem mexikanischen »Alcatraz«. Während meines Aufenthalts feierten die Jesuiten ihr fünfzigjähriges Jubiläum auf der Insel. Ich wohnte allein (mein Schlafplatz war eine Matratze in der Sakristei einer kleinen Kapelle) auf einem abgeschiedenen Teil der Insel namens Camp Bugambilias, wo fast achthundert Gefangene Backsteine herstellen, Vieh halten und anderen einfachen Tätigkeiten nachgehen. Männer mit Familien dürfen in einfachen Bungalows wohnen, aber die große Mehrheit sind alleinstehende Männer, die in abbruchreifen Baracken untergebracht sind. Vormittags stellte ich mit ihnen zusammen Backsteine her, nachmittags zelebrierte ich die Messe, und abends spielte ich mit ihnen Domino. In meiner kurzen Zeit dort führten wir sogar ein Passionsspiel auf.

Ich aß auch mit den *colonos.* Das Essen war unbeschreiblich schlecht. »Eklig« wäre noch eine Untertreibung für den Fraß, den sie uns auf die Teller hauten. Ich nahm in der Zeit zwanzig Kilo ab.

Eines Morgens beim Herstellen von Backsteinen (was bedeutet: wir spielen im Matsch, gießen das Zeug in Holzformen, lassen es in der Sonne trocknen und stapeln die *tabique* dann zu hohen Mauern auf) kommt Beto, der täglich mit mir im Schlamm wühlt, auf mich zu und sagt, ich solle ihn mittags am Garten des Leutnants treffen.

Der Zusatz »Bring deinen Rucksack mit« hätte mich warnen sollen. Beto ist Mitte dreißig und *tremendo:* lustig, spitzbübisch, immer bereit, nahe an der Gefahr entlangzutanzen und alle Vernunft außer Acht zu lassen. Ich hab schon mehrmals gesehen, wie er dem Leutnant Streiche gespielt hat. Der Leutnant, ein extrem pingeliger und außerordentlich gemeiner Mann, leitet Camp Bugambilias. Bei unserem Passionsspiel hat Beto übrigens einen exzellenten Petrus abgegeben.

Wie geplant treffe ich Beto am Haus des Leutnants. Dort liegt ein prächtiger Gemüsegarten voll mit allem Essbaren, das wir alle seit Langem entbehren. Beto sagt: »Warte hier!«, und springt über den Zaun. Bevor ich rufen kann: »Was zum Teufel tust du da?«, schnappt er sich Karotten und Tomaten, Paprika und Salat. Er packt sein T-Shirt wie einen Beutel voll und springt durch die Reihen, Auberginen und Zucchini einsammelnd, und noch ein paar Zitronen, wo er schon gerade dabei ist. Ich bin in heller Panik. Ich habe noch gut im Ohr, welche Strafen hier erteilt werden. Wenn ein *colono* beispielsweise in die Berge »flieht« (von der Insel selbst zu flüchten, ist unmöglich – zu viele Haie), bekommen alle Gefangenen noch schlechteres Essen, bis der Flüchtige gefasst ist. Er wird dann wie ein gefangener Leguan mit zusammengebundenen Händen und Beinen an einem Stock hängend ins Camp zurückgetragen und verprügelt. Ich habe das nie mit angesehen, aber zahlreiche Geschichten darüber gehört. Mitbekommen habe ich nur, wie der Leutnant die *colonos* ständig anbrüllt und öffentlich demütigt.

Deshalb tanze ich panisch am Zaun auf und ab, schaue in alle Richtungen und jammere leise: »Los, los, mach schneller!«

Beto hüpft wieder auf meine Seite des Zauns. Er sieht aus, als wäre er hochschwanger, greift nach meinem Rucksack (danke schön) und füllt ihn mit dem geklauten Gemüse. »Komm!«, sagt er.

Das lasse ich mir nicht zweimal sagen. Wir rennen wie die Hasen zu einem hinter Bäumen und Büschen gut verborgenen Platz nördlich der Schlafsäle, den Beto schon vorbereitet hat. Er hat einen Topf und zündet ein Feuer an. Nun langt er nach dem zappelnden

Sack, den er die ganze Zeit dabeihatte, und zieht einen ziemlich großen, noch lebenden Leguan heraus.

Natürlich ist auch das Fangen von Leguanen streng verboten und wird mit Stockhieben bestraft. Beto tötet den Leguan, nimmt ihn aus und wirft ihn in den Topf. (Und ja, es stimmt, Leguane schmecken genau wie Hühnchen.) Mit einem Messer putzt und schnippelt er das Gemüse. Ich helfe, wo ich kann, rühre ab und zu mal um und halte mich ansonsten zurück, denn Beto weiß offensichtlich genau, was er tut. Ich bewundere die Sorgfalt, mit der er unsere *caldo de iguana* bereitet. Der köstliche Duft treibt uns Tränen in die Augen. Ich habe schon lange nichts Derartiges mehr gerochen, und Beto noch viel länger.

Der Rauch über den Baumwipfeln zieht Besucher an. Ein alter Mann taucht auf und fragt, was wir treiben. Ich bin neugierig, wie Beto mit dem Eindringling umgehen wird. Doch er sagt einfach nur: »Wir machen *caldo de iguana.* Komm, setz dich dazu.«

Die Leichtigkeit, mit der Beto den Kerl einlädt und einfach ein bisschen mehr Wasser in den Topf gießt, berührt mich. Der Mann meint, er habe da noch was im Schlafsaal, und kehrt kurze Zeit später mit etwas zurück, das in zerknittertem Zeitungspapier eingepackt ist. Ein Klumpen grobes Salz, das er für den richtigen Zeitpunkt aufbewahrt hat. Beto wirft ihn in den Topf.

Kurz darauf kommt ein weiterer *colono,* und Beto gibt noch mehr Wasser und Gemüse in die Suppe. Auch dieser Häftling holt einen wohlgehüteten Schatz aus seinem Schlafsaal. Diesmal ist es eine leicht schrumpelige Jalapeno-Schote. Sie wird gewürfelt und mitgekocht. Ein weiterer kommt, wird auch eingeladen und holt eine kleine rostige Dose Tomatenmark. Nachdem die Männer einen Weg gefunden haben, sie zu öffnen, kommt ihr Inhalt ebenfalls in den Topf.

Als das Essen endlich fertig ist, sitzen acht Leute um das Feuer. Es ist reichlich da, und es schmeckt wunderbar. Jeder hat etwas zu dem Geschmack dieses verbotenen Leguan-Eintopfes beigesteuert. Es wäre für diese Bande von Häftlingen undenkbar gewesen, irgendjemanden auszuschließen. Jeder für sich hatte nicht viel, aber zusammen konnten sie aus der Fülle schöpfen.

Die Frage, die mir mit Abstand am häufigsten gestellt wird, ist: »Wie funktioniert eine Zusammenarbeit von Feinden?«

Die Antwort lautet: Zunächst mit viel Anspannung. Ein Homie bittet um einen Job, und angenommen, ich habe gerade Platz in der Bäckerei, sage ich dann: »Aber du musst dort mit X, Y und Z zusammenarbeiten.« Das sind in der Regel Homies aus feindlichen Gangs, die dort bereits angestellt sind. Meistens denkt der Homie dann einen Moment nach und antwortet: »Okay, ich arbeite mit denen, aber ich werd nich' mit denen reden.«

Am Anfang hat mich das beunruhigt, bis ich merkte, dass es unmöglich ist, jemanden zu dämonisieren, den man gut kennt.

Zu einem Vortrag in Oakland nehme ich zwei vor Kurzem angestellte Feinde mit, Artie und Danny. Sie sollen vor dem Saal Homeboy- und Homegirl-Produkte verkaufen. Die Fahrt ist eine einzige Qual, da sie entschlossen sind, kein Wort miteinander zu wechseln. Die gesamte Gesprächsführung liegt bei mir, und nur ab und zu nicken sie mal oder brummen zustimmend.

Vor dem Vortrag stehen wir auf der Terrasse des Hotels, von der aus man die Promenade am Wasser überblicken kann. Da ich meine Gesprächsversuche aufgegeben habe, schauen wir schweigend den

Leuten zu, die dort entlangspazieren. Ein älteres Paar schlendert vorbei, sie halten sich zärtlich an den Händen. Wahrscheinlich sind sie seit fünfzig Jahren verheiratet. Danny stupst Artie mit dem Ellenbogen an und zeigt auf das Paar. »Is' ja eklig!«

»*Cómo que* ›eklig‹?«, frage ich ihn. »Das ist doch nett. Ein altes Paar.«

»Aber echt eklig«, beharrt Danny.

»Wieso denn?«, hake ich nach.

»Is' doch klar«, sagt Danny und zeigt noch mal auf die beiden, die sich langsam aus unserem Blickfeld entfernen. »Die sind doch voll auf Viagra.«

Ein echt blöder Witz, aber Artie und Danny brechen schier zusammen vor Lachen und klatschen sich ohne Ende ab.

Das macht den Weg frei, den sie dann gemeinsam gehen. Eine künstlich errichtete Wand, die sie getrennt hatte, bricht durch eine einfache, alberne Bemerkung zusammen.

Anmerkung: Zwischen Artie und Danny entwickelte sich eine gute, dauerhafte Freundschaft, die jedoch beide vor ihren jeweiligen Homies geheim halten mussten.

Thomas Merton schreibt: *»In der Liebe entdecken wir uns selbst.«* Für Artie und Danny erwies sich das als sehr wahr. Die Liebe findet immer einen Weg.

Bevor Homeboy Industries so groß wurde, brachte ich die neuen Mitarbeiter oft zu ihren Arbeitsplätzen und stellte sie ihren Kollegen vor. Zum Beispiel auch Clever. Offenbar will er sehr gerne bei Homeboy Silkscreen anfangen. Mit zweiundzwanzig Jahren ist er bereit, sich vom Gangleben zurückzuziehen, wie er mir versichert. Guten Mutes geht er mit mir durch die Maschinenhalle, schüttelt fröhlich allen die Hände, die gerade T-Shirts bedrucken oder am Ende des Trockenbands auffangen. Selbst Feinde begrüßt er und schaut ihnen in die Augen.

Bis wir hinter der nächsten Ecke auf Travieso treffen, einen Vierundzwanzigjährigen aus einer feindlichen Gang. Beide starren sofort auf ihre Füße, murmeln irgendwas und verlagern das Gewicht unruhig von einem Fuß auf den anderen. Sie geben sich nicht die Hand.

Ich denke: *Verdammt, er hat doch gerade allen möglichen Feinden entspannt die Hand geschüttelt.*

Später erfahre ich, dass der Hass, den sie gegeneinander hegen, *profundo* ist. Es ist nicht nur ein Zwist zwischen den Barrios, sondern auch eine persönliche Sache. Irgendwas ist zwischen ihnen vorgefallen und hat zu einem irreparablen Bruch geführt. Ich spüre das schon in dem Moment, als wir zusammen dort stehen, obwohl mir noch keine Details bekannt sind. Ihr Blick hängt immer noch an ihren Nike Cortez.

»Hört mal«, sage ich, »sagt mir bitte gleich, wenn ihr nicht miteinander arbeiten könnt. Ich habe einen Haufen von Homies, die nur darauf warten, hier eine Chance zu kriegen.«

Sie sagen kein Wort; damit ist die Sache erst mal erledigt.

Etwa ein halbes Jahr später wird Travieso in einer Gasse von einer Gruppe aus einer feindlichen Gang zusammengeschlagen. Selbst als er am Boden liegt, treten sie weiter auf seinen Kopf ein, bis er kein Lebenszeichen mehr von sich gibt. Dann hauen sie ab. Jemand findet ihn später und sorgt dafür, dass er ins White Memorial Hospital kommt, wo der Hirntod festgestellt wird. Die Ärzte lassen ihn noch die vorgeschriebenen achtundvierzig Stunden an der Herz-Lungen-Maschine, um sicherzustellen, dass keine Hirnaktivität mehr stattfindet, bevor sie ihn für tot erklären. In der Zwischenzeit können seine Angehörigen anreisen.

Ich fliege von einem Vortrag an der St.-Louis-Universität zurück. In meinem Leben habe ich schon viele schreckliche Dinge gesehen – aber nichts, was sich mit dem Anblick dieses wunderbaren, sanftmütigen Jungen vergleichen ließe. Sein Kopf ist auf ein Mehrfaches seines natürlichen Umfangs angeschwollen. Ich kann kaum den Blick auf ihm ruhen lassen, während ich seine Stirn mit geweihtem Öl berühre, und wir verabschieden uns, als die Maschinen abgestellt werden.

Sein Tod ist noch keine vierundzwanzig Stunden her, als spätabends in meinem Büro das Telefon klingelt. Clever ist dran.

»Hey«, sagt er etwas unbeholfen, »das …, das ist echt scheiße …, ich mein', das mit Travieso.«

»Ja, das ist es«, antworte ich und spüre wieder den durch tiefe Trauer ausgehöhlten Bereich in meiner Seele.

»Kann ich irgendwas tun?«, fragt Clever erstaunlich bestimmt. »Kann ich Blut spenden oder so was?«

Es verschlägt uns beiden die Sprache. Wir spüren das Zittern des anderen durch die Leitung. Schließlich durchbricht Clever die Stille unter Tränen, aber fest entschlossen. »Er … war … kein … Feind. Er war mein Freund. Wir … haben zusammen gearbeitet.«

»Schließe beide Augen, um mit dem anderen Auge zu schauen.« Dann ächzen wir nicht mehr unter der Last unserer ständigen Urteile, unserer unablässigen Zurückhaltung, unserer Gewohnheit des Ausschließens. Dann erweitert sich unser Gesetz und wir finden uns unerwartet an einem neuen, weiten Ort wieder, einem Ort grenzenloser Akzeptanz und unendlicher Liebe.

Dann treten wir in Gottes Zuständigkeit.

7

Freude

Was der amerikanische Dichter William Carlos Williams über Gedichte sagt, passt auch auf unser Leben: *»Wenn es keinen Genuss bereitet, ist es kein Gedicht.«* Leo Rock, der mich als Novize anleitete, pflegte zu sagen: *»Gott hat uns erschaffen – weil ER dachte, wir hätten Freude dran.«*

Wir geben uns Mühe, in den Fingerspitzen den Pulsschlag Gottes zu spüren. Wir merken, wie unsere Herzen im Einklang mit dem EINEN schlagen, der sich an unserem Dasein erfreut. Und dann? Dann schicken wir mit jedem Atemzug diese Freude in die Welt hinaus und hoffen, dass es ein Gedicht wird.

Man hat mich zu einer Morgensendung im Radio eingeladen, die in Spanisch ausgestrahlt wird. Sie läuft täglich live von sieben bis neun Uhr und soll die Leute auf ihrem Weg zur Arbeit begleiten. Die Hörer rufen an und fragen mich über Gangs aus.

Es melden sich auch Mütter, die um Rat für den Umgang mit ihren missratenen Kindern bitten. *»Tenemos una llamada de Yolanda, de Inglewood.«* So läuft das eine ganze Weile.

Kurz vor neun Uhr nehmen die Moderatoren noch einen letzten Anruf an. *»Tenemos una llamada de Filiberto, de Downey.«*

Ich denke noch, Filiberto ist doch kein so häufiger Name, einer meiner Mitarbeiter heißt Fili und lebt in Downey. Schon dröhnt eine bekannte Stimme durchs Studio: »Hey, G, ich bin's, Fili … Also, mir geht's nich' so gut …, wollt nur sagen, ich komm heut nich' auf Arbeit.«

Fili hat beim Radio angerufen, um sich krankzumelden.

»Ähm … ja, … okay, Fili«, stottere ich verblüfft. »Na dann, gute Besserung!«

Auf dem Heimweg geht mir immer wieder Filis Anruf durch den Kopf und versetzt mich in tiefe Zufriedenheit. Ich würde mein Leben mit nichts und niemandem tauschen wollen.

(Vielleicht noch origineller ist folgende Begebenheit: Ein Homie entschuldigt sein Fehlen bei Norma Gillette, die zu den langjährigen Mitarbeiterinnen von Homeboy gehört und daher nicht mehr so leicht zu beeindrucken ist, mit der Begründung: »Ich kann nich'. Wegen anale Blindheit.«

»Anale Blindheit?«, fragt sie erstaunt.

»Yeah, ich seh nicht, dass ich heut den Arsch hochkrieg.«)

Angeblich hatte Roosevelt folgenden Spruch auf seinem Schreibtisch stehen: *»Lass unbezwingbare Freude verweilen.«* Unsere Suche danach, was Gott im Sinn hat, endet in der Entdeckung dieser unbezwingbaren Freude.

Dorothy Day zitierte gerne Ruskin, der uns alle zum »Dienst an der Freude« drängte. Es war eine Aufforderung, auf das Komische und das Herzerwärmende, das Alberne und das Erhabene zu achten. Wir können einen Tag nicht noch einmal erleben, daher ist es unsere Pflicht, achtsam zu sein und unsere Aufmerksamkeit vor allem auf das zu richten, was uns erfreut.

Kurz vor acht Uhr abends fahre ich an der Bushaltestelle vor der Notaufnahme des White Memorial Hospitals vorbei und sehe dort Spider ganz alleine sitzen. Er trägt seine hellblaue Arbeitsmontur und ist offenbar auf dem Weg nach Hause. Er ist ein hellhäutiger *huero* mit einer Frisur im Niemandsland zwischen kahl rasiertem *pelón* und einem nur durch Haargel zu bändigenden Lockenschopf. Momentan alles hübsch unter einem Nylonstrumpf verpackt.

Ich habe ihn erst kürzlich kennengelernt und von seiner Geschichte gehört. Er ist noch keine neunzehn Jahre alt und arbeitet im Krankenhaus als Pflegekraft, bewegt Patienten und Material.

Den Job hat ihm Homeboy Industries vermittelt. Spider ist aus einer Gang in Aliso Village, wo er und seine Schwester sich praktisch selbst großgezogen haben, nachdem ihre Eltern abgehauen sind. Mir ist nicht klar, wie sie es geschafft haben, gegenüber der Wohnungsbaugesellschaft den Eindruck aufrechtzuerhalten, es gäbe noch einen verantwortlichen Erwachsenen. Heute lebt er mit seiner Lady und zwei kleinen Söhnen in Highland Park, hat also eine längere Busfahrt vor sich.

»Komm, spring rein, Dog, ich fahr dich nach Haus.«

Auf der Fahrt sprechen wir über dieses und jenes. Ich frage ihn, wie er finanziell zurechtkommt, mit der Miete und allem. Ich hab ihm schon ein paarmal ausgeholfen.

»Geht schon«, sagt er und lenkt das Gespräch dann in eine andere Richtung. »Weißte, was ich mach, wenn ich gleich nach Hause komm? Ich esse mit meine' Lady und die zwei Jungs. Aber … also, ich ess eigentlich nich'. Ich seh nur zu, wie sie essen. Meine Lady regt sich total drüber auf, aber das is' mir egal. Ich schau eben zu, wie sie futtern. Sie futtern viel. Und ich seh sie an und danke Gott, dass ich sie hab. Wenn sie fertig sind mit Essen, so richtig vollgefuttert, dann ess ich. Manchmal, ganz ehrlich …, manchmal ist noch Essen da, und manchmal nich'. *Tú sabes*«, sagt er und legt mir eine Hand auf die Schulter, »is' so ein Vater-Ding.«

Unsere Pflicht zur Freude ist es auch, der Familie beim Essen zuzuschauen, randvoll mit einer Dankbarkeit, in der sich alle Gedanken an Opfer und Belastungen verflüchtigen. Jesus sagt: *»Meine Wege sind nicht eure Wege«,* aber sie können es sein. Beim schlichten Atmen merken wir, dass es uns von Natur gegeben ist, uns zu freuen und uns dieser Freude hinzugeben. Wir baden in Gottes unverfälschter Freude, und wir lassen uns mit derselben Freude auf jeden ein, der vor uns steht. Manchmal vergessen wir, was für ein lebenswichtiger Teil unseres Wesens diese Freude ist.

Mein Vater starb einen Monat, nachdem man einen Hirntumor bei ihm diagnostiziert hatte. Bei einem der üblichen Wochenendbesuche hatten wir beim Abendessen bemerkt, dass eine Seite seines Gesichts schlaffer als die andere war. Kurz darauf kam er für die Untersuchungen ins St. Vincent Hospital. Er musste ein paar Nächte dort bleiben, getrennt von meiner Mutter, was in ihrer achtundvierzigjährigen Ehe nur äußert selten vorgekommen war.

An einem der ersten Tage holte ich meine Mutter ab, um sie ins Krankenhaus zu fahren. Ich wartete in der Auffahrt, und sie kam mir entgegen, die Arme voll mit Magazinen, Taschen und einem länglichen, geblümten Kopfkissen. Ich half ihr, alles ins Auto zu laden.

»Die haben bestimmt Kissen im St. Vincent«, kommentierte ich.

Sie verzog das Gesicht und seufzte schwer. »Ach, dein Vater …, er hat mich gebeten, ihm ein Kissen von meiner Seite des Bettes mitzubringen.«

In stillem Einverständnis verdrehten wir beide die Augen und stiegen ins Auto.

Im Krankenzimmer begrüßten sich meine Eltern wie immer mit Schnabelküsschen. Zwei Vögelchen, die die letzten Samen aufpickten. Als meine Mutter kurz ins Badezimmer ging, sah ich aus dem Fenster. Gerade wollte ich etwas Belangloses über die schöne Aussicht sagen, als mir auffiel, dass mein Vater sich das mitgebrachte Kissen aufs Gesicht gelegt hatte und mehrmals tief ein- und ausatmete, bevor er es hinter seinen Kopf schob. Im Verlauf des Vormittags bemerkte ich noch einige Male, dass er den Kopf drehte und tief den Duft der Frau einatmete, mit der er seit fast einem halben Jahrhundert das Bett teilte.

Wir atmen den Duft dessen, der sich an unserem Sein erfreut. Und dieser Duft macht was mit uns. Wenn wir dann ausatmen – irgendwo muss der Atem ja hin –, atmen wir genau diese Freude aus, voller Vertrauen darauf, dass dies das Einzige ist, was wirklich Gottes Plan entspricht.

Wir möchten aber auf Nummer sicher gehen. So streiten wir darüber, welche Absichten Gott noch haben könnte. Wir verheddern uns in unserer Neigung, Gott kleinzumachen.

Ich erinnere mich an ein Treffen einer Basisgemeinschaft ganz am Anfang meiner Zeit in Dolores Mission. Mein Spanisch war damals noch relativ dürftig. Als ich ankomme, hält Lupe, eine ältere, rigorose Dame mit viel Einfluss in der Gruppe, eine kleine Broschüre in der Hand. Sie enthält eine Botschaft von Mutter Maria, und dieser Botschaft zufolge ist Maria stinksauer. Ich erfahre, dass die Botschaft von einer Frau aus New Jersey stammt, die beim Kochen eine Erscheinung hatte. Sie buk gerade Tortillas, und als sie die nächste umdrehte … *Ay, Dios Mio!* …, erkannte sie auf der Rückseite ein Abbild von Maria in all ihrer Herrlichkeit!

Abgesehen von Plänen, sofort eine Kathedrale zu errichten, am besten direkt in dieser Küche, hatte Maria eine Botschaft übermittelt. In der Broschüre wird alles genau erklärt. Furios breitet Lupe alle Einzelheiten vor uns aus, in völliger Ignoranz der Themen, für die wir eigentlich zusammengekommen sind. Letztlich läuft es darauf hinaus, dass Maria mit dem Zustand der Welt extrem unzufrieden ist. Sie teilt ordentlich aus und erklärt, dass wir mit dem Schnellzug in die Hölle rasen.

In Anbetracht meiner armseligen Spanischkenntnisse habe ich keine Hoffnung, es mit Lupes Dominanz und Eloquenz aufnehmen zu können und uns wieder auf unsere Themen zurückzubringen. So geht es eine Weile weiter, bis Socorro, eine allgemein geachtete ältere Dame, die in der Kirchengemeinde aktiv ist, ihren Finger hebt, weil sie etwas sagen möchte. Die einzige Macht, die ich in diesem Moment noch habe, besteht darin, ihr das Wort zu erteilen.

»Nun ja«, beginnt sie mit ruhiger Kraft und in bescheidenem Ton, »wie ihr wisst, komm ich von einer kleinen *ranchito* in Mexiko. Ich bin nie zur Schule gegangen und kann keine Bibel lesen. Ich kann auch nicht das hübsche Blättchen lesen, das du mitgebracht hast, Lupe. Aber …« Sie hält einen Moment inne, als würde sie innerlich einen höheren Gang einlegen. Dann richtet sie sich auf und schaut Lupe direkt ins Gesicht. »*Pero, te digo una cosa, Dios no es así* (Tut mir leid, ich muss dir etwas sagen: Gott ist nicht so).«

Socorro erkannte das Gegenteil von Gott, wenn sie es sah. Gott ist mit Sicherheit zu beschäftigt damit, sich an uns zu erfreuen, als dass ER uns körbeweise in den Hades schicken will. Socorro wusste das mit unerschütterlicher Gewissheit (und ich möchte hinzufügen, mit einer Prise unbezwingbarer Freude).

Socorro lebte, wie Bill Cain sagt, »in Gott«. Diese Einheit, das Versprechen vollkommener Verbundenheit wird uns in jedem Moment angeboten. Der Dichter Hafiz schreibt: *»Wir geben uns mit einem Phantom von dir zufrieden. Oh Gott, wie jämmerlich klein setzen wir unsere Ziele. Und wie fern und entfremdet sind wir der Einheit!«*

Es spricht nichts dagegen, in jedem Augenblick, genau hier und jetzt, nach dieser freudigen Einheit zu trachten. Woody Allen sagt: *»Ich fürchte mich nicht vor dem Tod, ich will einfach nur nicht dabei sein, wenn er kommt.«* Doch das Diesseits will »mit unserer Präsenz beehrt werden«, damit wir uns an der erstaunlichen Poesie des Lebens erfreuen können.

Moreno arbeitet an der Rezeption unseres nagelneuen Hauptquartiers. Er ist Mitte zwanzig, Vater zweier Töchter und seit sechs Jahren bei Homeboy. Ich habe im Lauf der Jahre mitbekommen, wie er unglaublich gewachsen und zu einem verantwortungsbewussten, reifen Mitarbeiter geworden ist. (Sprachlich hat er allerdings noch einen gewissen Entwicklungsspielraum; er neigt sehr zu *mal hablado.* Ich versuche es ihm abzugewöhnen, und er gibt sich Mühe. Kürzlich fand ich eine Nachricht von ihm auf meinem Anrufbeantworter: »Hey, G, ich bin's, Moreno, Scheiße … ähm, 'tschuldigung, ich bin's, Moreno, Fäkalien.« Immerhin ein gewisser Fortschritt, oder?)

Als ich ihn vor Jahren über andere Homies kennenlernte, war er ein kleiner, magerer Junge, der aus der Grundschule geflogen war und sich auf der Straße durchschlug. Seine Mutter schaffte es nicht, ihn zu Hause oder in der Schule zu halten, und er hatte eine schlechte Beziehung zu seinem Stiefvater. Er gehörte zu jenen Kindern, die sich für nichts im Leben begeistern können. Freude lag ihm genauso fern wie zum Beispiel ... Mosambik. Er zeigte immer deutlich, dass er viel zu cool war, um sich auf irgendwas einzulassen.

Einmal rief ich ihn an und fragte, was er gerade mache.

»Bin einfach hier – blasier so rum.«

Ich habe Englisch im Hauptfach studiert, aber mir war bis dahin nicht bekannt, dass man »blasiert« als Verb verwenden kann.

Irgendwann kam es unvermeidlich dazu, dass Moreno geschnappt wurde. Nach einem sehr kurzen Aufenthalt im Jugendknast wurde er statt ins Erziehungslager in eine Art betreutes Wohnen in Orange County gesteckt, wo er auch zur Schule gehen sollte.

Etwa zwei Wochen nach seiner Ankunft dort ruft er mich an: »Hey, G, entführ mich, ja? Ich hab nix Klamotten, und, *tú sabes, mi jefita* hat auch nix. Also ja? Entführ mich. Bitte!«

Moreno wusste, dass wir hier in Homeboy ein Programm namens »New Image« haben, welches uns erlaubt, Gangmitgliedern nach dem Knast neue Kleidung zu kaufen, damit sie ihre übergroßen Ben-Davis-Hosen gegen ein paar halbwegs vernünftig sitzende Dockers eintauschen können. Ich verabrede mit seinen Betreuern, Moreno am nächsten Samstag zu »entführen«.

Ich hole ihn ab, und mir wird sehr schnell klar, dass er heute eine Kampagne fürs »Rumblasieren« durchzieht. Was auch immer ich sage, es gelingt mir nicht, ihn aus seiner »Egal«-Haltung rauszuholen.

Ich frage ihn natürlich nach der Schule. »Wow, Dog ..., ich mein', *felicidades*. Super Sache, du bist endlich wieder in der Schule. Wie geht's dir da?«

Schulterzucken – er bringt noch nicht mal ein »Egal« über die Lippen.

»Na komm, du musst doch ein Lieblingsfach haben?«

»Nee.«

»Was ist mit Englisch?«

»Hass ich.«

»Mathe?«

»Total kacke.«

»Oder Geschichte?«

»Find ich scheiße.«

»Es muss doch irgendwas geben … Habt ihr so was wie Nawi, Naturwissenschaften?«

Meine letzten Worte lassen ihn hochfahren, als hätte ihn plötzlich der Schlag getroffen. Ohne Gurt wäre er mir wahrscheinlich auf den Schoß gesprungen.

»Scheiße, G – Biiooo! Totaaal abgefahren!« Er beruhigt sich wieder, um mich an seiner Begeisterung teilhaben zu lassen. »Weißte, was wir Montag machen?«, fährt er fort. »Montag verzehren wir 'nen Frosch!«

Ich fahre fast in den Gegenverkehr. Höchst amüsiert sage ich: »Na ja, ich glaube, es heißt ›sezieren‹ und nicht ›verzehren‹.«

Moreno kehrt zu seiner blasierten Haltung zurück. »Yeah, keine Ahnung, Montag ficken wir 'nen Frosch.«

Die Dichterin Mary Oliver schreibt: *»Alles ist Erfindung des Heiligen – manches unverschämter als anderes.«* Es liegt eine Art poetischen Zaubers darin, wenn ein Kind aus den Randbereichen der Gesellschaft plötzlich die Biologie entdeckt. Moreno ist nur umso heiliger, wenn er unverschämt ist.

Vor einigen Jahren, während einer Wahl um die Jahrtausendwende, versuchte jemand die Unterschiede zwischen Bill Clinton, Al Gore und George W. Bush auf den Punkt zu bringen. Er meinte, wenn Bill Clinton einen Raum betritt, will er, dass ihn alle mögen. Betritt Al Gore einen Raum, dann will er, dass ihm alle recht geben. Und wenn »W« einen Raum betritt, will er, dass ihm alle folgen. Wir alle kennen das, spüren das eine oder andere von Zeit zu Zeit, denn es sind Reaktionen, die aus Angst entstehen und die man sich nicht so leicht abgewöhnt. Wenn wir verängstigt sind, wollen wir, dass die Anwesenden uns mögen, unserer Meinung sind oder sich eingeschüchtert führen lassen. Ich vermute jedoch, wenn Jesus einen Raum betritt, sieht er mit Liebe an, was auch immer dort geschieht. Er erfreut sich sogar daran. Vielleicht dreht er eine kleine Runde zu den Ausgestoßenen und geht dorthin, wo die Liebe noch nicht angekommen ist.

Wir gehen oft andere Wege, aber wir könnten uns auch von seinen Wegen inspirieren lassen. Wir haben uns an die Vorstellung gewöhnt, es sei schwer, so zu lieben wie Gott. Wir meinen, es ginge dabei um moralische Disziplin und Verpflichtungen. Wir nehmen an, dazu bräuchte es spirituelle Kräfte, die wir nicht haben, und wir müssten bereit sein für eine dicke Portion Opferbereitschaft mit Schuld und Selbstverleugnung als Beilagen. Aber war es die Folter, die am Kreuz zur Erlösung geführt hat, oder war es nicht vielmehr die Liebe?

Seit Jahren verfolge ich die Versprecher, die ich in den Heiligen Messen in Jugendstrafanstalten zu hören bekomme, wenn Homies aus der Bibel lesen und ein Wort, das sie nicht kennen, durch ein ihnen bekanntes ersetzen. Manchmal ist es ein ganz gewöhnlicher Ausrutscher. »Ich lese aus dem Paulusbrief von Paulus an die Philippinen.«

Den schönsten Versprecher habe ich im Dorothy Kirby Center erlebt, einer geschlossenen Anstalt für junge Männer und Frauen. Ein sechzehnjähriger Afroamerikaner erscheint vor der Messe in der kleinen Kapelle, um zu proben. Er wird einen Antwortpsalm lesen, der mit den Worten abschließt: *»Der Herr ist mein Hirte, mir wird nichts fehlen.«*

Seine volle Stimme dröhnt durch die Kapelle. Es ist großartig. Vollkommen selbstvergessen liest er die Worte und bedeutet (mit einer ausladenden Handbewegung) der noch nicht anwesenden Versammlung am Ende, mit ihm einzustimmen: *»Der Herr ist mein Hirte, mir wird nichts fehlen.«*

Bald darauf werden die Stühle besetzt. Der junge Mann steht auf, um uns durch den Psalm zu geleiten. Etwas an ihm lässt mich auf der Hut sein. Großspurig und extrem gelassen sucht er ausführlich Augenkontakt mit den Zuhörern. Vollkommen überzeugt, genug geübt zu haben und den Psalm auswendig zu können, hebt er die Hand zu der ausladenden Geste und sagt: »Unsere Antwort ist heute: Der Herr … wird mir nicht fehlen.« Alle Helfer krümmen sich und ringen die Hände, versuchen quasi die Zahnpasta zurück in die Tube zu bekommen. Zu spät. Die Versammlung der Gläubigen antwortet schmetternd ihrem Anführer: »Der Herr wird mir nicht fehlen!«

Wir glauben, Gott verlange von uns solche Anstrengungen, dass »Der Herr wird mir nicht fehlen« als Mantra gar nicht so abwegig erscheint. Aber es geht nur um Freude, sie soll im Mittelpunkt stehen. Ganz gemütlich. Wir können uns also entspannen. Bei jedem größeren Sportereignis im Fernsehen werden die Worte aus Johannes 3,16 eingeblendet: *»Ja, so hat Gott die Welt geliebt …«* Das spannendste Wort in diesem Satz, das unser ganzes Leben verändern kann, ist »Ja«. Es ist Gottes ureigenes Ja, mit dem er hier bei uns ist, jederzeit, wo die Freude ist. Ich schließe mich Jakobus an: *»Euer Ja soll ein Ja sein.«*

Manchmal brauche ich einen Boten – jemand, der einem Mitarbeiter in einem anderen Teil des Gebäudes eine Nachricht bringt. An diesem Tag schaue ich von meinem Schreibtisch auf und sehe zwei Homies in der »Grube« (dem etwas tiefer gelegenen Computerbereich unseres alten Büros, wo die Anrufe entgegengenommen und Daten eingegeben werden). Mario und Frankie, zwei große Kerle, schauen auf einen Computerbildschirm und arbeiten – nur, vielleicht ist »arbeiten« ein zu großes Wort für das, was sie tun. Jedenfalls will ich gerade Frankie bitten, den Botengang für mich zu machen, als er sich noch näher zu Mario beugt und an seiner Brust sichtlich zufrieden tief ein- und ausatmet.

»Frankie, kannst du mal einen Moment herkommen?«, rufe ich jetzt aus dem Allerheiligsten meines Büros.

Er zuckt zusammen, als hätte ich ihn beim Naschen erwischt, und kommt rasch in mein Büro, sichtlich peinlich berührt. Ich gebe ihm die Nachricht und sage ihm, wo sie hinsoll. Er geht langsam zur Tür, dreht sich dann aber doch noch mal zögernd um.

»Ähm, G …, hast du das gesehen …, das da eben …, wie ich an Mario rieche?«

Ich gebe zu, dass ich es gesehen habe.

»Oh shit!« Frankie schnauft und verlagert sein Gewicht von einem Fuß auf den anderen. »Weißt du, is' nur …, also …, er riecht so verdammt guuut, und … alle Homies steh'n voll auf sein Rasierwasser.«

Einatmen, ausatmen. Der Herr ist alles, wonach ich verlange. Ein Ja ist ein Ja. Wir wollen erleben, wie Gedichte entstehen. Im Buch Jesaja sagt Gott: *»Freuet euch und seid fröhlich immerdar über das, was ich erschaffe. Denn siehe, ich will … mein Volk zur Freude machen.«* Gott meint, das Leben könne uns erfreuen. Gott ist von Freude erfüllt und hofft darauf, dass wir einstimmen. Dass Gottes Freude in uns sei und uns ganz erfülle. Was »zufällig« Gottes größte Freude ist. Dauert vielleicht ein bisschen, sich daran zu gewöhnen.

Ein Jahr, bevor er mit neunundneunzig Jahren starb, vertraute der weltweit bekannte jesuitische Theologe und Bibelforscher Leon Dufour dem Jesuiten, der ihn betreute, an: »Ich habe so viele Bücher über Gott geschrieben, aber was weiß ich schon? Ich glaube, letzten Endes ist Gott der Mensch, zu dem man gerade spricht, der einem gerade gegenübersteht.«

Ein Mantra, welches ich oft verwende, um mich in der Freude über den Menschen vor mir zu verwurzeln, finde ich in den Worten, die Jesus am Kreuz zu dem guten *ladrón* neben ihm sprach. Im Grunde sagt er: *»Heute … mit mir im Paradies …«* Es geht dabei nicht um die Verheißung von etwas, was kommen wird – es ist eine Verheißung für das Hier und Jetzt … mit IHM … heute, tatsächlich … im Paradies.

Thich Nhat Hanh schreibt: *»Unser wahres Zuhause ist der gegenwärtige Augenblick. Das Wunder ist nicht, über das Wasser zu gehen. Das Wunder ist, im gegenwärtigen Moment auf der Erde zu gehen.«*

Wenn die alten Wüstenväter Trost und Hoffnung brauchten, wiederholten sie immer und immer wieder ein Wort. Dieses Wort war nicht »Jesus« oder »Gott« oder »Liebe«. Das Wort war »heute«. Das gab ihnen den Halt, den sie brauchten.

Ich komme zurück von einer Vortragsreise, und Marcos sitzt im Wartebereich an der Rezeption. Gus vom Empfang erzählt mir, dass Marcos praktisch schon seit drei Tagen auf mich wartet. Marcos begrüßt mich und bebt vor Dringlichkeit, mir seine Neuigkeiten zu berichten.

»Als du weg warst, war Geburt von mein' Sohn!!!«

»Hey, großartig, *mijo* – wann denn?«

»An seinem Geburtstag!«

Wow, denke ich bei mir, *das ist ja ein unglaublicher Zufall!*

Gott, unmittelbar vor mir, personifizierte, unfassbare Freude, heute, im Paradies. Entzücken über das, was dir heute begegnet, in Christus. Richard Rolheiser schreibt: *»Das Gegenteil von Depression ist nicht Glück, es ist Freude.«*

Wir atmen den göttlichen Geist, der sich an unserem Dasein erfreut. Wir atmen nicht den göttlichen Geist, der das alles hier nur notgedrungen hinnimmt. Es geht um tief empfundene Freude.

Bevor sie die Siedlung Pico Gardens abgerissen und neu erbaut haben, gab es dort die beiden Örtlichkeiten »erster« und »zweiter Spielplatz«. Es sollten Orte sein, an denen Kinder spielen können. Allerdings wirkte der Kletterbereich eher wie ein Abklatsch von Mogadischu, und der Rasenplatz changierte im Laufe der Jahreszeiten immer nur in verschiedenen Schattierungen von Gelbgrau. Doch sie bildeten Orientierungspunkte. »Wir treffen uns am zweiten Spielplatz«, hieß es oft. »Am ersten Spielplatz ging die Schießerei los«, war unglücklicherweise auch häufig zu hören.

In der Dämmerung eines Sommerabends bin ich mit dem Fahrrad unterwegs und verweile ein wenig mitten auf dem zweiten Spielplatz. Es dauert nicht lange, und ich bin von Homies aus diesem Barrio umgeben. Ich stelle das Rad ab und höre eine Weile zu, wie sie miteinander rumalbern – was übrigens die Hauptbeschäftigung aller Gangs ist. Nach einer Weile sind es acht; die Sprüche fliegen rasant hin und her, und es werden keine Gefangenen gemacht. Mittendrin zeigt Minor (ein »Neuzugang«) plötzlich auf einen hoch oben zwischen den Gebäuden gespannten Telefondraht.

»Guck mal, G, eine Eule!«

»Yeah, verdammt, 'ne echte Eule!«, sagt ein anderer.

»Mitten in der Siedlung«, fügt ein Dritter leise und ehrfürchtig hinzu und bringt uns damit alle zum Flüstern, als hätten wir gerade eine Kathedrale betreten.

Und tatsächlich, direkt über Lupe Loeras *cantón* sitzt eine riesige Eule auf der Leitung. Wir stehen hintereinander und betrachten sprachlos die ungewöhnliche Kreatur, die sich an diesem Abend entschieden hat, die heruntergekommenste, eulenärmste Gegend von Los Angeles zu besuchen. (Die einzigen Wildtiere, die wir sonst hier haben, sind Mäuse und Tauben.) Münder stehen offen, doch schon bald wird die Stille durchbrochen. Psycho flüstert Minor etwas zu.

»Hol die Schrotflinte!«

»Nein«, geht Gonzo dazwischen und packt Minor am Arm. Als *Shotcaller* hat Gonzos Wort Gewicht. »Nein!«, wiederholt er mit der Bestimmtheit eines Stammesführers. »Lasst sie in Ruh!«

Alle flüstern und versuchen, jede Bewegung zu vermeiden. Selbst wenn jemand spricht, lässt er den Vogel keine Sekunde aus den Augen.

»Das ist ein Zeichen«, sagt einer.

»Von Gott«, fügt ein anderer hinzu.

»Was bedeutet das, G?«, fragt Minor, der großäugige Welpe des Rudels.

Ich lehne mich ein wenig vor und sage mit einem Bühnenflüstern, damit es auch alle hören können: »Gott sagt damit: Legt eure Waffen nieder, liebt eure Feinde und setzt euch für Frieden ein.«

Das allgemeine Stöhnen ist so laut, dass es unseren unerwarteten Besucher fast verjagt.

»Sie denken, jedes Zeichen bedeutet das, oder?« (Oje, Gonzo kommt mir auf die Schliche.)

Ein paar andere kommen dazu und gesellen sich zu unserer Andacht vor diesem enorm großen Tier. Es herrscht eine Stille, wie ich sie nie in einem Gottesdienst erlebt habe – bis die Eule ihre Flügel öffnet und weiterzieht (vielleicht weil sie nicht abwarten will, wie lange Psycho und seine Knarre unter Kontrolle bleiben). Mit langsamen, majestätischen Flügelschlägen schwebt sie lautlos davon, bis sie hinter den großen Türmen der Maisfabrik vor den Siedlungen verschwindet. Heute. Eine Eule. Zweiter Spielplatz. Gemeinsam atmen wir all das ein, und es erscheint uns als ein Paradies.

Ich nehme Israel und Tony mit in die Christ-the-King-Gemeinde in Los Angeles. Nach der Ausgabe der Spaghetti werde ich einen Vortrag halten, und meine beiden Mitfahrer werden versuchen, möglichst viele Homeboy- und Homegirl-Produkte zu verkaufen, die wir im Kofferraum mitgebracht haben. Doch zuerst müssen sie der Messe beiwohnen, die ich um halb sechs am Samstag abhalte.

Auf dem Heimweg freue ich mich darüber, wie Tony seiner Bewunderung für Israels Kenntnisse der Liturgie Ausdruck verleiht. Offenbar hatte Israel alle Antworten parat.

»Der Herr sei mit euch.«

»Und mit deinem Geist«, sagte Israel, ohne zu zögern.

»Erhebet eure Herzen.«

»Wir erheben sie zum Herrn.« Jede Antwort kam prompt. Tony starrte Israel verwundert an. Die ganze Messe über.

»Lasset uns das Geheimnis des Glaubens verkünden.«

»Christus ist gestorben. Christus ist erstanden. Christus wird wiederkommen.« Das war dann zu viel. Tony hielt es nicht mehr aus.

»Hey«, flüsterte er und beugte sich zu Israel. »Woher weißt du das alles?«

»Jugendknast, Blödmann.«

Hätte Tony schon so oft gesessen wie Israel, könnte er sich auch als Kirchgänger des Jahres nominieren lassen.

Wenn wir in Gottes Aufmerksamkeit baden, stellen sich unsere Augen auf das Licht ein und wir fangen an, die Dinge so zu sehen, wie Gott sie sieht. Und dann entdecken wir irgendwann, ganz unerwartet, was Mary Oliver »die Musik ohne Töne« nennt.

Es gehört zu den Kernlehren des Buddhismus, dass wir die Welt verändern, indem wir unsere Sicht der Welt ändern. Die Mitglieder des Zweiten Vatikanischen Konzils beschlossen, die ersten Worte ihrer bahnbrechenden Enzyklika »Gaudium et Spes« zu ändern. Ursprünglich sollte es heißen: »Der Kummer und die Qualen.« Doch dann strichen sie diese Worte und ersetzten sie durch: »Die Freude und die Hoffnung.« Es lagen keine neuen Tatsachen vor, und die Welt hatte sich nicht plötzlich verändert. Sie hatten sich nur entschieden, die Welt anders zu sehen. Sie waren auch nicht plötzlich naiv geworden. Sie hatten nur eine neue Brille aufgesetzt.

Eines meiner Lieblingsbeispiele dafür stammt von dem sechzehnjährigen Homie und wahrscheinlich zukünftigen Buddhisten Lorenzo. Als er sich einmal vor mir auf den Stuhl setzt, sehe ich, dass sein Gesicht zerschunden ist und seine Arme voller Schrammen. Er scheint ziemlich mitgenommen, und ich vermute einen Zusammenstoß mit irgendwelchen Rivalen.

»Meine Güte«, sage ich, »was ist denn mit dir passiert?«

Lorenzo deutet gelassen auf seine Schrammen und winkt fröhlich ab. »Ach, das? Mein Rad hat mir das Fliegen beigebracht.«

Musik ohne Töne.

An einem frühen Samstagmorgen dringen mehrere Mitglieder einer feindlichen Gang maskiert in einen Teil der Siedlung ein, in der sie mit Sicherheit auf ein paar »verpeilte Deppen« treffen. Drei Brüder, die vor ihrer Küchentür in der Morgensonne sitzen, kommen ihnen gerade recht. Die beiden älteren, Rickie und Adam, sind achtzehn und zwanzig, also potenzielle Ziele für die maskierten Eindringlinge, doch die umherschwirrenden Kugeln töten den zwölf Jahre alten Jacob – was im Leben seiner Brüder einen unauslöschlichen Eindruck hinterlässt.

Ich kenne diese Familie seit 1984 und konnte beobachten, wie die älteren Brüder sich eine Zeit lang immer wieder dem Gangsterleben näherten und dann doch wieder sicheren Abstand suchten. Doch irgendwann waren sie drin. Aber der Tod ihres kleinen Bruders durch eine Kugel, auf der eigentlich ein anderer Name stand, hinterließ in ihnen eine Wunde, an der sie lange litten.

Ich stellte beide kurz nach dem Tod ihres Bruders ein. Sie bekamen Jobs in der Abteilung, die T-Shirts, Becher, Mousepads und verschiedene andere Artikel mit unserem Logo verkauft. Dort mussten sie eng mit Feinden zusammenarbeiten, selbst mit solchen, die zu der Gang gehörten, die wahrscheinlich ihren Bruder auf dem Gewissen hatte.

Ich soll einen Vortrag in San Francisco halten und lade beide ein, mitzukommen. Ein Tapetenwechsel würde ihnen sicher guttun. Sie freuen sich und sind ganz aufgeregt. Als wir am Flughafen ankommen und sie feststellen, dass wir nicht fahren, sondern fliegen, ist die Bestürzung jedoch groß. Dabei dachte ich, ich hätte das deutlich gesagt. Nun sind sie in Panik, doch ich will sie nicht beruhigen. Als wir über das Flugfeld zum Flugzeug gehen, bleibe ich unter einem der Flügel der Southwest-Airline-Maschine stehen und schaue besorgt hoch. »Oje«, sage ich, als sie an meine Seite eilen.

»Was? Wo?,« fragen sie mit angehaltenem Atem.

Ich zeige nach oben. »Ich weiß nicht – mir scheint, da ist so ein Riss, oder bilde ich mir das nur ein?«

Sie brauchen eine Weile, um mich zu durchschauen. »Sag so was nicht! … Mann, lass das, G!«, fordern sie in brüderlicher Eintracht.

Wir steigen ein und gehen auf unsere Plätze.

»Schieß rein«, johlt Rickie seinem jüngeren Bruder Adam zu, um ihn ans Fenster zu lassen. (Ich empfehle ihnen, so was im Flugzeug nicht laut zu sagen.) Sie entdecken die laminierten Sicherheitsanweisungen in der Sitzlehne vor ihnen. Adam hält sie für Speisekarten. »Zweimal Sauerstoff, bitte«, sagt er zu der »Kellnerin«, die ihn zum Glück nicht hört. Über die Lautsprecher hören wir die monotone Ansage des Piloten: »Unsere Reiseflughöhe beträgt … Wir wünschen Ihnen einen guten Flug.«

Ich schüttele den Kopf. »Oh Mann, wie ich das hasse.«

Sie drehen die Köpfe sofort zu mir und fragen wieder alarmiert: »Was? … Was?«

»Na ja«, antworte ich, »es ist erst zehn Uhr, und anscheinend hat der Pilot schon ordentlich was intus.« Ich unterstreiche meine Worte durch Trinkgesten.

Diesmal kapieren sie schneller. . »Okay, G, hör … auf … damit!«

»Wo sind eigentlich die Fallschirme?«, fragt Adam, während er überall nachsieht.

»Es gibt keine Fallschirme«, sage ich im Tonfall eines freundlich belehrenden Großvaters.

»Keine Fallschirme?«, fragt Adam in heller Aufregung. »Und was machen wir, wenn dieses Scheißding abstürzt?«

Jetzt bin ich ein Großvater auf Valium. »Nun, ich werde euch sagen, was in dem Fall zu tun ist.« Ich habe ihre hundertfünfzigprozentige Aufmerksamkeit. »Seid ihr richtig angeschnallt?«

Sie prüfen es noch mal und nicken dann ernst.

»Gut, dann beugt euch nach vorne.«

Sie gehorchen.

»Noch weiter, so weit es irgendwie geht. Fertig?«

Die Köpfe sind so tief, dass ich ihr Nicken kaum sehen kann.

»Okay«, sage ich mit der ruhigsten Stimme der Welt. »Und wenn ihr jetzt drankommt …, dann könnt ihr eurem Arsch einen Abschiedskuss geben, denn das ist alles, was ihr noch tun könnt, falls dieses Teil abschmiert.«

Sie können es nicht fassen, dass sie so unglaublich auf den Arm genommen worden sind. »Mann, bist du fies! … Hör … auf … damit!«

Wie immer, wenn Homies zum ersten Mal fliegen, macht der Start aus zwei großen Gangstern zwei ängstliche alte Damen in der Achterbahn. Sie stöhnen, klammern sich an die Sitze und bekreuzigen sich immer wieder. Adam und Rick starren wie gebannt durch das kleine Fenster. »Oh, mein Gott«, entfährt es ihnen immer wieder, und: »Echt stark!« Aus dem Horror wird Staunen – und schließlich Frieden. Es werden Getränke und Erdnüsse ausgeteilt, und sie fühlen sich als was Besonderes. (Hinterher erzählen sie unseren Mitarbeitern im Büro: »Sie haben uns sogar Erdnüsse gegeben!«)

Nachdem wir den ruckelnden Aufstieg hinter uns haben, schauen beide fasziniert über die Wolken. Ricky klopft Adam auf die Brust und flüstert: »Ich find's so super, das mit dir zu erleben, Bruder!«

Ein unaussprechlicher Verlust, und doch wird das Leben zu einem Gedicht. Zwei Brüder, Arm in Arm, erfreuen sich an der Aussicht.

Thomas Merton schreibt: »*Keine Verzweiflung kann die Wirklichkeit der Dinge erschüttern oder die allgegenwärtige Freude des kosmischen Tanzes trüben ... Wir sind eingeladen, uns absichtsvoll zu vergessen, unsere schrecklich getragene Feierlichkeit in den Wind zu schießen und in den allgemeinen Tanz einzufallen.*«

Der kosmische Tanz findet immer statt, wir brauchen nur mitzumachen. Er lädt dich ein, wenn dein erstes Kind geboren wird, wenn du deiner Familie beim Essen zusiehst, wenn überraschend eine Eule auftaucht oder wenn die Gelegenheit besteht, einen Frosch zu verzehren. Unverschämte Erfindungen des Heiligen – hier und heute, unsere Freude erwartend. Ja, ja und ja. So hat Gott die Welt geliebt, dass ER dachte, sie könne ein Gedicht für uns sein. Musik. Ohne Töne.

8

Erfolg

Die Leute wollen gerne Erfolgsgeschichten hören. Ich verstehe das. Solche Geschichten erzählt man ja auch gerne. Warum wird mir dann immer so unwohl, wenn ich darum gebeten werde? Teilweise wahrscheinlich, weil ich innerlich total davon überzeugt bin, ein Schwindler zu sein. Ich tröste mich dabei mit Bill Cains Haltung bezüglich des Turiner Grabtuches: »Wenn es eine Fälschung ist, ist es ein unglaubliches Kunstwerk. Wenn es echt ist, ist es nur dreckige Wäsche.«

Zwanzig Jahre dieser Arbeit haben mich gelehrt, dass Gott Kategorien leichter wechselt als ich. Was ist Erfolg und was ist Misserfolg? Was ist gut und was ist schlecht? Fortschritt oder Rückschritt?

Heutzutage wird gerne auf nachweisbare Ergebnisse verwiesen, gerade in gemeinnützigen Einrichtungen. Verständlich. Die Leute, vor allem die Geldgeber, wollen wissen, ob das, was da gemacht wird, auch »funktioniert«.

Sind wir letzten Endes erfolgreich? Ich halte mich lieber an Mutter Teresas Ansicht: *»Wir sind nicht aufgerufen, erfolgreich zu sein, sondern treu.«* Diese Unterscheidung hilft mir, mich gegen die täglichen Rückschläge zu wappnen. Man braucht Schutz vor dem Auf und Ab der »drei Schritte vor, fünf Schritte zurück«. Jeden Tag stolpern wir über Enttäuschungen und Widerstände, da verheddert man sich leicht. Ich glaube, Gott will es nicht anders.

Sobald man mit Leuten zu tun hat, die mehr zu ertragen haben, als zumutbar erscheint, gelten andere Regeln. Nach Erfolgen zu schielen, hindert einen daran, getreu zu bleiben und wirklich zu sehen, wer vor einem sitzt. An manchen Tagen ist es das Beste, einer Strategie zu folgen, an die wir glauben. Mehr können wir nicht tun. Wenn wir die Anhaftung an das Ergebnis loslassen, ist der Erfolg die Angelegenheit Gottes. Ich finde es schon schwierig genug, sich selbst und anderen treu zu bleiben.

Im ersten Kapitel habe ich Scrappy erwähnt, der in unserer Graffiticrew arbeitete. Er war es, der in einer früheren Inkarnation eine Knarre auf mich gerichtet hatte und später den Ruf, den er zwanzig Jahre lang aufgebaut hatte, gerne wieder losgeworden wäre.

Wenige Monate, nachdem er bei uns angefangen hatte, wurde er morgens um halb sechs während des Übermalens von Graffiti in Boyle Heights erschossen. Die Polizei ließ mich durch die Absperrung und erlaubte mir, Scrappy zu segnen.

»Wurde wohl von der Gang erschossen, deren Graffiti er übermalt hat«, meint der Detective, als er das Absperrband hebt. *Unwahrscheinlich,* denke ich, als ich Scrappys Kopfschuss sehe, der eher nach einer Exekution aussieht.

Niemand weiß genau, was hier passiert ist, aber mit Scrappys Arbeit bei Homeboy Industries und der Entfernung von Graffiti hat es mit großer Wahrscheinlichkeit nichts zu tun. Irgendwas hat ihn wohl eingeholt. Vielleicht seine Vergangenheit, vielleicht etwas aus der Gegenwart. Vielleicht hat Scrappy die Aussicht auf ein Leben ohne einen gewissen »Ruf«, auf ein langsames und nach den geltenden Regeln ablaufendes Dasein, erschreckt. Vielleicht hat er etwas getan, was jemand anderem missfallen hat. Manchmal wissen wir nur, was etwas nicht ist.

Außer Scrappys tragischem Tod hat uns allen, die ihn liebten, vor allem das Herz gebrochen, dass er nicht mehr dazu kam, auf eine andere Art zu leben. Wie ein Kind, das sich vor dem ersten Schwimmen im Meer gleichermaßen fürchtet, wie es sich darauf freut, vom Wasser getragen zu werden, hat vielleicht das vollkommen Neue und auch Fremde Scrappy wieder in alte Gewohnheiten flüchten lassen.

Ist Scrappys Leben eine Erfolgsgeschichte? Oder muss sie in der Spalte »Misserfolge« verbucht werden, wenn wir Bilanz ziehen? Die Tyrannei des Erfolgs lässt nichts Komplexes zu. Doch neben Scrappys schwierigem, tragischem Ringen um seinen Platz im Leben erscheint eine Bilanz eher unwichtig.

Zwei Monate später wird ein weiterer Graffitimitarbeiter erschossen. Raul ist allein in einem unserer Trucks unterwegs, als es ihn kurz vor Mittag auf der First Street vor der Post erwischt. Auch hier wissen wir nur, worum es bei seinem Tod nicht ging. Es ging weder um Homeboy noch um das Entfernen von Graffiti, noch gab es einen Zusammenhang mit Scrappys Tod.

Kurz vor Rauls Tod war ich die paar Blocks von Homeboy zu meiner Jesuitengemeinschaft zum Mittagessen gegangen. Auf dem Rückweg rennt mir Hector, den alle wegen seines enormen Afro nur »Fro« nennen, mit wippendem Schopf entgegen. Mir sinkt das Herz, als ich sehe, wie dringend er mich sprechen will. Ich fahre sofort ins Krankenhaus, wo Raul stirbt. Die Schreie seiner Mutter schneiden uns ins Herz.

Einer meiner Standardsprüche für Homies war, sie würden nur mit dem Schießen nicht aufhören, weil sie nie die Schreie einer Mutter gehört hätten, die erfährt, dass ihr Sohn tot ist. In jener Zeit war ich wahrscheinlich ein ähnlich gefürchteter Besuch wie die uniformierten Offiziere, die an die Türen der Familien von Soldaten klopften, die im Irak kämpften.

Die Mütter ziehen den Vorhang zurück, um zu schauen, wer kommt, und sie wissen, was der Bote bringt. Öfter, als ich mich erinnern will, habe ich an Türen geklopft, zu jeder Tages- oder Nachtzeit.

Wenn ich die Mutter sehe, sage ich es einfach direkt heraus: *»Lo mataron a Richie.«* Es erscheint mir letztlich mitfühlender, den Augenblick nicht mit unpassenden Vorreden zu verschleiern. Die Schreie und der Schmerz sind fast nicht zu ertragen. Es geht einem durch und durch wie nichts anderes, was ich kenne. Bei den Latinas hat es den Klang von uraltem Kummer und Leid. Dieses mütterliche Wehklagen und Vor- und Zurückwiegen vor lauter Schmerz ist so erschütternd, dass allein das schon eine Veränderung bewirken kann.

Ich erinnere mich an ein Mal (und nur an dieses eine Mal), als unmittelbar, nachdem der Homie Victor angeschossen worden war, alle Homies seiner Gang Rachepläne schmieden. Sie lungern alle vor seinem Haus in der Siedlung herum, wo Victors Mutter auf den Verandastufen sitzt und sich Sorgen um Victor macht. Ich komme gerade aus dem Krankenhaus, beuge mich zu ihr, um ihr die Nachricht von Victors Tod zu überbringen. Schrille Klagerufe, synkopische Schreie, die einen bis ins Mark erschüttern. Die Homies hören sie, lassen alle ihre Pläne fallen und gehen nach Hause. Sie haben eine Ahnung von dem Preis für ihre Rache bekommen, dank der Stimme einer trauernden Mutter.

Nachdem ich den ganzen Nachmittag mit Rauls Mutter und Familie verbracht habe, will ich vor Büroschluss noch mal zu meinen Mitarbeitern. Ich weiß, dass sie jetzt den Kontakt mit mir brauchen, und ich brauche den Kontakt mit ihnen. In den letzten zehn Minuten vor Büroschluss quetschen sich meine Mitarbeiter einer nach dem anderen in mein winziges Büro, um mich zu umarmen, ein wenig zu weinen, um mitzubekommen, wie es mir geht. Jede und jeder ist so zugewandt, zärtlich und selbstvergessen, wie es nur Heilige sein können.

Dann bin ich allein mit dem Schmerz und dem Echo unseres menschenverlassenen Hauptquartiers. Selbst die Geister scheinen Ausgang zu haben, als Freddy, einer meiner Mitarbeiter, in meiner Tür erscheint. Er fragt, wie es mir geht, und ich seufze und lade ihn ein, sich zu setzen.

»Ich weiß, dir bricht das Herz«, sagt er und fängt selbst an zu weinen. »Ich wünschte, ich könnte deinen Schmerz irgendwie wegzaubern.«

Ich kann mich nicht erinnern, als Erwachsener je so heftig mit jemand anderem zusammen geweint zu haben wie in jenem Moment mit Freddy. Wir heulen Rotz und Wasser. Normalerweise habe ich mich immer irgendwie unter Kontrolle, aber in diesem Moment geht nichts mehr. Ich habe diesen gigantischen Kummer so lange festgehalten, nun haben Freddys sanftes Drängen und sein großes Herz ihm plötzlich Erlaubnis gegeben, sich zu zeigen. Der dreiundzwanzigjährige Freddy arbeitete seit ein paar Jahren für Homeboy. Sein außergewöhnliches Temperament hatte etliche Bereichswechsel erfordert. Erst die Textildruckerei, dann die Anlieferung, und jetzt hier das Hauptquartier. Doch in diesem Moment ermöglicht ihm seine abgrundtiefe Wut und tiefe Verwundung, auch meine Last mitzutragen.

»Weißt du, alle hier sind irgendwie am Absaufen«, bringt Freddy unter einer Flut von Tränen hervor. »Und du …, du greifst einfach rein … und reißt uns raus.«

Unfähig, weiterzusprechen, heulen wir wieder eine Weile, legen den Kopf in die Hände und wiegen uns vor und zurück. Mit einer Anspannung, die seinen Wutausbrüchen gar nicht unähnlich ist, zeigt Freddy dann mit grimmig zusammengebissenen Zähnen auf mich und verkündet: »Ich schwör dir, wenn ich jetzt die Wahl hätte – eine Million Dollar oder die Chance, dich da rauszureißen …« Freddy schluckt trocken, um den nächsten Tränenschwall zurückzudrängen. »Ich schwör, ich … würd … dich … rausreißen.«

»Das tust du grad …, das tust du grad«, stammele ich schluchzend.

Schwester Elaine Roulette, die Gründerin des My Mother's House in New York, wurde einmal gefragt: »Wie arbeiten Sie mit den Armen?« Sie antwortete: »Wir arbeiten nicht mit den Armen. Wir teilen ihr Leben.« Es ist genauso einfach, wie gemeinsam zu weinen. Es geht darum, sich auf ihr Los einzulassen, bevor es überhaupt darum gehen kann, etwas daran zu ändern.

Erfolg und Misserfolg haben wenig mit dem gelebten Evangelium zu tun. Jesus gesellte sich zu den Ausgestoßenen, bis man sie willkommen hieß oder bis man ihn kreuzigte – was auch immer als Erstes geschah.

Der amerikanische Dichter Jack Gilbert schreibt: *»Das schwangere Herz neigt zu Hoffnungen, die für diese Welt die falsche Größe haben.«* Jesu Strategie und Haltung lagen konsequent außerhalb der gängigen Norm. Er trotzte allen Kategorien, auf denen die Welt besteht: Gut – böse; Erfolg – Misserfolg; rein – unrein. Damit hat er sich mit allen angelegt: Die Rechten hassten ihn, weil er sich mit den Unreinen gemein machte, mit den Außenseitern, den Unberührbaren. Er ließ sich auf die Leprakranken ein und aß mit den Sündern, wodurch er sich rituell unrein machte. Sie störten sich daran, dass er ihre provokanten Äußerungen und ihre kulturellen Abgrenzungen ignorierte.

Die Linken waren jedoch ebenso enttäuscht von ihm. Sie wollten einen Zehn-Punkte-Plan zur Umsetzung der Revolution, zum Umsturz der sündigen sozialen Strukturen. Seine Solidaritätsbekundungen beunruhigten sie. Sie wollten, dass er klar Stellung bezog, und nicht nur am rechten Ort stand.

Doch Jesus stand bei den Ausgestoßenen. Die Linken schrien: »Steh da nicht nur rum, tu was!« Und die Rechten forderten: »Stell dich nicht zu diesen Leuten!« Beide Seiten fanden Jesus unpassend für diese Welt und forderten letztlich seinen Tod, wenn auch aus unterschiedlichen Gründen. Beide Seiten waren tief beeindruckt gewesen, als er die Schrift auslegte und von der guten Nachricht für die Armen sprach, von Blinden, die sehend werden, und von Freiheit für jene, die in Fesseln liegen. Doch schon wenige Verse später wollten sie Jesus in den Abgrund stoßen.

Wie können wir bewirken, dass sich die Welt ändert? Dorothy Day fragte kritisch: »Wo waren die Heiligen, die sich für eine Veränderung der sozialen Ordnung einsetzen? Die nicht nur Seelsorger waren für die Sklaven, sondern die Sklaverei abschafften?« Dorothy Day ist eine meiner Heldinnen, aber an diesem Punkt bin ich anderer Meinung. Wer die Sklaven begleitet, schafft damit die Sklaverei ab. Wir entkommen der Sklaverei nicht durch Strategien, sondern durch Solidarität. Wir stellen uns zu dem Sklaven und mindern damit die Standfestigkeit der Sklaverei. Indem wir unser Schicksal an das der Gangmitglieder binden, beschleunigen wir den Untergang ihrer Dämonisierung. Jesus fragt nur: »Wo stehst du?« Und nach erschütternden Fehlschlägen und die Seele betäubenden Niederlagen fragt ER wieder: »Stehst du noch da?«

Können wir weiter treu bleiben, selbst wenn die Dinge nicht gut zu laufen scheinen? Ich vermute, Jesus hätte eine praktikablere, beweiskräftige Strategie wählen können, die nicht am Kreuz geendet hätte. Aber es gab wohl keinen Weg, der mehr von schlichter Treue geprägt war, als der, den ER gegangen ist.

An einem Spätnachmittag habe ich es eilig und will gerade vom Parkplatz der Kirche fahren, als sich La Shady direkt vor mein Auto stellt. Sie ist eine große junge Frau von neunzehn Jahren, die mit ihrem breiten Becken und ihren großen Brüsten doppelt so alt wirkt. Mit dem rechten Arm hält sie ihre einjährige Tochter Jennifer an die Hüfte gepresst. Shadys »Mann« und Vater ihrer Tochter war Leonardo, den ich drei Monate zuvor beerdigt habe. An einer Tankstelle zwischen Fourth Street und Boyle Street war es zu einem Tumult zwischen Leonardo und fünf Mitgliedern einer rivalisierenden Gang gekommen. Ein nervöser kleiner Typ aus der anderen Gang hatte das vom Auto aus mitgekriegt, zog eine Knarre und schoss ziellos zwischen die Streitenden. Eine Kugel traf Leonardo.

Shady macht mit der freien Hand ein Stoppzeichen und kommt dann zu dem offenen Fenster auf der Fahrerseite. Sie lehnt sich in den Wagen und küsst mich zur Begrüßung. Auf ihrem übergroßen schwarz-weißen Raiders-Shirt ist vorne eine Zahl gedruckt.

»Wo geht's hin, G?«, fragt sie.

Ich halte es für klüger, es ihr nicht zu verraten. Ich bin auf dem Weg zu einer Friedensverhandlung zwischen den weiblichen Mitgliedern ihrer Gang und jener, die Leonardo abgeknallt haben. Ich halte Shady für zu hitzköpfig, und der Eindruck von Leonardos Tod ist noch viel zu frisch, als dass sie vernünftig und ruhig auf Frieden hinarbeiten könnte. Deshalb habe ich sie nicht eingeladen.

»Ich muss was besorgen«, sage ich.

Es gibt nicht viele Frauen in Gangs. Man geht von fünf bis zehn Prozent aus. Ich neige eher zu der niedrigeren Zahl. Gangs sind hauptsächlich eine Sache der Männer. Es gibt natürlich *Gang-Molls,* Mädchen, die sich nur mit den Jungs aus einer Gang einlassen und nicht mit denen aus der anderen. Manche von ihnen mischen sich auch ein, stiften Unruhe und stacheln die Jungs zu Kämpfen an: »Willst du diesen *vato* einfach da über die Straße laufen lassen und nichts dagegen tun?«

In all den Jahren habe ich nur selbst etwas abbekommen, wenn ich bei Kämpfen zwischen Ganggirls eingeschritten bin. Die Jungs hören auf, sobald ich erscheine. Sie weichen vor mir zurück, als würde sich das Rote Meer vor mir teilen. Bei den Frauen braucht man Rückendeckung. Die hören nicht einfach auf. Man sollte niemals allein bei den Frauen dazwischengehen.

Shady ist ein harter Brocken. Meist ist sie derb und mürrisch, dann wieder unglaublich schüchtern. Doch dies scheint einer der seltenen Augenblicke zu sein, wo sie weder grob noch zurückhaltend ist. Sie ist ungewöhnlich froh, mich zu sehen, und will mich mit einer Dringlichkeit sprechen, die ich nicht von ihr gewohnt bin.

»G, hast du mal zwei Minuten? Ich hab letzte Nacht was geträumt. Das musst du mir erklären.« (Die Homies denken immer, ich sei ein Meister der Traumdeutung. Ich habe nichts getan, um sie darin zu bestärken. Sie nehmen offenbar an, das sei ein selbstverständlicher Teil meiner Kompetenzen.) Sie kommt näher, rückt Jennifer noch mal auf der Hüfte zurecht und lehnt den Oberkörper nach links, um das Gewicht auszugleichen.

In dem Traum betrat sie nachts die Dolores-Mission-Kirche. Sie ging den Mittelgang entlang und sah mich im Dämmerlicht vorne im Messgewand stehen. Neben mir stand ein winziger Kindersarg mit offenem Deckel. Shady wollte erst nicht näher, aber ich winkte sie heran. Sie kam nach vorn, weil sie mir vertraute, aber sie fürchtete sich schrecklich davor, in den Sarg zu sehen. Ich lächelte ihr zu und ermutigte sie, weiterzugehen. Schließlich war Shady vorne und wagte einen Blick in den Sarg. Doch bevor sie richtig hineinschauen konnte, flog eine weiße Taube heraus und ließ sie zurückschrecken. Die Taube kreiste ein paarmal in der Kirche und landete schließlich auf Shadys Schulter. Dann ist sie aufgewacht.

»Was bedeutet das, G?«

»Na, ist doch klar«, sage ich, ohne es wirklich zu wissen. Weil ich es eilig habe, zu einer Friedensverhandlung zu kommen, und weil ich Shady als jemanden einschätze, die meistens die Hacken ihrer Nike Cortez in den Boden stemmt und sich eher schwer damit tut, »dem Frieden eine Chance zu geben«, biete ich ihr eine Sicht der Dinge an, die mir ins Konzept passt.

»Jeder weiß doch, dass eine weiße Taube für Frieden steht. Also bittet dich Gott, dich mehr um Vergebung, Heilung und Frieden zu kümmern. Und es heißt auch, dass alles gut wird.«

Sie hört mir zu, aber ich kann sehen, dass noch mehr in ihr arbeitet. Ich lasse mein Streben nach Pünktlichkeit los und wende mich ihr zum ersten Mal wirklich zu. Sie steht vor mir, ihre Tochter auf der Hüfte, das Shirt im Wind flatternd, und ich lege meine Hand auf ihren Unterarm, den sie auf der Fahrertür abgelegt hat.

»Okay, *kiddo*, jetzt kommt die einzige Frage, die wirklich zählt: Wie hast du dich dabei gefühlt?«

Shady fängt an zu weinen. Ihre Tochter schaut erst ganz neugierig, dann weint sie mit.

»Das ist ja das Komische, G. Zuerst hab ich mich gefürchtet, ich hab gedacht …, vielleicht liegt meine Tochter in dem Sarg. Aber als ich den Vogel gesehen hab, da war nur Frieden und Liebe in meinem Herzen.«

Ich habe Shady noch nie so weinen sehen.

»Das ist es, was Gott will ... Liebe und Frieden in deinem Herzen. Es ist alles gut.«

Sie beugt sich mit einer Heftigkeit ins Auto, um mich zu umarmen, dass Jennifer sich beinahe den Kopf stößt. Shady drückt mich ganz fest und dankt mir überschwänglich.

Später an jenem Tag, kurz vor Mitternacht, sitzt Shady auf dem Rücksitz eines Autos voller Gangmitglieder. Sie fahren weit außerhalb ihres Barrios herum, und die Typen in dem Auto sind nicht aus ihrer Gegend. Sie kreuzen übermütig durch die Gegend und machen obszöne Gesten aus den Fenstern, wenn sie Rivalen auf der Straße sehen. Die brüllen dann Schimpfkanonaden zurück, die Gangster im Auto lassen die Reifen quietschen, und Shady lacht sich mit ihnen kaputt. An einer Ecke jedoch schafft es ein *vato,* schnell genug seine Knarre zu ziehen. Shady bricht auf dem Rücksitz zusammen. Nur eine einzige Kugel trifft in jener Nacht den Wagen, doch sie landet in Shadys Hinterkopf.

Was bedeutet also der Traum, den mir Shady nur wenige Stunden vor ihrem Tod erzählte? Ich weiß es nicht. Ich weiß nur, dass wir aufgerufen sind, unfehlbar zu Shady zu stehen und zu allen, die ihren Tod betrauerten. Darüber hinaus? Vielleicht sollten wir zulassen, dass unsere Herzen über dem brechen, was auch Gott das Herz bricht. Letztlich wird, was beendet werden muss, durch unsere Solidarität zu den Ausgestoßenen enden. Durch unsere Herzensnähe zu jenen, die nur allzu selten den Frieden einer weißen Taube auf ihrer Schulter erfahren. Was ist schon der Tod gegen das, was in uns aufsteigt, wenn wir diesen weißen Vogel erblicken?

Nietzsche schreibt: *»Das Gewicht aller Dinge wird neu bestimmt werden müssen.«* Wir sind mit so vielen Toten und Tragödien konfrontiert, wer kann es uns verdenken, dass wir eine neue Art des Ermessens ersehnen?

Indem wir uns auf den richtigen Standpunkt stellen, erschafft Gott durch uns eine Gemeinschaft des Widerstands, ohne dass wir es auch nur bemerken. Jesu Strategie zu wählen bedeutet, sich auf das einzulassen, was Dean Brackley »Mobilität nach unten« nennt. Wenn wir uns zu jenen stellen, die endlos ausgeschlossen wurden, entsteht ein sichtbarer Protest. Denn es wird die Verantwortlichen nicht ändern, wenn wir sie ewig anschreien. Die Randbereiche verschwinden nicht, indem wir darauf bestehen, dass die Verantwortlichen sich darum kümmern sollen. Der Fahrstuhleffekt funktioniert hier nicht. Die Kräfte, die gegen die Armen und die Jungen und »die anderen« zu Felde ziehen, lassen sich nur zu Mitgefühl bewegen, wenn sie dieses Mitgefühl leibhaftig sehen. Nur wenn wir eine Gemeinschaft sehen, in der die Ausgestoßenen wertgeschätzt und einbezogen werden, wagen wir es, die Werte hinter uns zu lassen, die ausschließen wollen.

Jesus war immer zu sehr damit beschäftigt, treu zu sein, als dass er sich um Erfolg oder Misserfolg gekümmert hätte. Ich bin nicht gegen Erfolg; ich meine allerdings, wir sollten ihn nur als Nebenprodukt unserer Treue akzeptieren. Solange unser Bestreben vor allem auf Ergebnisse gerichtet ist, werden wir uns nur Menschen zuwenden, von denen wir uns Erfolg versprechen.

Bei Homeboy Industries haben wir Tausende Male erlebt, wie Homies, die immer wieder Grenzen überschritten haben, auch noch die achtundneunzigste Chance gegeben wurde. Vielleicht weil wir so oft gezwungen sind, da anzufangen, wo andere aufgegeben haben.

Einer meiner langjährigen Mitarbeiter hat vorgeschlagen, das Motto auf unseren T-Shirts zu ändern, von »Nothing stops a bullet like a job« (»Nichts hält eine Kugel besser ab als ein Job«) zu »You just can't disappoint us enough« (»Du schaffst es nicht, uns genug zu enttäuschen«).

Ich habe oft den Einwand gehört, bei uns gäbe es zu wenig Konsequenzen für das Verhalten der Homies, während es in der echten Welt da draußen Konsequenzen gebe. Jemand hat mal zu mir gesagt: »Was muss man eigentlich tun, um bei Homeboy gefeuert zu werden – Nervengas sprühen?« Tatsache ist: Wenn es zum Besten für jemanden ist, feuere ich ihn auch. Das ist schon oft passiert. Ich bestelle denjenigen zu mir und sage: »Du wirst nie erleben, dass ich dir meine Liebe und Unterstützung entziehe. Ich stehe immer zu dir, was auch kommt. Und noch was: Ich muss dich leider gehen lassen.«

Sie sehen es immer ein. Fast immer.

Es steht außer Frage, dass jeder, der bei Homeboy arbeitet, woanders längst gefeuert worden wäre (vermutlich mich eingeschlossen, wenn man meinen Vorstand fragt). Doch wie der Jesuit Mark Torres, der beliebte geistige Beistand von Homeboy Industries, es in Worte fasst: *»Wir sehen in den Homies, was sie nicht in sich sehen, bis sie es sehen.«*

Ich erinnere mich an ein Homegirl, deren Gesicht über und über mit beeindruckenden und beängstigenden Tätowierungen bedeckt war. Sie kam direkt aus dem Knast und wollte bei Silkscreen anfangen. Am ersten Tag geriet sie in Streit. Am zweiten kam sie zugedröhnt mit Marihuana. Am dritten Tag fuhr sie in einem Wagen voller Gangmitglieder vor (was gegen unsere Regeln verstößt). Außerdem war der Wagen geklaut (was wohl gegen jegliche Regeln verstößt). Wir hätten sie sofort feuern können. Und doch blieben wir mit all unserem »Komme, was da wolle« dabei, dass wir sie nicht aufgeben würden, solange sie uns nicht aufgab.

Und sie gab auf. Blieb einfach weg. Und wir werden sie wieder aufnehmen, wenn sie zurückkehrt.

Wir stellen uns zu denen, für die Erfolg am unwahrscheinlichsten ist, bis etwas entsteht, was kostbarer ist als Erfolg: Verbundenheit. Wir stellen uns zu den Streitlustigen, den Mürrischen und denen, die sich schlecht benehmen, bis schlechtes Benehmen als das erkannt wird, was es ist: die Sprache der tief Verwundeten, denen mehr aufgelastet wurde, als sie zu tragen vermögen.

Jesus legte sich immer wieder mit dem Reinheitsgebot der *Shotcaller* seiner Zeit an. Er erkannte, dass genau dieser Kodex die Leute daran hinderte, Verbundenheit zu leben. Vielleicht ist Erfolg zu unserem neuen Reinheitsgebot geworden. Jesus zeigt uns, dass in den allermeisten Fällen dieses Verlangen nach Reinheit der Feind des Evangeliums ist.

Sponsoren sagen manchmal: »Wir fördern keine Bemühungen, wir fördern Ergebnisse.« Wir alle hören solche Aussagen und denken, wie vernünftig, pragmatisch, realistisch und klar fokussiert das ist. Aber vielleicht würde Jesus nicht verstehen, warum wir so vehement zustimmen. Manchmal verwandelt sich unsere Vorliebe für die Armen unabsichtlich in eine Vorliebe für die, die sich wohlverhalten und die mit größerer Wahrscheinlichkeit Erfolg haben werden. Wenn Erfolg unser Antrieb ist, übergehen wir die Schwierigen und Aufsässigen und vernachlässigen damit das »stete Wirken Gottes«. Versagen und Tod werden dann unüberwindbar.

Ich sehe Manny in der Nachbarschaft und bin kein bisschen froh darüber. Den Homies, die von den Siedlungen wegziehen, sage ich immer, sie hätten hier nichts mehr verloren.

Einmal sah ich einen Homie namens Mugsy, der inzwischen Anfang dreißig ist, drei Kinder und einen guten Job auf dem Bau hat und längst woanders lebt – mitten im Barrio.

»Was zum Teufel hast du hier zu suchen?«, frage ich ihn.

»Ach, ich hol nur paar Flaschen Bier in Moon's Store.«

»Pass mal auf, Dog, Bier gibt's überall.«

»Schon«, antwortet er, »aber nicht auf Essensmarken.«

Die Tatsache, dass ich bei diesen Auseinandersetzungen nur selten gewinne, hindert mich nicht daran, dieselbe Platte immer wieder abzuspielen.

Als ich Manny sehe, fange ich ganz ruhig an: »Okay, Manny, was machst du hier?«

Manny würde am liebsten schnellstmöglich verschwinden. »Ach, ich mach nur einen Besuch.«

Ich ahme den Tonfall einer Krankenhausdurchsage nach: »Wir bitten um Ihre Aufmerksamkeit: Die Besuchszeit ist beendet.«

Manny ist schlau genug, das Thema zu wechseln. »Hey, du kannst mir gratulieren!«

»Wozu?« Ich lasse Luft ab.

»Am Montag fange ich mit dem College an – in Rio Hondo.«

»Mein Sohn, ich bin stolz auf dich – Abmarsch nach Hause!«

Manny war einer von zwanzig Leuten aus verschiedenen Gangs, die unsere Kindertagesstätte gebaut haben. Zwei Jahre haben sie für ein Gebäude gebraucht, das Profis wohl in vier Monaten hingestellt hätten. Aber wir entschieden uns für einen Bautrupp, der »die falsche Größe für diese Welt« hatte.

Manny war unglaublich stolz darauf, dass sein Name auf dem fertigen Gebäude stand. »Ich hab das gebaut«, sagte er immer, wenn er daran vorbeikam.

Keine drei Stunden nach unserem Gespräch biegt Manny auf die Auffahrt zur Schnellstraße ein, um nach Hause zu fahren. Ein Rivale sieht ihn und eröffnet das Feuer. Ein paar Stunden später bitten mich die Ärzte, bei seiner Familie die Einwilligung für eine Organspende zu holen.

Diese Dinge brauchen Zeit. Ich wache ein paar Tage lang an der Seite von Irma, die mit dem zweiten Kind von Manny im achten Monat schwanger ist. Sie weicht nicht von Mannys Bett. Irgendwann höre ich auf, sie zu bitten, sich mal auszuruhen. Sie übersät seinen Nachttisch mit Fotos, die ihnen beiden viel bedeuten, Bilder von Manny junior und der Familie.

Eine endlose Prozession von Homies, Familienmitgliedern und Freunden kommt vorbei, um sich von Mannys komatösem Körper zu verabschieden. Die Homies hängen ihm zärtlich Rosenkränze um den Hals, küssen und umarmen ihn. Quer über die Brust hat er sich, als er das letzte Mal angeschossen wurde, den Titel des Songs »I'm still here« tätowieren lassen.

An seinem Krankenbett erinnere ich mich daran, wie Manny mich mal anrief. Wegen irgendetwas anscheinend mal wieder ziemlich *panickeado.* Meist hatte es damit zu tun, dass er fürchtete, wieder gegen seine Bewährungsauflagen verstoßen zu haben. Wir trafen uns an der Eisentreppe vor Irmas Apartment in der Siedlung. Als ich ankam, war er bereits in Tränen aufgelöst. Irgendwann im Laufe unseres Gesprächs fragte ich ihn: »Was willst du, Manny?« Er wusste sofort, wovon ich rede.

Was ist es, das du tief in dir wirklich willst?

Manny schloss die Augen und faltete die Hände mit einer Inbrunst, die durchaus etwas bewirken könnte. Er sah aus wie ein Mann, der sich selbst in die rechte Spur bringen könnte, wenn er nur die richtigen Worte fände. Als Manny aus seiner Suche wieder auftauchte, sagte er: »Ich möchte einfach nur ein guter Vater sein. Aber ich weiß nicht, wie das geht.«

Vorbilder waren Mangelware. Ein Jahr zuvor hatte ich seinen Vater beerdigt, der an einer Überdosis Heroin gestorben war. Seine Kindheit hatte Manny bei guten Menschen verbracht, die jedoch heillos in das typische Angeldust-Chaos verstrickt waren. Als ich ihm viele Jahre zuvor zum ersten Mal begegnete, war er ein kleines Kind, das einen Schrank als Zimmer und einziges Refugium hatte.

Schließlich bringe ich Mannys Großmutter dazu, die Einwilligung zur Organspende zu unterschreiben. »Aber nicht seine Augen«, sagt sie. »Nicht seine Augen.«

Zwei Krankenschwestern fahren Mannys Bett zum OP, um die Organe zu entnehmen. Auf dem Weg schüttelt eine der beiden angewidert den Kopf, vermutlich wegen Mannys zahlreichen Tätowierungen.

»Also ich weiß nicht«, sagt sie und rollt mit den Augen. »Wer will denn schon das Herz von so einem Monster haben?«

Die andere Schwester bleibt mitten im Gang abrupt stehen und fragt ihre Kollegin mit einer Klarheit, die sie vielleicht selbst überrascht: »Wie um alles in der Welt kommst du dazu, diesen Jungen ein Monster zu nennen? Hast du nicht seine Familie gesehen, seine

Freunde, seinen kleinen Sohn? Er war gerade mal neunzehn, Herrgott noch mal. Er hatte Menschen, denen er viel bedeutet hat. Also wirklich, du solltest dich schämen!«

Ich weiß das nur, weil ich kurz darauf für die Krankenschwestern des White Memorial Hospitals einen Gottesdienst abhielt. Während der anschließenden Fragestunde erzählte die Schwester, die Manny so abgeurteilt hatte, diese Geschichte unter Tränen all ihren Kolleginnen. »An dem Tag habe ich auf der ganzen Fahrt nach Hause geheult«, berichtete sie.

Da ich inzwischen 168 junge Menschen beerdigt habe, die im Zusammenhang mit Gangs ums Leben gekommen sind, blieb mir gar nichts anderes übrig, als mit dem »Fehlschlag« Tod irgendwie klarzukommen.

»Tod, wo ist dein Stachel? *La muerte, ya no tiene dominio*« sind Worte, die ich viele Male von der Kanzel gesprochen habe. Der Tod hat keine Macht über uns. Das ist leicht gesagt. Es liegt jedoch ein gewisser Selbstschutz darin. Sonst könnte man darüber noch verrückt werden. Annie Dillard schreibt: *»Es war einmal in Israel, dass die Liebe zu uns kam in Fleisch und Blut und sich auf die Schwelle zwischen den Welten stellte, und wir fürchteten uns sehr.«*

Wenn man mit Gangmitgliedern arbeitet, muss man in dem Leben auf dieser Schwelle einen Sinn erkennen. Ja, der Weizen stirbt, aber schau mal, was aus den Samen wird. Klar, eine Geburt ist mit Schmerzen verbunden, aber dann gibt es ein Kind. Wer schaut schon noch auf die Asche, wenn der Phönix daraus erstanden ist? Man hält immer Ausschau nach Schicksalen, die noch schlimmer sind als der Tod, und wie sich zeigt, gibt es eine Menge davon.

Ein mit dem Tode bedrohter algerischer Mönch sagte zu jenen, die ihn ermorden wollten: *»Was haben wir schon zu fürchten? In die Zärtlichkeit Gottes geworfen zu werden?«*

Genau dort möchte ich gerne sein, selbst wenn an den meisten Tagen scheinbar die Angst triumphiert.

Eine der heldenhaftesten Frauen, die ich kenne, ist Soledad. Sie hat ein riesengroßes Herz und vier Kinder. Ronnie, den zweitältesten Sohn, lernte ich kennen, als er auf der Roosevelt High School war. Ich glaube, er hat nach der Schule bei uns im Büro gearbeitet, fing damit an, kurz nachdem sein Bruder Angel bei Silkscreen eingestiegen war. Angel gehörte zu einer Gang und war zwei Jahre älter als Ronnie, der nie zu irgendeinem Barrio gehörte.

Kurz nach dem 11. September 2001 beendete Ronnie die Highschool und ging zur Marine, ohne die Abschlussfeier abzuwarten. Einmal kam er noch mit Soledad vorbei, um sich von mir für einen Einsatz an einem geheimen Ort (Afghanistan, wie sich später herausstellte) einen Segen geben zu lassen.

Einige Zeit später ist Ronnie mal wieder auf Heimaturlaub und spät in der Nacht auf der Straße, weil er sich was zu essen geholt hat. Er ist schon fast wieder im Haus, als Soledad von ihrem Schlafzimmer aus die im Barrio meistgefürchtete Frage hört. Jemand macht Ronnie an: »Von wo bist du?«

Wer nicht von einer Gang ist, sagt darauf: »Von nirgends«, oder: »Bin nich' dabei«, was sowohl »Ich bin zwar in einer Gang, spiel aber nicht mehr mit« als auch »Ich bin nicht in einer Gang« bedeuten kann.

Sie spitzt die Ohren, um seine Antwort zu hören. Vielleicht hat er gelacht oder die Marine erwähnt. Sie braucht jedoch nicht die Ohren zu spitzen, um die Schüsse zu hören, die daraufhin fallen. Ronnie stirbt in ihren Armen vor ihrer Küchentür. Er hat vier Schüsse in den Rücken und zwei in den Kopf bekommen. Sie haben ihm die Hand abgeschossen. Ronnie erhält ein Militärbegräbnis mit allen Ehren. Man überreicht Soledad eine zusammengelegte Flagge.

In den nächsten sechs Monaten ist Soledad untröstlich. Sie geht nicht zur Arbeit und verlässt kaum noch das Haus. Sie trägt nur Schwarz, wäscht sich unregelmäßig und kümmert sich weder um Frisur noch um Make-up.

Zu meinen kostbarsten Besitztümern gehört ein Foto von Angel, Soledads ältestem Sohn, als er beim Schulabschluss an der Roosevelt High School in einer dunkelroten Robe mit Goldquasten und Diplomhut geehrt wird. Nur sehr wenige Homies schaffen das. Angel konnte wirklich stolz darauf sein.

Eines Sonntagmorgens, sechs Monate nach Ronnies Tod, redet Angel mit seiner Mutter ein ernstes Wort. »Hör mal«, sagt er im Versuch, zu ihr durchzudringen, »du musst damit aufhören. Du hast noch drei weitere Kinder, und wir brauchen dich. Also bitte geh und wirf die schwarzen Klamotten weg, dusch dich und mach dir die Haare und leg ein bisschen Make-up auf. Es wird Zeit.«

Soledads Erstgeborener schafft es, die Mauer der Trauer aufzubrechen, hinter der sich ihre Seele zurückgezogen hatte und die ihr Herz so lange versteinert hatte. Sie tut, was ihr Sohn sagt, wäscht sich, zieht etwas Farbiges an, frisiert sich und legt Make-up auf. Sie kommt zurück, und sie strahlt.

Angel legt die Hände um ihr Gesicht. »Du siehst super aus!« Und dann kann er sich nicht verkneifen hinzuzufügen: »Wurde aber auch Zeit, verdammt noch mal!«

Am Nachmittag sitzt Angel auf der Veranda vor dem Haus und isst ein Sandwich, als weiter unten auf der Straße Unruhe aufkommt. Ein Junge rennt vorbei, so schnell er kann. Er ist aus Angels Barrio. Zwei Feinde jagen ihn. Als sie ihn fast eingeholt haben, schafft er es, aus ihrem Blickfeld zu verschwinden. So stehen die beiden frustriert und außer Atem vor Angels Haus. Angel versucht, so schnell wie möglich ins Haus zu kommen. Schüsse fallen, und Soledad rennt nach draußen, weil sie den Lärm hört. Später wird sie sagen, sie wünschte, die Schützen wären lange genug geblieben, um sie auch zu töten.

Da es Sonntag ist, halte ich in verschiedenen Strafeinrichtungen Messen ab und erfahre erst spät von Angels Tod. Als ich in Soledads Wohnzimmer trete, kauert sie in einer Ecke. Vergiss Tempos oder Taschentücher! Soledad schluchzt in ein Badehandtuch. Und die Arme der wenigen von uns, die da sind, sind viel zu kurz, als dass wir diesen Schmerz halten könnten.

Ich sehe Soledad oft. Einmal, etwa zwei Jahre nach Angels Tod, treffe ich sie vor unserem Büro. Wir umarmen uns.

»Wie geht's, *kiddo?*«

Soledad greift nach meinem Arm und wählt ihre Worte mit Bedacht. »Ich liebe die beiden Kinder, die ich habe. Und ich leide, weil ich zwei nicht mehr habe.« Sie fängt an zu weinen, und offenbar ist ihre Ehrlichkeit ihr ein bisschen peinlich. »Das Leid ist stärker ..., das Leid ist stärker.«

Zwei Monate später kommt Soledad mitten in der Nacht ins Krankenhaus, weil sie Schmerzen in der Brust und Herzrhythmusstörungen hat. Ich besuche sie dort, und sie erzählt mir, was in der Nacht, in der sie eingeliefert wurde, geschah. In der Notaufnahme des White Memorial machten die Ärzte ein EKG und dies und jenes, als ein weiterer Notfall eingeliefert wurde. In der Hektik der Aufnahme wurde der neue Patient an den freien Platz neben Soledads Liege geschoben. Der Junge hatte mehrere Schusswunden und war blutüberströmt. Man fing an, seine Kleidung aufzuschneiden. Keiner hatte Zeit, die Sichtvorhänge zwischen den Liegen zuzuziehen. Jemand massierte sein Herz, andere legten Zugänge. Soledad drehte den Kopf und sah zu, wie der Junge um sein Leben kämpfte. Sie erkannte ihn. Er gehörte zu der Gang, die höchstwahrscheinlich für die Schüsse auf ihre Söhne verantwortlich war.

»Als ich dieses Kind sah«, erzählt sie mir, »dachte ich daran, was meine Freunde sagen würden, wenn sie jetzt da wären. Sie würden bestimmt sagen: ›Bete, dass er stirbt!‹« Doch während die Ärzte alles taten, was sie konnten, und immer wieder riefen: »Wir verlieren ihn! Wir verlieren ihn!«, sah sie nur diesen schmalen kleinen Jungen, der darum rang, dem Schicksal ihrer Söhne zu entgehen.

»Und ich fing an zu weinen, wie ich noch nie im Leben geweint habe, und ich betete so inständig, wie ich noch nie gebetet habe: ›Bitte ..., lass ihn nicht sterben! ... Ich will nicht, dass seine Mutter durchmachen muss, was ich durchgemacht habe.‹«

Und der Junge überlebte. Manchmal scheint es nur so, als wäre das Leid stärker.

Mary Oliver schreibt: *»Manche Dinge sind unerreichbar für uns. Aber wir können es dennoch versuchen, jeden Tag aufs Neue.«*

Doch letztlich sind es nicht Effektivität und ein Haufen Erfolgsgeschichten, was wir erreichen wollen. Obwohl ich niemandem etwas vormachen will: Natürlich sind auch sie mir lieber als entmutigende Fehlschläge und Jahrzehnte voller Tod. Doch es geht nicht um das, was einem lieber ist. Es geht darum, Kategorien aufzubrechen, die dazu führen, dass wir uns von den Schwierigen, den Unangenehmen und den am wenigsten Aussichtsreichen abwenden. Wenn ich mir selbst treu bin, möchte ich an den meisten Tagen mein Leben einfach mit den Armen teilen, ganz egal, was dabei herauskommt. Ich möchte mich einlassen auf die Herausforderung unlösbarer Probleme, mitfühlend und von ganzem Herzen, in dem Wissen um die göttliche Erfindungsgabe, das »stete Wirken Gottes«, das einfach passiert, wenn wir ihm treu bleiben. Vielleicht würde der Welt eine kräftige Dosis »falscher Größen« guttun; sonst ist das Leid immer stärker. Vielleicht gibt es Dinge, die unerreichbar bleiben. Aber wir können die Arme ausstrecken von einer Liege zur anderen und vergeben und heilen.

Gleiche Herzen, gleiche Seelen. Jeden Tag aufs Neue.

9

Verbundenheit

Mutter Teresa hat einmal gesagt, all das Leid der Welt komme daher, weil wir vergessen haben, dass wir zueinander gehören. Verbundenheit entsteht, wenn wir genau das nicht zulassen. Wenn Verbundenheit das Ziel ist, rückt alles andere automatisch an den richtigen Platz; ohne sie gibt es weder Gerechtigkeit noch Frieden. Vermutlich würden wir Gerechtigkeit nicht mehr fordern, sondern sie feiern, wenn Verbundenheit unser Ziel wäre. Manchmal entsteht sie fast unbemerkt, selbst wenn man danach strebt.

Zu meinen Aufgaben gehört es, nach dem Rotationsprinzip in fünfundzwanzig Strafeinrichtungen von Los Angeles County die katholische Messe zu feiern. Nach der Messe in der Sporthalle, der Kapelle oder dem Klassenraum verteile ich Visitenkarten. Ich werbe immer mit den gleichen Sprüchen: »Ruft mich an, wenn ihr rauskommt. Ich besorg euch einen Job, lasse eure Tattoos entfernen, vermittle Beratung. Ich weiß nicht, wo ihr dann sein werdet, aber auf dieser Karte steht, wo ich bin. Schiebt es nicht zu lange raus. Sonst werdet ihr wieder geschnappt und landet genau hier. Also ruft mich an!«

Pro Jahr teile ich etwa tausend Karten aus.

So kommt es auch, dass ein Homie namens Louie eines Tages glückstrahlend in meinem Büro auftaucht. Noch nie im Leben habe ich einen Menschen gesehen, der mehr Knutschflecken hatte. Sein Hals ist vollkommen bedeckt von *chupetonazos.* Sogar auf seinen Wangen prangen sie. Mr. Guinness könnte Interesse haben, Louie in sein Buch aufzunehmen.

»Da bin ich«, sagt er mit weit ausgebreiteten Armen. »Bin gestern raus.« Fröhlich zeigt er auf mich. »Und Sie … sind der Erste, bei dem ich vorbeischau.«

Ich sehe mir diesen kichernden Kerl an und sage: »Louie, ich glaube, ich bin eher Nummer zwei.«

Wir brechen beide in Lachen aus, und plötzlich entsteht eine Verbundenheit. So schnell geht das. Nicht mehr Anbieter und Kunde. Nichts mehr, was uns trennt – einfach nur »wir«.

Genau das, was Gott im Sinn hatte.

Wir bauen oft eine große moralische Distanz auf, die »uns« von »denen« trennt. Doch Gottes Traum geht in Erfüllung, wenn wir erkennen, dass es nichts gibt, was uns trennt. Anderen etwas anzubieten ist gut. Es ist ein Anfang. Aber es ist nur der Flur, der in den großen Ballsaal führt.

Verbundenheit – nicht dem anderen etwas anzubieten, sondern mit ihm eins zu sein. Jesus war nicht »für andere da«. Er war eins mit ihnen. Das ist ein himmelweiter Unterschied.

In meinem ganzen Leben habe ich wohl nie eine solche Verbundenheit erfahren wie zu der Zeit, als bei mir Leukämie diagnostiziert wurde. Während ich dies schreibe, bin ich gesund, schon mehrere Jahre ohne Befund.

Vor Kurzem kam ein Homie atemlos zu mir gelaufen. »Hab gehört, dein Krebs ist wieder da.« Seit meiner Erkrankung lungert die Leukämie immer vor der Tür und wartet in der Schlange auf Popcorn.

Die meisten erfuhren von meiner Erkrankung wohl über die Meldung auf der ersten Seite der Sonntagsausgabe der »Los Angeles Times«. Es sprach sich schnell herum, und die Homies strömten herbei. Mein Anrufbeantworter war ständig voll.

»Jetzt kümmern wir uns um dich«, sagt Lala, ein Homegirl, das ich schon ewig kenne.

Ein tätowierter Hüne namens Fernie steht vor meinem Schreibtisch. Er hat den Körperbau eines Rugbyspielers, bei dem Gott den Hals vergessen hat. Seine Augen glänzen feucht. »Kannste was von mir brauchen?« Er meint Organe. Ich bin recht froh, dass ich sein Angebot ablehnen kann.

Während der Chemotherapie komme ich einmal nach einer Behandlung ins Büro. Ein winziges, fünfzehn Jahre altes Gangmitglied lässt sich auf den Stuhl vor meinem Schreibtisch fallen. Der Junge sieht mitgenommen aus. »Hab gehört, du hast Leukämie«, sagt er mit brüchiger Stimme.

Ich nicke ernst.

Eine Weile herrscht eine beklommene Stille. Schließlich bricht er sie: »Meine Katze hatte auch Leukämie.« Seine Aussage steht einen Moment lang im Raum. »Echt«, spricht er weiter, »sie ist dran gestorben.«

»Oh«, sage ich, »das tut mir leid … Danke, dass du vorbeigekommen bist, obwohl …, nun, das hat es genau getroffen.«

Das Beste von allem war jedoch, als P-Nut mich vom Knast aus anrief. R-Gespräch. Er hatte es gerade aus der Zeitung erfahren. »Hey«, schreit er ins Telefon, um den Hintergrundlärm zu übertönen. »Was is'n Leukämie eigentlich?«

»Tja, das ist Krebs … im Blut. Zu viel weiße Blutkörperchen, sagen die Ärzte.«

P-Nut geht sofort in Abwehrhaltung. »Mann, ey …, diese Ärzte!« Ich sehe es förmlich vor mir, wie er den Kopf schüttelt. »Die ham echt keine Ahnung!«

»Wieso?«

»Halloooo! Klar haste zu viel weißes Blut, ey! Du bist ja weiß!«

Seither nehme ich mehr R-Gespräche aus dem Knast an; das nenne ich dann »eine zweite Meinung einholen«.

Nichts, was uns trennt. Nur Verbundenheit. Schritt für Schritt eine Gemeinschaft schaffen, die Gott sehen kann. Zuerst stellen wir uns mit Gottes Hilfe umfassendes Mitgefühl vor. Dann stellen wir uns vor, dass niemand mehr außerhalb steht, und rücken selbst an den Rand, bis dieser verschwindet. Dort stehen wir bei jenen, denen die Menschenwürde abgesprochen wurde. Wir stellen uns zu den Armen, zu den Ohnmächtigen und zu denen, die keine Stimme haben. Wir gesellen uns zu jenen, die man leicht verachtet und außen vor lässt. Und wir stehen zu jenen, die dämonisiert werden, damit auch das endlich aufhört. Wir nehmen Platz neben den Überflüssigen, auf dass der Tag komme, wo kein Mensch mehr als überflüssig betrachtet wird.

Der Prophet Habakuk schreibt: *»Die Weissagung wird ja noch erfüllt werden zu ihrer Zeit und wird endlich frei an den Tag kommen und nicht trügen. Wenn sie sich auch hinzieht, so harre ihrer; sie wird gewiss kommen und nicht ausbleiben.«*

Verbundenheit ist das, wohin Gott uns drängt, immer hoffend, die Zeit sei gekommen.

Ich erkenne Lencho nicht wieder, als er in mein Büro kommt. Aber das will er natürlich als Erstes wissen: »Kennste mich noch?«

Ehrlich gesagt, nein.

Vor zwei Tagen ist er aus dem Corcoran State Prison entlassen worden. Zehn Jahre hat er gesessen – trotz seiner Jugend nach Erwachsenenstrafrecht verurteilt. Ich habe ihn im zentralen Jugendknast getroffen, da war er vierzehn. Jetzt ist er vierundzwanzig, die Tätowierungen auf seinen Armen wirken wie Ärmel – jeder Zentimeter Haut ist bedeckt. Vom Halsansatz bis zum Schlüsselbein steht in dicken, schwarzen Buchstaben der Name seiner Gang. Lenchos Schädel ist kahl rasiert und ebenfalls mit beeindruckenden Tätowierungen bedeckt. Das Hervorstechendste sind jedoch zwei ausgezeichnet gearbeitete Teufelshörner auf der Stirn.

»Also …, ist echt schwer für mich, 'nen Job zu finden.«

Na, woran das wohl liegen mag?

Ich nehme schon Anlauf, um ihm einen Schubs in Richtung unserer Klinik zur Tattoo-Entfernung zu verpassen, da sagt er: »Hab noch nie 'nen Job gehabt – war immer nur im Knast.«

Ich schlage vor, das zu ändern, und biete ihm an, am nächsten Morgen bei Homeboy Silkscreen anzufangen. In mehr als zehn Jahren haben dort fast fünfhundert rivalisierende Gangmitglieder für über 2500 Kunden Textilien bedruckt und bestickt.

Zwei Tage später rufe ich bei Silkscreen an und erkundige mich nach Chamuco (eine liebenswürdige Bezeichnung für Satan), dem jüngsten Neuzugang. Man ruft Lencho ans Telefon.

»Na, wie ist es, zur arbeitenden Bevölkerung zu gehören?«

»Is' echt stark«, sagt er. »Wie bei dem Typ in der Werbung, der total fremde Leute anspricht und denen sagt: ›Ich hab grad mein Cholesterin gesenkt.‹ Echt, genau so.«

Ich gestehe, dass ich das Beispiel nicht ganz kapiert habe.

»Na, gestern nach der Arbeit sitz ich hinten im Bus, dreckig und so, also da konnt ich einfach nich' anders, ich hab total fremde Leute angesprochen: ›Komm grad von der Arbeit, is' mein erster Tag‹, und: ›Hab grad Feierabend, is' mein erster Tag‹, so was eben.«

Ich stelle mir die Leute im Bus vor. Ob manche Mütter ihre Kinder an sich gedrückt haben? Bestimmt hat sich jemand gedacht:

Bien hecho – gute Sache. Und genauso gut kann jemand auch gedacht haben: Was für eine Verschwendung einer guten Arbeitsstelle!

In der Welt hat der falsche Gedanke Fuß gefasst, es gebe Menschenleben, die weniger wert sind als andere. Der Prophet Jeremia schreibt: *»An diesem Ort, von dem ihr sagt: ›Er ist wüst …‹, wird man dennoch wieder hören den Jubel der Freude und Wonne, die Stimme … derer, die singen …«*

Lenchos Stimme ist wichtig. Wir können uns entscheiden, zu dem zu werden, was die Kinderpsychiaterin Alice Miller »wissende Zeugen« nennt: Menschen, die durch ihre Freundlichkeit, ihr Zartgefühl und ihre aufmerksame, zugewandte Liebe Menschen helfen, zu sich selbst zurückzufinden. Es ist eine Rückkehr – kein Sich-Einordnen. Lencho kehrt zu sich selbst zurück und verkündet es glockenklar hinten im Bus. Wir setzen keine Maßstäbe, die erreicht werden sollen. Wir sind einfach da, der Wahrheit verpflichtet.

Bei Homeboy Industries versuchen wir, jedem diese Wahrheit zu vermitteln, dass er oder sie genau das ist, was Gott im Sinn hatte, als er sie erschuf – und dann beobachten wir von unserer privilegierten Position aus, wie die Leute sich diese Wahrheit aneignen und sie leben. Danach ist nichts mehr, wie es war. Keine Kugel kann das zerstören, keine Gefängnismauern können das aussperren. Selbst der Tod kann es nicht vernichten – so groß ist es.

Doch der Weg zur befreienden Wahrheit steckt voller Hindernisse. Es gilt, Scham und Schande abzubauen und Menschen zur Erkenntnis dieser Wahrheit zu führen, die sich daran gewöhnt haben, das Gegenteil zu glauben.

Einmal habe ich auf dem Weg zu einem Vortrag drei Homies im Auto, die dort einen Verkaufstisch mit unseren Produkten aufstellen und betreuen sollen. Die Sprüche fliegen hin und her, und wir haben so großen Spaß miteinander, dass ich erst spät bemerke, dass der Tank fast leer ist. Ich wende mich an Jojo, den Homie auf dem Beifahrersitz.

»Oye, Dog, hilf mir mal, nach einer Tankstelle Ausschau zu halten.«

Anscheinend traut er meiner Wahrnehmung nicht ganz, denn er beugt sich rüber, um auf die Tankanzeige zu schauen. »Alles in Ordnung«, meint er und winkt ab.

»*Cómo que* alles in Ordnung – ich bin auf *échale, cabrón!* E bedeutet *empty,* leer.«

Jojo sieht mich mit großen Augen und echter Verblüffung an. »E heißt leer?«

»Ja klar, was hast du denn gedacht?«

»*Enough,* genug.«

»Und was hast du gedacht, wofür das F steht?«

»*Finished,* erledigt.«

Nachdem ich ihm für seinen Besuch auf unserem Planeten gedankt habe, wird mir bewusst, dass die Umkehr genau so stattfinden muss. Homies starren in den Spiegel und sehen: »Leer.« Unsere kollektive Aufgabe ist es dann, ihnen stattdessen ein »Genug« nahezubringen – genug Begabung, genug Fähigkeiten, genug Güte. Wer genug hat, hat viel.

Und falls ihr Selbsturteil lautet: »Erledigt«, sind wir aufgefordert, ihnen jenen Ort in sich zu zeigen, wo sie sich in aller Fülle als das erkennen, was Gott im Sinn gehabt hat. Man kann gar nicht genug betonen, wie entscheidend es ist, Botschaften umzuformulieren und neue Bilder zu verankern.

Als Richard zu Homeboy kommt, ist er neunzehn Jahre alt und eigentlich immer traurig. Ab und zu huscht ein Lächeln über sein Gesicht, aber es kann sich nicht halten. Er neigt dazu, sich fertigzumachen. Häufig wirft er sich vor, dass er als Einziger aus seiner Familie in einer Gang gelandet ist. Einmal meint er zu mir: »Ich bin's schwarze Scham von meine' Familie.« (Nutztiere gehörten offenbar nicht zu seinen Stärken.)

Als er meinen Bruder und seine Frau kennenlernt, fragt er mich hinterher traurig: »Was macht dein Bruder?«

»Er ist Rektor an einer Grundschule in San Diego.«

»Und deine *cuñada?*«

»Sie ist Krankenschwester auf der Intensivstation.«

»Mann, G«, sagt er und schüttelt schwermütig den Kopf, »in deine' Familie is' ja jeder was.« Was vermutlich hieß, dass in Richards Familie niemand etwas war, er selbst eingeschlossen.

Eines Tages fängt Richard aus heiterem Himmel von dem »Foto« an.

»Hey, G, ich hab gestern dieses Foto von mir gefunden«, sagt er mit mehr Begeisterung, als ich je bei ihm erlebt habe.

»So'n ganz kleines Schwarz-Weiß-Foto. Da war ich zehn oder so.« Mehr scheint er dazu nicht zu sagen zu haben.

Ein paar Tage später kommt er auf das Thema zurück.

»Bin immer noch total high wegen dem Bild. Is' echt 'n Trip, mich so zu sehen«, meint er.

»Ja, das hast du neulich schon erzählt«, sage ich. *Und worum geht es dir gerade?*

Eine Woche später erscheint Richard in meinem Büro und setzt sich lächelnd vor meinen Schreibtisch. Ohne etwas zu sagen, zieht er das Foto aus der Tasche und reicht es mir. Es ist quadratisch, misst höchstens drei Zentimeter und zeigt einen nicht lächelnden Richard im Alter von zehn Jahren. Er hat einen wilden Haarschopf, und da Richard zurzeit kahl rasiert ist, scheint mir das ein guter Aufhänger für ein Gespräch zu sein.

»Hey, du hast ja Haare«, sage ich.

Richard sitzt nur da. Also starre ich weiter auf das Bild und frage mich, ob er es mir geschenkt hat. Das lässt sich nur herausfinden, indem ich es ihm zurückgebe. Doch er nimmt es nicht.

»Meinst du, man kann das groß machen?«

»Aber klar, kann man sicher«, antworte ich.

Ein paar Tage später gehe ich zum Fotoladen im Montebello Town Center.

»Kann ich Ihnen helfen?«, fragt der Angestellte.

»Ja«, sage ich und zeige ihm das Bildchen. »Vergrößern Sie das bitte.«

Er bezweifelt, dass sich daraus viel machen lässt.

»Sir«, sage ich, »machen Sie das Bild einfach größer, als es ist.«

Er gibt sein Bestes. Das Ergebnis ist ein etwa zwanzig mal zwanzig Zentimeter großes Quadrat mit körniger Struktur und grünlichem Farbstich.

Richard strahlt übers ganze Gesicht, als er das gerahmte Produkt in den Händen hält.

Das ist nicht die Geschichte eines Fotos, es ist die Geschichte eines Selbst, welches unter dem Bombardement von Beschimpfungen und Beschämungen zu klein geworden ist. Wenn jemand oft genug »schwarzes Scham« genannt wird, glaubt er es irgendwann. Deshalb greifen wir ein, kehren die Botschaft mit neuen Worten um, damit er sich wieder als jemand Wertvolles betrachten kann.

Ich bin in einem großen alten Haus aufgewachsen. Es war uns fünf Mädchen und drei Jungen verboten, auf den Dachboden zu gehen. Mehr brauchten wir nicht zu hören, um unsere Neugier anzustacheln. Während wir auf einer unserer Entdeckungstouren vorsichtig die morschen Bodenbretter umgingen (derentwegen unsere Mutter wohl das Verbot erlassen hatte), fanden wir eine Kiste mit alten Schallplatten. Auf einem dicken, rostroten Album prangte der Titel »Oh Holy Night« von Kathleen Conway. Conway war der Mädchenname unserer Mutter. Wir eilten ins Kinderzimmer, legten die Platte auf unseren Kinderplattenspieler und hockten uns gespannt in die Nähe des Lautsprechers. Die alte Platte knarzte und sprang ein wenig über die Kratzer, nichtsdestotrotz erfüllte eine herrliche Frauenstimme unser Zimmer. Es stellte sich heraus, dass unsere Mutter, bevor sie sich entschied, acht Kinder in die Welt zu setzen, Opernsängerin gewesen war. Es war für uns kaum zu fassen, dass die Stimme, die durchs Haus rief, wir sollten jetzt endlich zum Abendessen kommen, diesen Zauber hervorgebracht haben sollte. Wir nudelten schier die Rillen von der Platte, so oft hörten wir sie.

Eine Zeile des Liedes hat sich daher fast wie ein Mantra fest in mein Gehirn eingebrannt: »Lang lag die Welt in Sünd' und Wahn sich sehnend – bis ER erschien und die Seele spürt' ihren Wert.« Klar, es ist ein Lied über Jesus und Weihnachten – aber passt es nicht auch als »Arbeitsplatzbeschreibung« jedes Menschen, der nach Verbundenheit strebt? Es geht darum, zu »erscheinen«, uns zu erinnern, dass wir zueinander gehören, und die Seelen ihren Wert spüren zu lassen.

Vor etwa fünfzehn Jahren kam Bandit das erste Mal zu mir, um mich zu sprechen. Sein Gangname war sehr passend, er war mit allem vertraut, was illegal ist. Er gehörte zum festen Kern seiner Gang, klaute mit anderen zusammen Autos und verkaufte Crack in Aliso Village. Er verbrachte viel Zeit im Knast und schien lange unempfänglich für jede Unterstützung. Doch an jenem Tag vor gut fünfzehn Jahren brach sein Widerstand zusammen. Er setzte sich in mein Büro und erklärte, er sei es müde, müde zu sein. Ich brachte ihn zu einem unserer vier Jobvermittler, und das Glück bescherte ihm einen Anfangsjob in einem Warenhaus. Ein Aushilfsjob für Ungelernte, gegen geringe Bezahlung, aber ein erster Job.

Schnitt – fünfzehn Jahre später. An einem Freitagnachmittag kurz vor Feierabend ruft mich Bandit an. Inzwischen leitet er das Warenhaus, hat ein eigenes Haus, ist verheiratet und hat drei Kinder. Eine ganze Weile hatte ich nichts von ihm gehört. »Keine Nachricht« ist bei den Homies meistens ein gutes Zeichen. Doch jetzt klingt seine Stimme atemlos vor Angst.

»G, du musst meine Tochter segnen.«

»Ist alles in Ordnung?«, frage ich. »Ist sie krank, ist sie verletzt?«

»Nein, nein«, beeilt er sich zu versichern. »Sie fängt am Sonntag auf dem Humboldt College an. Stell dir vor, meine Älteste, meine Carolina, geht aufs College. Aber sie ist eine kleine *chaparrita,* und ich hab ein bisschen Angst um sie. Meinst du, du kannst ihr einen Segen mitgeben?«

Wir vereinbaren einen Termin für den nächsten Tag in der Dolores Mission Church, wo ich um ein Uhr eine Taufe habe. Bandit, seine Frau und die drei Kinder kommen um halb eins. Ich bitte sie alle nach vorne an den Altar, mit Carolina in ihrer Mitte. Wir stellen uns im Kreis um die junge Frau, und ich lade alle ein, die Hände auf ihren Kopf und ihre Schultern zu legen, während wir die Augen schließen und die Köpfe neigen. Dann spreche ich ein »arschlanges« Gebet, wie die Homies sagen würden. Und ehe wir uns versehen, fangen wir alle vor Rührung an zu schniefen.

Ich weiß nicht genau, warum wir alle weinen. Unter anderem vielleicht, weil Bandit und seine Frau niemanden in ihrem Bekanntenkreis haben, der auf dem College war – na ja, außer mir wohl. Jedenfalls niemanden aus ihrer Verwandtschaft. Wir beenden also das Gebet und lachen miteinander über unsere Rührung. Während wir uns die Tränen aus den Augen wischen, frage ich Carolina, was sie denn am Humboldt College studieren will.

»Forensische Psychologie«, sagt sie wie aus der Pistole geschossen.

»Wie bitte, forensische Psychologie!?«

Bandit mischt sich sein. »Ja, sie will das kriminelle Gehirn studieren.«

Schweigen.

Carolina dreht sich langsam in Richtung Bandit und hebt eine Hand, als wolle sie die andere verbergen, mit der sie auf Bandit zeigt.

Wir lachen alle los, und Bandit sagt: »Ja, genau, ich werde ihr erstes Untersuchungsobjekt sein!«

Lachend gehen wir zum Auto. Alle steigen ein, aber Bandit zögert noch einen Moment.

»Darf ich dir noch was sagen, Dog?«, frage ich ihn. »Das ist echt dein Verdienst, dass du der Mann geworden bist, der du werden wolltest. Ich bin stolz auf dich.«

»Weißt du«, sagt er mit Tränen in den Augen, »ich bin auch stolz auf mich. Mein ganzes Leben lang haben die Leute mich einen *bueno para nada* genannt, einen Nichtsnutz. Ich glaub, ich hab's denen gezeigt.«

Ich glaub auch, das hat er getan.

Im Frühjahr 2005 besuchte die First Lady Laura Bush Homeboy Industries. Wir waren das einzige Interventionsprogramm für Gangs, das sie im Rahmen ihrer »Helping America's Youth«-Kampagne beehrte. Da sie nicht alle Produktionsstätten aufsuchen konnte, beschlossen wir, ihr Homeboy Silkscreen zu zeigen. Sie bekam eine Führung durch die Halle, wo Homies T-Shirts bedrucken, und danach gab es eine Diskussionsrunde mit Leuten aus allen Bereichen unserer Organisation.

Das Ganze dauerte ungefähr eine Stunde. Es lief alles sehr gut, und die etwa dreißig geladenen Homeboys und Homegirls waren extrem begeistert, der Frau des Präsidenten der Vereinigten Staaten einmal so nahe kommen zu können.

1997 hatte uns auch Vizepräsident Al Gore schon mal besucht. Beide Besuche brachten eine Menge Leute vom Secret Service ins Haus. Scharfschützen wurden auf den Dächern platziert, Bombenspürhunde von der Leine gelassen, und ich wurde von grimmigen, humorlosen Sicherheitsmännern nach den Namen, Geburtsdaten und Sozialversicherungsnummern aller Menschen gefragt, die sich in Reichweite des Vizepräsidenten und der First Lady aufhalten würden.

Nachdem ich die Listen mit den Daten eingereicht hatte, kam in beiden Fällen ein Mann vom Secret Service auf mich zu, räusperte sich und sagte mit offensichtlichem Unbehagen: »Ähm, Pater …, also … diese Leute sind alle vorbestraft!«

Im Sommer nach dem Besuch der First Lady erhalte ich einen Anruf aus ihrem Büro. Man lädt mich ein, im Oktober auf der »Helping America's Youth«-Konferenz an der Howard University in D.C. einen Vortrag zu halten. Ich nehme die Einladung an. Daraufhin beeilt sich die Dame auszurichten, Mrs. Bush hoffe, ich würde »drei Homies« mitbringen.

Ob die First Lady tatsächlich das H-Wort benutzt hat, kann ich nicht mit Sicherheit sagen. Jedenfalls sind wir nach der eintägigen Konferenz zusammen mit einigen anderen Teilnehmern zum Abendessen ins Weiße Haus eingeladen. Bestimmt haben schon etliche Schurken ihren Fuß über diese Schwelle gesetzt, aber vermutlich ist es das erste Mal, dass Gangmitglieder dort eingeladen werden.

Ich wähle Alex, Charlie und Felipe. Hätte man ein unabhängiges Casting gemacht, um drei typische Homies auszuwählen, wäre es wahrscheinlich auch auf diese drei hinausgelaufen. Alle drei sind groß, kräftig gebaut, tätowiert und haben eine Menge mitgemacht. Sie sehen aus, als hätten sie nur Übles im Sinn.

Felipe hat direkt nach dem Knast bei mir in der Graffiticrew angefangen und danach einen besseren Job gefunden. Er steht mit beiden Beinen auf der Erde, ist pfiffig und kann sich gut ausdrücken. Ich bitte ihn, auf der Konferenz zu sprechen.

Charlie kenne ich seit über dreißig Jahren. Er und sein eineiiger Zwilling gehören zum festen Inventar der Siedlungen. Sie sind eigentlich mehr damit beschäftigt, »Kools« zu rauchen, als mit Gangs rumzuziehen. Charlie hat eine Beinprothese, seit ihm ein Rivale während einer Tauffeier vor dem Haus das Bein weggeschossen hat.

Alex ist breit gebaut, Mitte zwanzig, ein gut aussehender junger Mann mit reich tätowiertem Hals und Nacken. Nach etwa 37 Laserbehandlungen sind die Male auf seinem Kinn und seiner Stirn schon blasser geworden. Er hat ein schlichtes Gemüt und war nie gut in der Schule. Nachdem wir mal bei einem Dodgers-Spiel mit unserer Hand auf dem Herzen die Nationalhymne gesungen hatten, gestand er mir, er habe erst durch den Fahneneid gelernt, seine rechte von seiner linken Hand zu unterscheiden.

Ich finde, dass die Jungs nicht in ihren übergroßen, tief auf den Hüften hängenden Dickies ins Weiße Haus gehen können, und fahre mit ihnen ins Kaufhaus. Sobald wir durch die Tür treten, stürmen mehr oder weniger alle Verkäufer für Herrenmoden auf uns zu, als wollten sie sagen: »Wie können wir Ihnen helfen, diesen Laden schnellstmöglich wieder zu verlassen?«

»Wir brauchen ein paar Anzüge«, erkläre ich und deute auf die Homies. »Die Jungs gehen zum Abendessen ins Weiße Haus.«

Falls es fürs Augenrollen eine Richterskala gäbe, hätte sie in diesem Moment ganz oben angeschlagen.

Die Jungs werden schnell auf die Umkleidekabinen verteilt. Ich stöbere bei den Krawatten nach etwas Passendem, als ich bemerke, wie Alex leise aus seiner Kabine kommt und sich vor einen dieser Spiegel stellt, in denen man sich von allen Seiten sehen kann. Alex, dessen Gesicht mit Tätowierungen bedeckt ist und dessen Herz mit nichts bedeckt ist – man sieht direkt hinein –, dieser Alex trägt einen Anzug. Ganz allein steht er da und starrt sich mit offenem Mund an. Der Typ im Anzug, den er im Spiegel sieht, hypnotisiert ihn.

Bei Homeboy überwacht Alex zusammen mit anderen die Arbeit der Teilzeitkräfte, die sich um die Instandhaltung der Gebäude kümmern. Doch vor allem macht er Führungen. Zuerst war es ihm unangenehm, doch inzwischen füllt er die Rolle auf seine eigene Art und mit einem gewissen Vergnügen aus. Er begrüßt die Leute an der Tür, stellt die Jobvermittler vor, erklärt unser Programm für frisch Entlassene und gibt den Leuten Schutzbrillen, damit sie zusehen können, wie Tattoos entfernt werden. Er macht gute Führungen. Gesegnet sind, die arm im Geiste sind. Jesus sprach von Alex. Es gibt nur wenige Herzen, die so echt und rein sind wie seins.

Ich nähere mich ihm behutsam wie einem scheuen Reh. »Alles okay?«

Er sieht mich nicht an. Steht da wie gebannt. »Verdammt, G«, sagt er und zittert fast vor Erregung. »Ich muss mich jetzt schon kneifen.« Er kann es nicht fassen, dass er einen Anzug anhat und dass der Typ da im Anzug auf dem Weg ins Weiße Haus ist.

Eine Woche vor unserer Reise bitte ich Alex zu mir ins Büro. »Hast du übrigens mit deiner Bewährungshelferin geklärt, ob du nach Washington darfst?«, frage ich.

Alex zieht eine Grimasse und wischt meine Frage mit einer Handbewegung vom Tisch. »Na klar.«

Ich atme hörbar erleichtert aus.

Nach einem Moment der Stille sagt Alex etwas kleinlaut: »Äh … also …, sie hat Nein gesagt.«

»Was?« Ich fasse es nicht. »Und wann wolltest du mir das sagen?«

»Also …, wollt ich eigentlich nicht. Sonst darf ich vielleicht nicht mit.«

Ich bitte ihn, sich zu setzen.

»Hör zu, *mijo* – wir müssen das erst richtig klären.«

In seinem Beisein rufe ich die Bewährungshelferin an. Ich erkläre ihr freundlich die Situation, die Bedeutung und die Tragweite dieser Reise.

Sie hört zu und sagt dann nur: »Nein, strenge Auflagen.« Es hört sich sehr streng an. Alex gilt offenbar als jemand, den man an der kurzen Leine halten und streng überwachen muss. Der Grund dafür liegt in seinen früheren Verbrechen, der Länge seiner Haftstrafen und ganz allgemein in seinem früheren Verhalten. Ich bitte darum, mit ihrem Vorgesetzten verbunden zu werden.

Er sagt: »Nein, strenge Auflagen.«

»Gibt es noch jemanden über Ihnen, der etwas mehr Entscheidungsspielraum hat?«, frage ich.

Nachdem ich eine ganze Weile in der Warteschleife zugebracht habe, erklärt mir auch der dritte Zuständige: »Kommt nicht infrage, strenge Auflagen.«

Sie leiden offenbar alle an einem schweren Fall von »Wer glaubt Alex eigentlich, wer er ist: einfach so ins Weiße Haus fahren zu wollen – zum Abendessen!«

Viele Faxe vom Justizministerium und mehrere Bitten aus dem Büro der First Lady später erhalten wir endlich am Tag vor unserem Abflug die Zustimmung.

Am Morgen unserer Abreise geht alles schief. Alle Homies kommen zu spät, was dazu führt, dass wir in den morgendlichen Berufsverkehr geraten. Ich frage noch mal allgemein in die Runde, ob alle ihre Ausweise dabeihaben. Schweigen. Dann höre ich ein leises »Shit!« vom Rücksitz. Es ist Charlie. Also fahren wir noch mal zurück.

Als die Jungs zwei Tage später, am Donnerstag, ihre Anzüge rausholen, um sich für die Konferenz und das anschließende Abendessen im Weißen Haus fein zu machen, stellt sich heraus, dass der arme Alex seine Hose verloren hat. Nachdem Alex »Ich hab keine Hose!!!« brüllend durchs Haus meines Bruder getobt ist, reimen wir uns zusammen, dass er sie wahrscheinlich verloren hat, als er in der morgendlichen Dunkelheit zu meinem Auto gerannt ist, die Sporttasche über der einen Schulter und den Bügel mit dem Anzug über der anderen. In der Aufregung und der Hast ist die Hose wohl unbemerkt aus der nach unten offenen Plastikhülle gerutscht. Irgendein Obdachloser wird sich jetzt sicher freuen, so ein gut aussehendes Kleidungsstück ergattert zu haben.

Meine Schwägerin zaubert in Windeseile eine Hose meines Bruders auf die passende Größe, und wir machen uns auf den Weg zur Konferenz und zum Weißen Haus.

Im Weißen Haus tragen Butler Silbertabletts mit langstieligen Weißweingläsern durch die Gänge. Die Homies bedienen sich. In jedem der Räume – im blauen Salon, im grünen Salon, in all den verschiedenfarbigen Räumen – spielen elegante Musikcombos oder Blechbläser. Idas Büfett steht im goldenen Salon. Ich habe noch nie im Leben so exquisites Essen gesehen oder geschmeckt. Perfekte Lammkoteletts. Ein Lachs so groß wie eine Reisetasche. Pasta,

Salate. Und kleine Kartoffeln, die längs aufgeschnitten und leicht ausgehöhlt sind, gefüllt mit einem Löffelchen Kaviar und verziert mit einem Schnittlauchhalm.

Ich stehe neben Alex, als er sich eins in den Mund schiebt. Und ebenso schnell wieder in eine Serviette spukt. »Schmeckt ja eklig!«, verkündet er, ohne sich der Möglichkeit eines Lautstärkereglers bewusst zu sein. Etliche Köpfe wenden sich, und ich bilde mir ein, dass der Secret Service uns noch ein Stückchen näher rückt.

Am nächsten Tag fliegen wir wieder nach Hause. Mitten im Flug sagt Alex, er müsse mal zur Toilette. Ich zeige zum hinteren Bereich des Flugzeugs.

Eine Dreiviertelstunde später kehrt Alex zu seinem Sitz zurück.

»*Oye, qué pasó, cabrón?* Ich hab schon gedacht, du bist reingefallen.«

»Oh«, sagt Alex mit der ihm typischen Unschuld, »ich hab mich nur mit der Lady dahinten unterhalten.«

Ich drehe mich um und sehe hinten eine einsame Stewardess stehen.

Alex windet sich ein bisschen. »Ich hab sie zum Weinen gebracht. Ich hoff, das ist okay.«

»Na ja, Alex«, sage ich und wappne mich innerlich, »das kommt darauf an, was du zu ihr gesagt hast.«

»Alsoooo …«, sagt Alex, »sie hat mein Homeboy-Shirt gesehen und die Tattoos und so, und dann hat sie mir einen Haufen Fragen gestellt, also …« Er hält einen Moment inne. Es ist ihm offenbar ein bisschen peinlich. »Also hab ich ihr 'ne Tour gegeben.«

Über den Wolken, in 10.000 Metern Höhe, hat Alex diese Frau durch unser Unternehmen geführt. Er hat ihr die Jobvermittler vorgestellt, das Programm für frisch Entlassene erklärt und ihr eine Schutzbrille gegeben, damit sie zuschauen kann, wie Tattoos entfernt werden.

»Und ich hab ihr gesagt, dass gestern Abend ein historisches Ereignis war.« Jetzt strahlt er übers ganze Gesicht. »Zum ersten Mal in der Geschichte dieses Landes sind drei Gangmitglieder ins Weiße

Haus eingeladen worden … Ich hab ihr auch gesagt, das Essen war eklig.« Er hält inne und wird still. »Und sie hat geweint.«

Ich werde auch still. »Na, *mijo,* ist ja auch kein Wunder. Sie hat ein bisschen was von dir gesehen. Hat gesehen, dass du jemand bist. Manchmal weinen die Leute dann.«

Plötzliche Verbundenheit – zwei Seelen nehmen ihren Wert bewusst wahr: Stewardess, Gangmitglied, in 10.000 Metern Höhe – und nichts, was sie trennt.

Genau das, was Gott im Sinn hatte.

Wenn wir einen Job für einen Homie von einer Gang finden, können wir sicher sein, dass mindestens acht weitere Homies aus demselben Barrio einen Job haben wollen. Ende Mai 1996 ruft mich Chico an. Ich kenne ihn nicht, aber ich habe gerade einem seiner *camaradas* einen Job besorgt.

»Beschaffen Sie mir 'nen Job«, platzt er heraus.

Ziemlich dreist, denke ich. Übersetzt sollte das wohl heißen: »Glauben Sie, Sie könnten eine bezahlte Arbeitsstelle für mich finden?«

»Hör mal«, antworte ich, »wir kennen uns ja noch gar nicht. Wie wär's, wenn wir uns erst mal treffen und miteinander reden?«

Wir machen eine Zeit aus, zu der ich ihn zu Hause antreffe. Er wohnt nicht weit von meinem Büro in einer steil bergauf führenden Straße hinter der Roosevelt High School. Chico ist sechzehn und kommt aus einer Gang, deren Ursprünge bis in die Zeit der Pachucos in den Vierzigerjahren zurückreichen.

Ich lerne Chicos Mutter Rosa kennen, eine winzige, freundliche Frau, die offensichtlich Freude an ihren Kindern hat und gleichzeitig sehr beunruhigt ist über den Weg, den ihr kahl geschorener

Sohn genommen hat. Ich spüre deutlich, wie sehr sie mein Erscheinen freut.

Chico und ich sitzen auf der Veranda vor dem Haus. Er ist ein schlaksiger, lustig aussehender Junge. Wie bei den meisten Homies führt die Kopfrasur in scharfen Bogen um die großen Ohren, die bei ihm allerdings noch mehr hervorstehen als bei anderen. Er lächelt gerne und viel, und obwohl er schüchtern und zappelig ist, spricht er Themen an, für die andere Homies sehr viel mehr Zeit brauchen. Wir sprechen über seine Lady, seine Familie und seinen Status in Bezug auf die benachbarten Feinde. Er ist ein durch und durch sympathischer Junge, der bei mir durch sein Drängeln nach einem Job noch gewinnt.

»Also mal angenommen, *mijo,* ich könnte dir einen Job besorgen. Gibt es irgendwas, was du schon lange mal lernen wolltest?«

Chico ist schnell. Er braucht über seine Antwort nicht lange nachzudenken. »Oh ja, Computer. Ich will Computer lernen.«

Ich versichere ihm, dass ich mein Bestes tun werde.

Einige Tage später rufe ich Chico an. Meine Nachforschungen haben mich zum Crysalis Center geführt, einer Einrichtung für Obdachlose in Downtown Los Angeles. Ich weiß, dass sie gerade eine Reihe Computer bekommen haben, also habe ich ihnen ein Angebot gemacht. Ich erzählte ihnen von Chico, der alles über Computer lernen will, dass er in einer Gang ist, seinem Leben aber eine neue Richtung geben will. Er würde morgens zur Schule gehen, und nachmittags könne er von eins bis fünf bei ihnen arbeiten, Montag bis Freitag. Ich würde ihm einen wöchentlichen Lohn auszahlen, sie bräuchten ihn nur anzuleiten und ihm alles über Computer beizubringen. Und das würden wir einen Job nennen.

Sie sind einverstanden.

»Also, *mijo,* du fängst am Montag um ein Uhr mittags an«, sage ich Chico am Telefon und erkläre ihm die Grundregeln. »Wenn du morgens nicht zur Schule gehst, brauchst du auch nachmittags nicht zur Arbeit zu kommen. Und ich erfahre es, wenn du schwänzt. Ein Job ist was Besonderes. Du verdienst ihn dir, indem du jeden

Tag zur Schule gehst. Du wirst zwei Chefs haben. Den einen lernst du am Montag kennen, mit dem anderen sprichst du gerade. Falls ich mitbekomme – und ich bekomme immer alles mit –, dass du irgendwelchen Mist baust, dann – bei aller Liebe und allem Respekt – werde ich dich feuern. Verstanden, Dog?«

»Verstanden, G«, sagt er. »*Oye, gracias.* Ich mach das gut, versprochen.«

Am Montag um eins schaue ich auf die Uhr an meiner Wand. Jetzt geht Chico gerade ins Crysalis Center. Um fünf schaue ich wieder hin. Jetzt verlässt Chico das Crysalis Center. Vielleicht wird er anrufen oder vorbeikommen. Ich bleibe noch etwas länger im Büro. Aber kein Zeichen von Chico. Am Dienstag schaue ich wieder auf die Uhr und warte, dass er sich nach Feierabend meldet. Doch auch der Dienstag geht vorbei und dann der Mittwoch, ohne dass ich etwas von Chico höre oder sehe.

Ich fange an, mir Sorgen zu machen, vielleicht ist er abgesprungen. Vielleicht habe ich ihm auch den Weg nicht gut genug beschrieben und er hat es nicht gefunden und ist zu schüchtern, mich noch mal zu fragen. Vielleicht hat sein Bewährungshelfer ihn wegen irgendwas wieder einbuchten lassen, und nun schämt Chico sich, mit mir Kontakt aufzunehmen.

So habe ich innerlich alle möglichen Szenarien durchgespielt und mich gefragt, warum Chico sich nicht bei mir meldet, als am Donnerstag um drei das Faxgerät neben meinem Schreibtisch eine Botschaft ausspuckt. Oben auf dem Papier sehe ich den Briefkopf des Crysalis Center. Es ist eine Botschaft von unserem Chico. In großen, ungelenken Buchstaben lese ich:

»LIEBER G,
ICH LERNE FAXEN.
ICH LERNE VOLL VIEL HIER.
LIEBEN GRUSS
CHICO
P.S.: SUPER JOB. BIN DIR ECHT DANKBAR.«

Etwa zwei Monate später fummele ich morgens um halb acht mit meinem Schlüsselbund am Schloss der Bürotür, als drinnen das Telefon klingelt. Etwas außer Atem hebe ich ab, es ist Chicos Mutter Rosa. Sie erzählt mir, dass Chico am Abend zuvor mit ein paar Freunden nur ein paar Schritte vom Haus entfernt gestanden hat. Ein Auto fuhr langsam vorbei. Man warf sich drohende Blicke zu, das Fenster wurde runtergelassen, Sprüche flogen hin und her, bis schließlich vom Rücksitz aus gefeuert wurde. Eine Kugel bohrte sich weit oben in Chicos Nacken. Nun liegt er auf der Intensivstation im General Hospital.

Ich fahre sofort hin.

Auf der Station finde ich Chico im Bett, mager und tätowiert, nackt bis auf eine Windel. Überall in Mund, Nase und Armen hängen Schläuche und intravenöse Zugänge. Er starrt mit weit aufgerissenen Augen, ohne zu blinzeln, an die Decke auf die Schallschutzplatten. Am Fußende des Bettes steht ein Arzt und macht sich Notizen. Ich erkundige mich nach Chicos Zustand.

»Wissen Sie, Pater«, sagt er, »in all meinen Jahren habe ich es noch nie mit einer Querschnittslähmung so weit oben zu tun gehabt.« Er zeigt auf die Stelle an seinem eigenen Nacken. »Da könnte auch das Gehirn was abbekommen haben, aber das ist noch nicht sicher.«

Der Arzt geht, und ich trete näher an Chicos Bett. Seine Augen zeigen keine Reaktion. Blicken weiter starr an die Decke, ohne zu blinzeln, noch weiter aufgerissen, als es physisch möglich erscheint. Ich beuge mich über ihn.

»Chico.«

Keine Bewegung, keine Reaktion. Ich gebe ihm die Krankensalbung, reibe ihm Öl auf die Stirn, gegen alle Hoffnung hoffend, dass der Balsam durch seinen Schockzustand dringen möge, hoffend, dass er uns beiden irgendeinen göttlichen Ausgleich für diese wahnsinnige, sinnlose Verschwendung von Leben schenken könnte. Doch nichts geschieht. *Menos mal,* denke ich – auch gut, so merkt er wenigstens nicht, was los ist.

Ehrlich gesagt war es noch schwerer, ihn am nächsten Tag zu besuchen. Schier unerträglich schwer sogar. Nach meinem ersten Besuch tauchten viele Erinnerungen auf, die mir umso deutlicher vor Augen hielten, was für ein enormer Verlust es war. Ich sah Chico noch vor mir, wie er mich vor seinem Haus erwartete, wenn ich freitagnachmittags mit dem Wochenlohn vorbeikam. Ich kam meistens zu spät, doch im Gegensatz zu anderen Homies, wo ich oft erst hupen oder aus dem Auto steigen und sie suchen muss, saß er immer schon da. Sobald er mein rotes Auto erblickte, das sich den steilen Hügel hinaufquälte, sprang er auf und lief mir entgegen. Er lief in so einem albernen, schlaksigen Trab – absichtlich uncool. (Gangmitglieder rennen nie, es sei denn, der Arm des Gesetzes ist hinter ihnen her.) Ihm waren solche Dinge egal. Er wollte Kontakt – und den kriegte er auch. Er sprang auf den Beifahrersitz, fest entschlossen, sich nicht so schnell abschütteln zu lassen. Er wollte reden. Er gab sich längst nicht mehr schweigsam und schüchtern. Er konnte einem Löcher in den Bauch fragen, und viele seiner Fragen drehten sich um Gott (als würde ich da Bescheid wissen).

»Ist Gott sauer, wenn ich mit meiner Lady Sex hab? Wie ist es im Himmel? Meinst du, Gott hört uns zu?«

Diese Zeit, die ich mit ihm so im Auto verbringen durfte, in der wir gemeinsam überlegten, was Gott wohl im Sinn haben könnte, war eindeutig kostbarer als der magere Lohn, den ich ihm jeden Freitag auszahlte. Bis heute bereue ich nur, dass ich mir dafür nicht noch mehr Zeit genommen habe.

Natürlich ging ich dennoch am nächsten Tag ins Krankenhaus. Als ich ankomme, liegt Chico mehr oder weniger genauso da wie am Tag zuvor. Doch ich versuche es trotzdem.

»Chico«, sage ich ganz nah an seinem Ohr.

Sein erstarrter Blick löst sich von der Decke, und seine Augen suchen mich, lassen mich nicht mehr los. Ich bin verblüfft und sprachlos. Chicos Augen füllen sich mit Tränen. Meine auch.

»Weißt du, wer ich bin, *mijito?*«

Und sofern es ihm möglich ist, nickt er. Falls das überhaupt geht, nickt er mit den Augen.

Ich weiß nicht, was ich sagen soll.

»Wir haben dich alle sehr lieb, *mijo,* das weißt du, oder?«

Das bringt ihn zum Weinen. Und er weint lange. Seine Miene sagt unmissverständlich: »Bitte … hilf mir … raus aus diesem Körper.«

Ich salbe ihn wieder und denke, wie gut es ist, dass er noch lebt, und wie schlimm es ist, dass er jetzt so viel mitkriegt, dass er wünscht, er würde nicht mehr leben.

Unsere Blicke klammern sich aneinander, als ich schließlich irgendwann langsam rückwärts hinausgehe. Seine Augen scheinen aus den Höhlen springen zu wollen, als würden sie versuchen, an einen anderen Ort zu gelangen. Ich sehe Chicos verzweifelten Blick noch lange vor mir, nachdem sich die Türen der Klinik hinter mir geschlossen haben.

Eine Woche später hört Chicos Herz auf zu schlagen. Es konnte diese Qualen wohl nicht länger ertragen.

Während ich auf dem Friedhof das goldene Kreuz segne, das auf seinem Sarg liegt, und es Rosa reiche, wird mir klar, dass ich diesen Kummer wirklich an mich heranlassen muss. Ich hatte meinen eigenen Kummer über den Verlust zu lange zurückgestellt. Ich musste für die anderen da sein, für Chicos Familie, seine Freundin, seine Homies. Nun erlaube ich mir, diesen Schmerz tiefer in mein bereitetes Herz hineinzulassen. Jeder Tod eines Homies ruft die Erinnerungen an all die vorherigen wach, alle auf einmal tauchen sie plötzlich auf. Und ebenso plötzlich stelle ich fassungslos fest, dass dies meine achte Beerdigung in drei Wochen ist.

Ich gehe ein wenig zur Seite, zu einem einzelnen Baum, der etwas abseits steht, nicht allzu weit weg von der Menge. Dort heiße ich die Gefühle dieses großen Verlustes willkommen. Ich weine.

Doch schon bald taucht der Bestatter neben mir auf. Er ist mehr ein Bekannter als ein Freund. Unwissentlich bricht er den Bann meines Kummers und dringt in den Raum ein, den ich mir gerade genommen hatte. Ich bin maßlos verärgert über die Störung. Und dann ärgere ich mich darüber, dass ich mich darüber ärgere. Ich fühle mich verpflichtet, etwas zu sagen, das Schweigen zu brechen, den Bestatter in meinem Raum willkommen zu heißen, auch wenn ich ihn nicht eingeladen habe. Ich setze also meine Brille ab und wische mir die Tränen aus den Augen. Ich zeige matt auf Chicos Sarg und versuche, Worte zu finden, die den leeren Raum zwischen uns füllen.

»Er war ein großartiger Junge«, flüstere ich dem Eindringling zu.

Und der Bestatter antwortet mit einer Stimme, die so laut und skeptisch klingt, dass sich alle Trauergäste umdrehen: »Tatsächlich?«

Mir sinkt das Herz. Ich weiß genau, was er denkt. *No cabe* – hier passt was nicht. Er kann es nicht zusammenbringen. Wie soll ein sechzehn Jahre alter Nichtsnutz, der nicht weit von seinem Zuhause erschossen wurde, ein großartiger Junge sein?

Aber wer wäre nicht stolz darauf, zu sagen, dass Chico zu ihm gehörte?

Seine Seele spürte ihren Wert, bevor sie ging.

Die Skepsis des Bestatters erinnert mich daran, dass Verbundenheit immer flüchtig ist. Ihre Abwesenheit bestätigt jedes Mal unsere Vermutung, dass jedes Bemühen, jemandem wie Chico zu helfen, nur eine Zeitverschwendung sein könnte.

»An diesem Ort, von dem ihr sagt: ›Er ist wüst …‹, wird man dennoch wieder hören den Jubel der Freude und Wonne, die Stimme … derer, die singen …«

So werden die Stimmen jener, die am Rande stehen, gehört, und der Kreis des Mitgefühls erweitert sich. Die Seelen spüren ihren Wert und weigern sich, zu vergessen, dass wir zueinander gehören. Keine Kugel kann das zerstören. Die Zeit für die Vision wird kommen, sie drängt nach Erfüllung. Sie wird nicht trügen. Und falls sich ihre Erfüllung doch verzögert, warten wir eben auf sie.

Danksagung

Der heilige Paulus hat uns aufgefordert, uns der Dankbarkeit zu widmen, und so will ich das hier tun.

Ich danke Hilary Redmon von Free Press, die diesem Buch die Chance zur Veröffentlichung gegeben hat. Ihre Klarheit, ihr Mitgefühl und ihre brillante Bearbeitung haben mich immer wieder in Erstaunen versetzt. Vielen Dank auch an Sydney Tanigawa, der mir treu mit Rat und Tat zur Seite gestanden hat. Gracias an die Produktionslektorin Kathryn Higuchi und für die rechtliche Beratung von Jennifer Weidman und Christine Donnelly. Mein Agent David McCormick hat stets verstanden, was dieses Buch sein sollte, und hat dafür gesorgt, dass es genau das wurde. (Danke an Sally Willcox, die mich ihm vorgestellt hat.)

Meinen Eltern Bernie und Kay danke ich, dass sie mir gezeigt haben, was eine alles akzeptierende Haltung ist. Meinen Geschwistern und ihren Partnern und Kindern danke ich für das erholsame gemeinsame Lachen und ihre Fröhlichkeit.

Ich danke der Gesellschaft Jesu für die Heimat, die sie mir seit 1972 ist, und vor allem all meinen zahlreichen jesuitischen Brüdern von der Casa Luis Espinal. Ich danke meinem Provinz-Superior John McGarry, S.J., und dem Superior meiner Gemeinschaft Scott Santarosa, S.J., für ihre Unterstützung und ihr unerschütterliches Vertrauen.

Ich bin voll tiefer Wertschätzung für die Standfestigkeit meines Vorstands von Homeboy Industries. Vor allem möchte ich dabei den Einsatz von Mike Hennigan und David Adams erwähnen.

Ich danke auch meinem geliebten Beirat – Veronica, Mary Ellen, Quintin, Mario, Louis, Hectorious, Tin-Tin, Fabian und Shirley. Es ist mir eine große Ehre, mich mit euch zusammen am Segen von Homeboy Industries zu erfreuen.

Ruben und Cristina, Paty, Kevin, Junior und Anna danke ich für die Freundschaft und für die gütige Führung unserer Unternehmen.

Ein besonderer Dank gilt Norma Gillette für ihre treuen Dienste für Homeboy und für das Abtippen der ersten Entwürfe des Manuskripts.

Auch allen Männern und Frauen, die in diesen zwei Jahrzehnten Homeboy als Mitarbeiter gedient haben, bin ich zu tiefem Dank verpflichtet.

Leslie Schwartz war die Hebamme dieses Buches, sie hat es genährt und weitergebracht, wenn ich meine Zweifel hatte.

Ich danke von ganzem Herzen all den Freundinnen und Freunden, die mir in all den Jahren treu zur Seite gestanden haben. Diese Aufzählung enthält auch die Namen von Menschen, die Teile des Manuskripts gelesen haben und deren Feedback positiv genug war, dass ich weitergemacht habe: Tom Weston, S.J.; Tyler Hansbrough; Jane und Phil; Magonia; Peter Horton; Laura Chick; Tom Molettaire; Gary Yamauchi; Paul Lipscomb und Lynn; *mi primo* Tom; Charlie und Tina; Proyecto Pastoral; Cheryl und Mac; George Horan; Wendy Gruel; Rob und Joanne; Antonio, Emma und Richard Mejico; die wundervolle Cara Gould (eine echte Institution bei Homeboy Industries); Javier und Jan; Howard Gray, S.J.; Joe und Rulis; Mike und Shelley; Joe und Angelica; Bebee; Diego und Polly; Don Smith; Bob Lawton, S.J.; Nick Pacheco; Claire Peeps; Hilda Solis; Gil Cedillo; Bob Hertzberg; Tom Carroll, S.J.; Kevin Ballard, S.J.; Tim Rutten und Leslie; die Schwestern von Whitethorn; Mark Ciccone, S.J.; Chick und Anita; Sr. Claudia; Ed Reyes; Andy Alexander, S.J.; Culture Clash; Jim Hahn; Jeff und Catherine und die Gemeinschaft der katholischen Arbeiter; Martin Sheen; Mary Nalick; Frank Buckley, S.J.; Jose Huizar; Sen. Barbara Boxer; Dick Riordan; Rich Grimes; Anjelica Huston; Robert Graham; Blinky Rodriguez; Antonio Villaraigosa; Robert Egan; Emily, Michelle, Santi, Pasky, Alison; Carlos und Luz; Carlos of IRS; Doug; Tom Smolich, S.J.; Theresa Karanik (OTI, PRGFF) und Alan; Ted Gabrielli, S.J.; Joan Harper; Jorja Leap (die mich vor den Klammern gerettet hat und mich mit Mark und Shannon bekannt machte); Mark Toohey, S.J.; Terry Gross; Gil Garcetti; die großartige, immer treue Carol Biondi; Sandra Ruth Diana; Bob Pecoraro, S.J.; Mike Kennedy, S.J.; John Lipson; Tom Brokaw; Fabian Montes; meine Cousine Kathleen; Marqueesi für praktischen Rat und Auswertungen in Paseo; Robert für unerwartete Telefonnachrichten; Becca; die Cusenzas; White Memorial; Eileen McDermott; Sr. Patricia; Alice und Jim Buckley; Eric Robles; die Maguires; Paul Miera; Buzz; Dennis Gibbs; Chris Ponet; Sr. Patty Bartlette; Jamie, Ethel und Kerry Kennedy; die legendäre Mary Ridgway; Bo Taylor; Connie Rice; Ernie Martinez, S.J.; Ed Guthman; die Tortomasis; Steve Privett, S.J.; Greg und Lorenza; die Waldrons; Jim Grummer, S.J.; Mary Kay und Michael; Luis Rodriguez; Steve und Huey; Dennis Baker, S.J.; Paul Locatelli, S.J.; Brian und Lynn; Mike Engh, S.J.; Grant Dwyer; Tenny Wright, S.J.; Steve Soboroff; Tom und Lily; mein Eastside-Held Enrique; Pam Rector; Rick Cummings; Leonardo und Teresa; St. Louis Pharmacy; Bob Ross; Ray Stark; Fred Ali; Mark Ridley-Thomas; Zev Yaroslavsky; Don Knabe; Jose Ramirez; Gary Yates; Tom und Brigid LaBonge; Peter Byrne, S.J.; Wendy Stark; Vickie Rogers, Tom Hayden; Janis Minton; Nancy Daly; Nane; Alex Sanchez; Dr. Brian Johnston; Grover; Jim und Rob; Dave Mastroangelo, S.J.; »Haftrak«; Jeannette Van Vleck, C.S.J.; Mark Potter; Elias Puentes, S.J.; »Fulano de Tal«; Wallis Annenberg; David Price; Sonny Manuel, S.J.; Richard Atlas; Dorothy und Aliso Check Cashing; Mario Prietto, S.J.; Buddy und Sara; Barney Melekian; Laura Bush; Antonia Hernundez; Charlie Beck; Jeff Carr; Ellen Ziffren; Jane und Harry; Bill Bratton; Teddy; Eric Johnson; John und Carol; Walter McKinney; Myrna; Lupe Mosqueda; Brian O'Neil; Francis Porter; Mike Adams; Scott und Jeanie Wood; Sen. Paul Wellstone; Kathy Sanchez; die Lilligs; Paul Seave; Lee Baca; Ed Roski; Jackie Goldberg; Juan und Cuscatlan Optical; Romie; Ed Bacon; Arianna Huffington; Drs. Barnes, Kennedy, Khan, Mohrbacher, Pacino und all die Ärzte, die Tattoos entfernen; Jim Rude, S.J.; die Bischöfe Gabino Zavala und Joe Sartoris;

Fr. General Adolfo Nicolas, S.J.; meine Studenten im Folsom; John Woolway; Jack Clark, S.J.; Suzanne Jabro, C.S.J.; Jimmy McDonnell; Joe und Dora; Jimmy Blackman; Sr. Peg Dolan; John Bohm; *mi querida* Consuelo (HT); Joe und Deb; die Schwestern im Norris; Los Colonos de Islas Marias; Xochitl und die Mädchen; die Mütter von Dolores Mission und die treibende Kraft, die hinter der Gründung von Homeboy stand: Teresa Navarro; Paula Hernundez; Rosa Campos; Rita Chaidez; Esperanza Vasquez; Lupe Loera; Sofia Guerrero; Maria Torres; Lupe Ruelas; Esperanza Sauma; Pam McDuffie; La Uva; und Yolunda Gallo; und all meine *compadres, comadres* und *aijados.*

Besonders danke ich auch Al Naucke, S.J. (»Und dann … S.F.«) für die Reisen, die gemeinsamen Essen vor Vorstandssitzungen und für die Verkörperung der Fürsorge unserer christlichen Gemeinschaft; und Bill Cain, S.J., für das Geschenk von »The Two Seasons« und für die stete Offenbarung, wie groß Gottes Herz ist; sowie Jim Hayes, S.J., den besten aller Freunde, der mich immer zu noch mehr Integrität und Strahlkraft ermutigt; und Celeste Fremon für die wundervolle Seelenfreundschaft, den Gleichklang in unserem Leben.

Und schließlich danke ich den Tausenden und Abertausenden von Homies und Homegirls – allen in diesem Buch erwähnten und den anderen. Euch zu kennen, hat mich zutiefst verändert und mir *el rostro de Dios,* das Angesicht Gottes, gezeigt. Ihr seid es, denen mein Herz und dieses Buch gewidmet sind.

Weitere Information finden Sie unter
www.homeboy-industries.org

Über den Autor

Gregory Boyle wurde 1984 als Jesuitenpater ordiniert. Er graduierte als Master of Divinity an der Weston Jesuit School of Theology, als Master of Sacred Theology an der Jesuit School of Theology in Berkeley und als Master in Englisch an der Loyola Marymount University. 1988 begann Pater Boyle mit dem, was zu Homeboy Industries werden sollte, deren Hauptsitz inzwischen in Downtown Los Angeles ist. Pater Greg erhielt den California Peace Prize, den Humanitarian of the Year Award, den Most Caring People Award 2007 vom Caring Insititute und 2008 die Civic Medal of Honor von der Handelskammer von Los Angeles.

Pater Greg war von 1986 bis 1992 Pfarrer der Gemeinde von Dolores Mission in Boyle Heights, einem Viertel von Los Angeles. Die Kirche steht zwischen zwei großen Sozialsiedlungen, Pico Gardens und Aliso Village, die seit Jahrzehnten als Ganghauptstadt der Welt bekannt sind. In Los Angeles County gibt es schätzungsweise 1100 Gangs mit 86.000 aktiven Mitgliedern; die größte Dichte an Gangs hat das Viertel Boyle Heights. Seit Pater Greg, der von vielen auch liebevoll »G-Dog« genannt wird, vor über zwanzig Jahren Homeboy Industries gründete, hat das Unternehmen Mitgliedern aus mehr als der Hälfte aller Gangs von Los Angeles weitergeholfen. In den verschiedenen Unternehmenszweigen von Homeboy Industries – wie der Bäckerei, dem Textildruck oder dem Landschaftsbau – arbeiten Leute aus verschiedenen Gangs Seite an Seite zusammen und lernen so Respekt voreinander, weil sie etwas gemeinsam aufbauen und erschaffen.

Glossar / Worterläuterungen

a	abrazote	Umarmung
	apodo	Spitzname
	aquel tiempo	damalige Zeit
	Ay, Dios Mio!	Oh, mein Gott!
b	bien hecho	gut gemacht
	bola	Gang; *wörtlich:* Ball
c	cabrón	Ziegenbock
	caldo de iguana	Leguan-Suppe
	cállate	sei still, halt den Mund
	cantón	Haus
	cara de cachado	auf frischer Tat ertappt
	cara santucha	mit heiliger Miene
	cariño	Zuneigung
	carne asada	Grillparty; *eigentlich:* gegrilltes Fleisch
	carpas	Plastikplanen, Plastikzelte
	chaparrita	kleine Frau
	chaparrito	kleiner Mann
	chola	Mestizin
	colonos	Siedler; *hier:* Sträflinge
	cómo que?	wie ist es?
	confreres	Kumpel
	cumbias	*mittelamerikanischer Tanzschritt*
	cuñada	Schwägerin

¿de veras?	echt wahr?
desesperación	Verzweiflung
échale	*hier:* leer
el Padre ya viene	der Pater kommt
enemigos	Feinde
felicidades	Glückwunsch
firme	sehr gut, fest, gut gemacht
frajos	Zigaretten
gabachos	Weiße
huaraches	Sandalen
huele a patas	riecht nach Füßen
huele a rosas	riecht nach Rosen
huero	hellhäutiger Mann
jaina	Freundin eines Gangmitglieds
jefita	weiblicher Boss; *hier:* Mutter
jefito	Boss; *hier:* Vater
la muerte, ya no tiene dominio	der Tod hat keine Macht über uns
la neta	die Wahrheit
ladrón	Dieb
lo mataron a Richie	sie haben Richie getötet
mal hablado	schlechte Ausdrucksweise
menso	Dummkopf, Nervensäge
mi vida, mi reina, mi cielo, mi todo	mein Leben, meine Königin, mein Himmel, mein Alles
mijito	mein lieber Sohn
mijo	*liebevolle Ansprache, angelehnt an:* mein Sohn

morrito	kleiner Sohn
no me digas!	erzähl mir nichts!
obra de arte	Kunstwerk
oye	hey, hör mal
oye, qué 'onda?	hey, was ist los?
padrecito	Väterchen
pandilla mugrosa	kleine Rasselbande
paro	*hier:* Gefallen
paro cardiaco	Herzstillstand
pelón	glatzköpfiger Mann
pero	aber, allerdings
piedra	Stein; *hier:* Grabstein
pinta	Gefängnis
primo	Cousin
profundo	tief
qué gacho!	*hier:* wie schäbig!
quinceañeras	*besondere Feier zum 15. Geburtstag eines Mädchens*
ranchito	kleines Gehöft
ruca	Frau
ruco	alter Mann
sabes qué	weißt du
Sabes qué, mijo? Te digo una cosa.	Weißt du, was, mein Sohn? Ich will dir was sagen.
serio	ernsthaft
spensa	*Kurzform von dispensa:* Vergebung
tabique	Backstein
tenemos una llamada de …	wir haben einen Anruf von …

tia	Tante
tienda	Geschäft
tio	Onkel
tremendo	schrecklich
tú sabes	weißt du
tú sabes, mi jefita	weißt du, meine Mutter
vato	Mann
Ven, mijo. Qué estás haciendo aqui?	Komm her, mein Sohn. Was machst du hier?
venta de comida	*Verkauf von Kuchen und Esswaren, meist nach der Messe*
viejitas	alte Frauen
y ese milagro?	und das Wunder?
y sabes qué	du weißt schon, was
y todo	und alles

Glenda Green

Unendliche Liebe

Jesus spricht

TB, 352 Seiten
€ 14,95

ISBN 978-3-86728-0126-3

Einer Vision folgend, malt Glenda Green ein Porträt von Jesus Christus. Da erscheint er ihr, um Modell zu sitzen. Sie unterhalten sich über Gott und die Welt. Glenda stellt Fragen nach dem Ursprung des Universums, dem Sinn des Leidens, der Beschaffenheit des Ego und der Illusionen, aber vor allem über die Liebe. Und Jesus antwortet mit verblüffenden Einsichten über das Universum und unsere Existenz darin. Ein Buch, das Herz und Verstand berührt!

Hubert Kölsch

Erinnerung

Das Wunder der Weihnacht

TB-Kompakt, 96 Seiten, farbig
€ 7,99
ISBN 978-3-86728-298-7

Es ist der Tag vor Heiligabend. Ein Mann folgt einem Unbekannten in die Kirche und entdeckt an einem Seitenaltar das Gemälde »Die heilige Nacht«. Hier begegnen ihm verschiedene Menschen: ein Industrieller, eine Frau mit dem Namen »Rose«, ein Priester und schließlich wieder der Unbekannte. Mit ihnen spricht er über die Frage »Was feiern wir an Weihnachten?«. Eine spannende Geschichte über die Bedeutung der Wintersonnenwende und die Rückkehr des Lichts, die schließlich zu einer Antwort auf die Frage nach dem Sinn des Weihnachtsfestes führt.